中国大型交通枢纽建设与运营实践丛书·浦东国际机场系列

大型枢纽机场服务质量管理研究

武小军　朱建军　编著

同济大学出版社
TONGJI UNIVERSITY PRESS
·上海·

图书在版编目(CIP)数据

大型枢纽机场服务质量管理研究 / 武小军，朱建军编著. —上海：同济大学出版社，2024.6
(中国大型交通枢纽建设与运营实践丛书. 浦东国际机场系列)
ISBN 978-7-5765-0706-5

Ⅰ. ①大… Ⅱ. ①武… ②朱… Ⅲ. ①民用机场—商业服务—研究 Ⅳ. ①F560.81

中国国家版本馆 CIP 数据核字(2023)第 018378 号

大型枢纽机场服务质量管理研究
武小军　朱建军　编著

责任编辑　孙　彬
责任校对　徐春莲
封面设计　张　微

出版发行	同济大学出版社　www.tongjipress.com.cn
	(地址：上海市四平路1239号　邮编：200092　电话：021-65985622)
经　　销	全国各地新华书店、建筑书店、网络书店
排版制作	南京文脉图文设计制作有限公司
印　　刷	常熟市华顺印刷有限公司
开　　本	787mm×1092mm　1/16
印　　张	13.75
字　　数	284 000
版　　次	2024年6月第1版
印　　次	2024年6月第1次印刷
书　　号	ISBN 978-7-5765-0706-5
定　　价	98.00元

版权所有　侵权必究　印装问题　负责调换

丛书编委会

主　　任　黄铮霖　陈守明
编　　委　(按姓氏笔画排序)
　　　　　马军杰　马国丰　张　健　张敏求　邵鲁宁
　　　　　武小军　房颂华　洪少枝　贺胜中　曹　流

总　序

改革开放以来，我国民航业飞速发展，国际地位和影响力大幅提升。特别是进入21世纪后，航空运输规模已经连续18年位居全球第二，对全球航空运输增长的贡献率超过20%。这为我国民航业由"大"到"强"的新跨越奠定了坚实基础。2019年9月，我国发布了《交通强国建设纲要》，确定了到2035年，基本建成交通强国的战略目标，并提出要构筑多层级、一体化的综合交通枢纽体系，依托京津冀、长三角、粤港澳大湾区等世界级城市群，打造具有全球竞争力的国际海港枢纽、航空枢纽和邮政快递核心枢纽等战略举措。民航强国是交通强国建设的重要组成部分，2024年2月，中国民航局发布的《新时代新征程谱写交通强国建设民航新篇章行动纲要》中提出，到2035年，建成航空运输强国，民航在行业安全、服务能力、设施装备、技术创新和管理水平等方面加速迈向国际一流水平。民用机场作为民航行业及综合交通的重要基础设施，是区域对外开放的重要空中通道与国民经济发展的重要动力源。可以说，国际一流水平大型枢纽机场的建设与管理是关系到交通强国建设、对外开放和经济高质量发展的重要议题。

大型枢纽机场的运营管理是一个复杂系统，深入研究和提高效能的空间很大。国际上领先的大型枢纽机场都在持续探索更好的建设和运营管理模式，通过研究团队开展对标研究及学习参考。进入新时代，面向新的技术革命打造未来机场，民航局提出的以"平安、绿色、智慧、人文"为核心的四型机场建设，为中国机场未来的高质量发展指明了方向。因此，对大型枢纽机场建设与运营管理的研究必须与时俱进。依托世界一流的土木工程、建筑设计、城市规划等学科基础，同济大学经济与管理学院多个教授团队开展了大型枢纽机场的建设与管理研究和教学工作，相关的学术研究和社会服务水平处于国内高校的前列，其研究团队活跃于国内领先的枢纽机场建设和管理实践中。

上海浦东国际机场为4F级民用机场、中国三大门户复合枢纽机场之一，是华东区域第一大枢纽机场、门户机场。上海浦东国际机场致力于持续提升管理水平，与同济大学经济与管理学院的研究团队积极合作，开展了多年的大型枢纽机场对标与管理模式研究工作，构建了完善的服务管理体系，不断提升浦东国际机场的服务品牌，推进了机场运营管理实践的高质量发展。《中国大型交通枢纽建设与运营实践丛书·浦东国际机场系列》丛书展现了上述合作研究的主要成果，围绕四型机场建设和管理，从总体管理模式、平安机场、绿色机场、智慧机场、人文机场等角度进行了研究和总结，期望研究成果能够有效助力未来机场的建设和高质量发展。

本丛书体现了三个主要特色。一是理论研究与管理实践相结合。同济大学的研究团队擅长大型枢纽机场管理体系构建和运营管理提升的理论研究，机场的研究团队熟悉大型枢纽机场管理的实践，对提出的新管理模式和方法有很好的判断，确保了本丛书研究成果的逻辑性和实践性。二是面向未来的机场管理研究。当今科学技术发展日新月异，互联网、大数据、人工智能技术突飞猛进，本丛书的研究团队注重从数字和智慧角度研究推进面向未来的四型机场建设理论和实践，判断未来大型枢纽机场建设与管理的演变趋势。三是国际视野和本土实践的结合。本丛书的研究团队应用对标管理的方法开展国际对标研究，从各自的板块或领域找寻世界上领先的大型枢纽机场的管理最佳实践，挖掘管理指标差异背后的原因，进行深入的对标剖析，进而提出本土化的管理实践提升方案，彰显了研究成果的先进性和可操作性。

本丛书是同济大学经济与管理学院研究团队和上海浦东国际机场同仁们共同探索未来机场建设和高质量发展进程中跨出的第一步。衷心希望丛书展现的研究成果能够为我国大型枢纽机场高质量发展提供有益的借鉴和帮助，为有效推进大型枢纽机场运营管理水平的提升作出积极贡献。

尤建新　教授

同济大学经济与管理学院

2024 年 3 月 5 日

前　言

随着中国经济近三十多年举世瞩目的持续高速发展，中国大型枢纽机场作为中国连接世界的重要节点，也获得了飞速发展，其地位和作用日益显现。国内外旅客、航空公司以及入驻枢纽机场的各类商家构成了枢纽机场与众不同的顾客群体，他们对机场的发展提出了越来越高的要求；同时，亚太地区的枢纽机场之间也形成了日益激烈的市场竞争。在这种双重压力下，中国大型枢纽机场如何依托新一代信息技术——如大数据和人工智能，以及机场管理的最新理念和方法，不断提升自身管理水平和核心竞争力，成为摆在每一位机场管理者、实践者以及机场管理研究者面前的一个重要议题。为此，上海浦东国际机场有限公司联合同济大学经济与管理学院的专家开展了大型枢纽机场服务质量管理研究。该研究力求通过对国内外机场服务质量管理理论和实践发展前沿的探索，通过收集、分析、对标国内外优秀机场的最佳管理实践，并通过与浦东国际机场服务质量管理实践的比较研究，识别、分析浦东国际机场服务质量管理的不足，有的放矢地提出浦东国际机场服务质量管理改进的建议。更为重要的是，研究团队希望通过对即将到来的新一代技术革命的关键技术（大数据和人工智能）在枢纽机场管理和服务中的应用现状和前景的研究，探索机场服务质量管理的未来发展方向。

本书第1章介绍了质量、现代质量管理和服务质量管理的基本概念，世界航空业和机场行业发展的现状和趋势，以及机场服务质量管理研究的重要性。

第2章主要介绍了现代质量管理理论发展的三个阶段以及机场服务质量管理的理论研究情况，讨论了国内外机场服务质量管理的实践研究情况。

第3章介绍了典型的机场服务质量研究和实践中可以使用的研究方法。

第4章介绍了国内外六个优秀机场的服务质量管理实践，这些优秀服务质量管理实践是第5章和第6章分析的标杆。

第5章介绍了浦东国际机场服务质量管理实践。从组织建设、制度建设、服务品牌建设以及服务特色和亮点出发，详细介绍了浦东国际机场服务质量管理实践的现状。

第6章通过将浦东国际机场服务质量管理与第4章介绍的六个优秀机场服务质量管理实践的比较分析，提出了浦东国际机场服务对标管理的工作方法、对标标准的形成等内容。

第7章介绍了浦东国际机场服务质量对标管理改进的三个典型案例。

本书的撰写者希望通过本书向读者呈现近年来浦东国际机场服务质量管理者和实践者在机场服务质量管理和对标管理中的思考和具体实践，希望为航空枢纽机场的管理者、实践者和学术研究者提供一些参考，也希望与他们共同探讨在新一代信息技术革命的大背景下，如何更好地提升航空枢纽机场的服务质量水平。

目　　录

总序
前言

第1章　绪论 ··· 1
　1.1　服务质量管理的基本概念 ··· 2
　　　1.1.1　质量和现代质量管理 ·· 2
　　　1.1.2　服务质量 ·· 3
　1.2　机场服务质量管理研究 ·· 6
　　　1.2.1　世界航空业和机场行业发展的现状 ······························ 6
　　　1.2.2　机场服务质量管理研究的重要性 ·································· 9

第2章　机场服务质量管理研究现状 ·· 11
　2.1　质量管理的理论发展 ·· 12
　　　2.1.1　现代质量管理理论发展的三阶段 ·································· 12
　　　2.1.2　现代质量管理的重要理论和方法 ·································· 15
　2.2　机场服务质量管理的理论研究 ·· 19
　2.3　机场服务质量管理的实践研究 ·· 26
　　　2.3.1　国外对机场服务质量管理的实践研究 ···························· 26
　　　2.3.2　国内对机场服务质量管理的实践研究 ···························· 33

第3章　机场服务质量管理研究方法 ·· 43
　3.1　商业研究的基本思路和过程 ··· 44
　3.2　机场服务质量管理的研究方法 ·· 46
　　　3.2.1　常用研究方法 ·· 47
　　　3.2.2　战略分析方法 ·· 48

  3.2.3 决策理论方法 …… 50
  3.2.4 项目管理方法 …… 58
  3.2.5 质量管理的旧七种工具 …… 61
  3.2.6 质量管理的新七种工具 …… 65
  3.2.7 网络舆情分析 …… 68
  3.2.8 实验研究 …… 69

第4章 国内外优秀机场服务质量管理实践 …… 71
4.1 国际机场优秀服务质量管理实践 …… 72
  4.1.1 新加坡樟宜机场 …… 72
  4.1.2 美国亚特兰大机场 …… 76
  4.1.3 英国希思罗机场 …… 80
4.2 国内机场优秀服务质量管理实践 …… 84
  4.2.1 首都机场 …… 84
  4.2.2 广州白云机场 …… 89
  4.2.3 深圳机场 …… 94

第5章 浦东机场服务质量管理实践 …… 103
5.1 服务质量管理 …… 104
  5.1.1 公司组织架构 …… 104
  5.1.2 服务管理部部门职责 …… 104
  5.1.3 旅客服务质量管理体系 …… 105
  5.1.4 服务品牌建设 …… 108
  5.1.5 浦东机场十大服务举措 …… 121
5.2 服务亮点 …… 128
  5.2.1 全球最大单体远距离卫星厅 …… 128
  5.2.2 地面交通 …… 129
  5.2.3 值机与安检服务 …… 130
  5.2.4 行李服务 …… 130
  5.2.5 环境与设施 …… 131
  5.2.6 离港与到港服务 …… 132

5.2.7　航延服务 ………………………………………………………… 132
　　　5.2.8　特殊旅客服务 …………………………………………………… 133
　　　5.2.9　不断探索智慧安检新模式 ………………………………………… 134
　　　5.2.10　推进行李全流程跟踪系统建设 …………………………………… 134
　　　5.2.11　提升旅客中转服务体验 …………………………………………… 135
　　　5.2.12　全力打造智慧机场 ………………………………………………… 135

第 6 章　浦东机场服务对标管理和持续改进 …………………………………… 139
6.1　浦东机场对标管理体系建设 ……………………………………………… 140
　　　6.1.1　对标项目管理 …………………………………………………… 140
　　　6.1.2　组织保障 ………………………………………………………… 140
　　　6.1.3　增强员工的对标意识和技能 ……………………………………… 141
　　　6.1.4　公司层面系统推进对标工作 ……………………………………… 142
6.2　基于 PDCA 的对标工作流程 …………………………………………… 143
　　　6.2.1　对标管理的定义 ………………………………………………… 143
　　　6.2.2　部门对标工作流程 ……………………………………………… 143
　　　6.2.3　各阶段可用方法和工具一览表 …………………………………… 145
6.3　浦东机场餐饮服务对标管理示例 ………………………………………… 147
　　　6.3.1　对标机场选择和短板确定 ………………………………………… 147
　　　6.3.2　对标改进项目提出和评价 ………………………………………… 154
　　　6.3.3　对标改进项目立项实施和效果评估 ……………………………… 157
　　　6.3.4　创立标杆 ………………………………………………………… 158
6.4　服务对标管理 PVG-DAIP 戴普流程示例 ………………………………… 158
　　　6.4.1　D——定义目标(Define) ………………………………………… 158
　　　6.4.2　A——分析差距(Analyze) ………………………………………… 160
　　　6.4.3　I——识别改进(Identify) ………………………………………… 161
　　　6.4.4　P——制订计划(Plan) …………………………………………… 165

第 7 章　浦东机场服务质量管理对标案例 …………………………………… 169
7.1　服务流程优化项目 ………………………………………………………… 170
　　　7.1.1　选择对标项目 …………………………………………………… 170

- 7.1.2 组建对标项目小组 ………………………………………………… 171
- 7.1.3 制订对标项目计划 ………………………………………………… 171
- 7.1.4 选择对标对象 ……………………………………………………… 171
- 7.1.5 收集与分析数据信息 ……………………………………………… 172
- 7.1.6 制定并实施改进措施 ……………………………………………… 173
- 7.1.7 项目总结与成果固化 ……………………………………………… 174

7.2 小厕所、大民生——浦东机场洗手间品质提升 ……………………… 175
- 7.2.1 课题背景 …………………………………………………………… 176
- 7.2.2 理论框架 …………………………………………………………… 179
- 7.2.3 实施路径 …………………………………………………………… 181
- 7.2.4 体系建设 …………………………………………………………… 182
- 7.2.5 课题成效 …………………………………………………………… 191
- 7.2.6 课题结论 …………………………………………………………… 192

7.3 运用交通大数据提升服务质量 ………………………………………… 193
- 7.3.1 推进管理方法的背景 ……………………………………………… 193
- 7.3.2 管理方法的提出 …………………………………………………… 194
- 7.3.3 管理方法的实施过程 ……………………………………………… 195
- 7.3.4 管理方法的创新点与深化推进 …………………………………… 202
- 7.3.5 管理方法的实施效果 ……………………………………………… 205

第 1 章

绪 论

1.1 服务质量管理的基本概念

1.1.1 质量和现代质量管理

质量一般用来衡量产品或工作的优劣程度,这个概念在原始社会就已初步形成。在那个时代,人们通过实践获得了关于质量的知识,比如采食者需要知道哪些食物是可以食用的,猎人需要知道用什么木材可以制作高质量的弓箭。学者们将工业时代之前的质量管理称为传统质量管理。随着工业革命的到来,传统质量管理逐步迈入到了科学的现代质量管理的新阶段。一般认为,现代质量管理可分为质量检验、统计质量控制、全面质量管理三个阶段。

20世纪初到20世纪30年代现代质量管理进入到质量检验阶段,在这一阶段,随着生产效率的持续提高,产品产量随之不断提升,对产品的质量检验工作经历了操作者(生产者)直接检验、工长检验,直至发展到由专职检验员检验,大大促进了产品质量提高。但是,随着科学技术的进步和生产力的不断提高,质量检验阶段的质量管理也暴露出许多不足之处,如事后检验、全数检验、破坏性检验等。事后检验是指产品在生产后通过检验员的检验才发现问题,这时已经无法在生产前或生产过程中控制产品的质量,无法起到事先预防和过程控制的作用;全数检验是指批量生产过程中仍需对全部产成品或中间件进行质量检验,这不仅经济上不合理,而且容易出现错检、漏检,也造成检验工作的工作量极大;破坏性检验,是指在检验过程中造成产品损坏且无法再正常使用,如灯泡寿命检验等。

为解决质量检验阶段暴露出来的诸多问题,20世纪20年代,美国电报公司贝尔实验室成立了两个研究小组,即由休哈特(W. A. Shewhart)博士领导的工艺控制组和由道奇(H. F. Dodge)博士领导的产品控制组。两个研究小组分别提出了抽样检验和控制图方法。之后,美国在20世纪40年代制定了许多战时质量控制标准,如《质量控制指南》(AWSZ1.1—1941)、《数据分析用控制图法》(AWSZ1.2—1941)和《工序控制图法》(AWSZ1.3—1942)等,这些标准将休哈特和道奇博士的研究成果应用于军工生产过程的质量管理中,取得了巨大的成功。20世纪40年代质量管理标准的提出和应用,标志着质量管理进入统计质量控制阶段。第二次世界大战之后,统计质量控制方法得到了广泛的推广,并为企业带来了可观的利润。但在这一阶段,质量标准过分强调统计方法的作用,统计技术难度大,忽视了其他方法和组织管理对质量的影响。

进入20世纪60年代,美国通用电气公司(GE)质量总经理费根鲍姆(A. V. Feigenbaum)和著名的质量管理专家朱兰(J. M. Juran)等人先后提出了"全面质量管理"(total quality management,TQM)的概念,质量管理正式进入了全面质量管理阶段。TQM概念的提出,开创了质量管理的一个新的时代,一直影响到今天。费根鲍姆在其著作《全面质量管理》(Total Quality Control)中对于 TQM 的定义是：全面质量管理是为了能够在最经济的水平上充分满足用户要求的条件下，进行市场研究、设计、生产和服务，把企业各部门的研制质量、维持质量和提高质量的活动构成一体的有效体系。TQM 强调：一是解决质量问题的方法和手段的多样性（不仅有检验和统计控制方法）；二是企业全体人员都应具有质量意识和承担质量责任；三是应该在整个产品质量实现的全过程中都实施质量管理；四是质量管理必须综合考虑功能质量、价格（经济性）、交货期和服务。在此基础上，朱兰提出了全面质量管理有三个重要环节：质量策划、质量控制和质量改进，这就是著名的"朱兰质量管理三部曲"。同时，日本在推进全面质量管理过程中进行了创新性的探索，提出开展质量控制（quality control，QC）小组活动，使质量管理工作扎根于员工之中，使其具有广泛的群众基础，并且提出了"质量控制七种工具"和全公司质量控制 CWQC 理论（company wide quality control，CWQC）。全面质量管理相较于质量检验阶段和统计质量控制阶段的质量管理理论有显著进步：一是质量管理由过去以检验人员、数理统计专家为主进一步拓展到全员参与；二是不仅对制造工序实施质量管理，而且对产品质量产生与形成全过程都实施质量管理；三是质量管理必须综合考虑质量、价格、交货期和服务，不能只考虑狭义的产品质量，而应该从大质量观角度考虑广义质量；四是质量不是符合某种质量规范要求，应该是适合于顾客需要，强调让顾客满意。

回顾质量管理发展的历史，我们可以看到，人们在解决质量问题方面的方法和手段都在不断地发展、完善和精练，而这个过程又与科学技术进步和生产力水平的不断提高密切相关。随着新技术革命和新挑战的出现，人们对质量问题的解决方法必然更加完善和丰富。

1.1.2 服务质量

服务是服务企业获得利润的基本商品，也是为客户创造价值的一种方式。在商品交易的初级阶段，服务企业所面对的主要问题是产品的生产与营销的管理。然而，在市场经济条件下，企业的经营管理活动日益趋向于社会化。在此背景下，服务将逐渐从有形商品中分离出来。从字面意义上讲，"服务"主要是为他人服务，所以服务可以代表一种职业。另外，为他人提供所需要的商品或服务，也可以被称作是服务。

美国经济学教授菲利普·科特勒（Philip Kotler）在他的营销教程中解释说："服务是无形的、不可触摸的，服务与有形产品之间没有关联，也就是说，服务可能与有形产品相关，也可能与有形产品无关。服务不涉及所有权。"《ISO9000：2015 质量管理体系 基础和术语》中所定义的服务是指：至少有一项活动必须在组织和顾客之间进行的输出。该标准同时指出：通常，服务的主要特征是无形的；服务包含与顾客在接触面的活动，以确定顾客的要求；服务的提供可能涉及有形产品、无形产品，无形产品的交付和为顾客创造氛围；服务由顾客体验。

作为服务营销的核心,无论是有形产品的生产企业还是服务企业,服务质量都是企业在竞争中脱颖而出的关键。预期服务质量是顾客对企业所提供服务预期的满意度,感知服务质量是顾客对企业所提供服务实际感知的水平。由于服务交易过程的顾客参与性和生产与消费的不可分离性,服务质量须由顾客认可,并为顾客识别。顾客对服务的满意程度主要用感知服务质量与预期服务质量的差距来评估[1]。

A. Parasuraman 等人[2]认为对于服务质量概念的理解至少要关注以下三点:①对消费者来说,服务质量比商品质量更难评价;②对服务质量的认识来自对消费者期望和实际服务表现的比较;③对质量的评价并不仅仅是基于服务的结果,它们还涉及对服务提供过程的评价。由此,A. Parasuraman 等人[3]提出了基于多种服务类别的服务质量测量模型——SERVQUAL 模型。此模型是服务质量评估领域最常用的模型之一。他们在1988 年将顾客评估服务质量分为以下五个维度:企业的有形资产、企业提供服务的可靠性、企业提供服务的反应速度、企业的保证以及企业的同理心(或称移情性)。

SERVQUAL 理论是依据全面质量管理理论在服务行业中提出的一种新的服务质量评价体系,其理论核心是服务质量取决于用户所感知的服务水平与用户所期望的服务水平之间的差别程度,用户的期望是开展优质服务的先决条件,提供优质服务的关键就是要超过用户的期望值。其模型为"SERVQUAL 分数 = 实际感受分数 − 期望分数"。该模型将服务质量分为五个层面:有形性(tangibles)、可靠性(reliability)、响应性(responsiveness)、保证性(assurance)、移情性(empathy),每一层次都分为几个问题,并以问卷调查的形式,计使用者对每一个问题的期望值、实际感受值和最低可接受值打分,并建立与之相关联的22 个特定的因素。然后通过问卷调查、顾客打分和综合计算得出服务质量的分数,表 1-1 所列是五个维度的具体架构[3]。

表 1-1　SERVQUAL 模型架构

序号	维度	解释
1	有形性	包括服务设施、设备、人员和沟通材料的外表。旅馆的白色用品泛黄;美发店的灯光、座椅、人员穿着等
2	可靠性	涉及服务者可靠地、准确地履行服务承诺的能力
3	响应性	指服务提供者帮助顾客并迅速提供服务的意愿
4	保证性	指员工所具有的知识、礼节以及表达出自信与值得信任的能力(能力、礼貌、可信度、安全性)
5	移情性	顾客渴望服务企业提供个性化的关怀

SERVQUAL 模型具体内容由两部分构成:第一部分包含 22 个小项目,记录了顾客对特定服务行业中优秀公司的期望。第二部分也包括 22 个项目,用来衡量消费者对某一特定公司(也就是评估公司)的感觉。再将两者所得的结果进行对比,得出 5 个维度的"差距分值",即"SERVQUAL 分数 = 实际感受分数 − 期望分数"。差距越小,服务质量的评价就越高。

消费者的感受离期望的差距越大,服务质量的评价越低。因此 SERVQUAL 是一个包含 44 个项目的量表,它从 5 个服务质量维度来度量顾客的期望和感受,问卷采用 7 分制量表 (scale),7 表示完全同意,1 表示完全不同意。

此外,还有学者如 C. Grönroos[4]提出,感知服务质量是指顾客对服务品质的主观感觉,它所表达的是顾客在服务体验中所表达的对服务质量的评估。这些知觉与评估,既是对服务质量的一种反映,又受到消费群体、时间阶段、空间环境等多种因素的影响。消费者体验的累积在持续的过程中,感知的服务质量也会随之改变。

于是,服务质量可以理解为:服务质量=期望的服务水平-所经历的服务水平。通常,客户会很看重接受服务的真正感觉,因为提供的服务并非无偿的。因此,企业必须从客户角度来评估服务的质量。但是,必须指出,顾客对服务质量的评估,并不只是以服务成果为基础,而是以服务工作的质量为基础。流程质量是指客户对整个服务流程的感觉,因而流程质量具有客观性和主观性。以客户为研究对象,其对服务质量的评估主要是来自于他们的心理感觉。

另外,服务开发具有多样化和增值的特点。但由于服务行为的不同,其结果质量与流程质量在整体服务评估中的比例也存在较大差异。而在另一种情况下,即使在同一服务流程条件下,其结果的质量也可能是不一样的。

因此,服务质量是服务的基础属性,顾客在获得服务的过程中投入的金钱、时间和精力,以及顾客对服务的满意度和预期的不同,可以通过一些技术指标来进行定量。服务质量的起点应该是顾客的知觉与期望值,在知觉与期望值达到或超出预期时,即为优质服务;相反,这种服务的质量很差。服务质量和有形产品质量主要有以下区别:首先,服务质量较有形产品质量更难被消费者所评价;其次,顾客对服务质量的认识取决于他们预期同实际所感受到的服务水平的对比;最后,顾客对服务质量的评价不仅要考虑服务的结果,还要考虑服务的过程。大量学者也逐渐认识到服务质量和有形产品质量的异质性(表 1-2)。

表 1-2 产品质量维度和服务质量维度

产品质量的维度	服务质量的维度
感知质量、性能、特征、耐久性、可靠性、符合性、可服务性、美感	有形性、响应性、可靠性、移情性、保证性

来源:GARVIN D. What does product quality really mean? [J]. Sloan Management Review, 1984, 1: 25-41; PARASURAMAN A, ZEITHAML V A, BERRY L L. SERVQUAL: a multiple-item scale for measuring consumer perceptions of service quality [J]. Journal of Retailing, 1988, 64(1): 12-40.

产品质量和服务质量二者不可偏废。Devaraj、Matta 和 Conlon[5]的研究同时考虑产品质量和服务质量对于消费者购买汽车意图的影响,他们提出:客户的品牌忠诚度和回购意愿,受到产品质量以及维保期间提供的服务质量的双重影响。Guajardo、Cohen 和

Netessine[6]通过建立回归模型,探索服务相关属性(如保修时长,售后服务质量)对于美国消费者购买汽车意图的影响,并将产品质量作为调节变量。实证分析结果表明,某个品牌的服务质量越高,提供更长保修时长的边际效应就越高,反之亦然。如果该品牌现有产品的质量较低,那么对企业来说,增加保修时长的同时提高服务质量是最有利的。

由此可见,产品质量和服务质量是不同的,随着服务业在国民经济中所占的比重越来越大,对服务质量的研究和关注也越来越受到理论界和企业界的重视。

1.2 机场服务质量管理研究

1.2.1 世界航空业和机场行业发展的现状

了解世界机场和航空业发展的现状和趋势,首先可以关注国际机场协会(Airports Council International,ACI)发布的年度报告。2023年4月5日,国际机场协会发布了最新的2022年全球最繁忙的十大机场名单。从乘坐飞机的旅客数量上看,美国亚特兰大机场2021年、2022年均位居全球第一。但其2022年的旅客总数依然比突发公共卫生事件前的2019年少15.2%,但较2021年的低谷增长23.8%,名单上的其他机场也有类似的情况,说明总体上全球乘坐飞机的旅客依然没有恢复到突发公共卫生事件前的水平(表1-3)。

表1-3 全球2022年机场旅客吞吐量排名

2022年排名	2021年排名	2019年排名	机场	2022年旅客吞吐量(人次)	与2021年相比,变化百分比	与2019年相比,变化百分比
1	1	1	美国亚特兰大兹菲尔德-杰克逊国际机场(ATL)	93 699 630	23.8%	−15.2%
2	2	10	美国达拉斯-沃思堡国际机场(DFW)	73 362 946	17.5%	−2.3%
3	3	16	美国丹佛国际机场(DEN)	69 286 461	17.8%	0.4%
4	4	6	美国芝加哥奥黑尔国际机场(ORD)	68 340 619	26.5%	−19.3%
5	27	4	阿联酋迪拜国际机场(DXB)	66 069 981	127.0%	−23.5%
6	5	3	美国洛杉矶国际机场(LAX)	65 924 298	37.3%	−25.1%
7	14	28	土耳其伊斯坦布尔机场(IST)	64 289 107	73.8%	23.2%
8	54	7	英国伦敦希斯罗机场(LHR)	61 614 508	217.7%	−23.8%
9	13	17	印度新德里英迪拉·甘地国际机场(DEL)	59 490 074	60.2%	−13.1%
10	31	9	法国巴黎戴高乐机场(CDG)	57 474 033	119.4%	−24.5%

注:统计对象为乘坐飞机的旅客总数,过境的乘客计一人次。
来源:https://aci.aero/2023/04/05/international-travel-returns-top-10-busiest-airports-in-the-world-revealed/

第 1 章　绪　论

从表 1-4 的国际旅客吞吐量排名可以看到，进行跨国旅行的旅客到访最多的是阿联酋迪拜国际机场（DXB），其国际旅客吞吐量在 2021 年、2022 年均位居全球第一。英国伦敦的希斯罗机场（LHR）和盖特威克机场（LGW）分别位居第 2 和第 10。新加坡樟宜国际机场（SIN）的国际旅客吞吐量在 2022 年比 2021 年有了 952.9% 的增长。

表 1-4　全球 2022 年机场国际旅客吞吐量排名

2022 年排名	2021 年排名	2019 年排名	机场	2022 年旅客吞吐量（人次）	与 2021 年相比，变化百分比	与 2019 年相比，变化百分比
1	1	1	阿联酋迪拜国际机场（DXB）	66 069 981	127.0%	−23.5%
2	7	2	英国伦敦希斯罗机场（LHR）	58 243 060	230.5%	−23.4%
3	3	3	荷兰阿姆斯特丹史基浦机场（AMS）	52 467 346	105.8%	−26.8%
4	5	6	法国巴黎戴高乐机场（CDG）	51 763 569	128.9%	−25.9%
5	2	14	土耳其伊斯坦布尔机场（IST）	48 521 725	83.3%	22.6%
6	4	8	德国法兰克福机场（FRA）	44 771 711	97.3%	−29.0%
7	9	11	西班牙马德里巴拉哈斯机场（MAD）	36 231 191	136.2%	−19.3%
8	6	15	卡塔尔多哈国际机场（DOH）	35 726 721	101.8%	−7.9%
9	96	7	新加坡樟宜国际机场（SIN）	21 902 000	952.9%	−52.8%
10	55	13	英国伦敦盖特威克机场（LGW）	30 145 083	501.5%	−30.1%

注：统计对象为乘坐飞机的国际旅客数量。
来源：https://aci.aero/2023/04/05/international-travel-returns-top-10-busiest-airports-in-the-world-revealed/

从表 1-5 可以看出，排名全球 2022 年机场货运量前十的机场大部分货运量已经比突发公共卫生事件前的 2019 年水平有不同程度的显著上升。

表 1-5　全球 2022 年机场货运量排名

2022 年排名	2021 年排名	2019 年排名	机场	2022 年货运量（吨）	与 2021 年相比，变化百分比	与 2019 年相比，变化百分比
1	1	1	中国香港国际机场（HKG）	4 199 196	−16.4%	−12.7%
2	2	2	美国孟菲斯国际机场（MEM）	4 042 679	9.8%	−6.5%
3	4	6	美国泰德·史蒂文斯安克雷奇国际机场（ANC）	3 461 603	−4.3%	26.1%
4	3	3	中国上海浦东国际机场（PVG）	3 117 216	−21.7%	−14.2%
5	6	4	美国路易斯维尔国际机场（SDF）	3 067 234	0.5%	9.9%
6	5	5	韩国仁川国际机场（ICN）	2 945 855	−11.5%	6.6%

续表

2022年排名	2021年排名	2019年排名	机场	2022年货运量(吨)	与2021年相比，变化百分比	与2019年相比，变化百分比
7	7	9	中国台北桃园国际机场(TPE)	2 538 768	−9.7%	16.3%
8	12	12	美国迈阿密国际机场(MIA)	2 499 837	−0.8%	19.5%
9	8	13	美国洛杉矶国际机场(LAX)	2 489 854	−7.6%	19.0%
10	9	10	日本东京成田国际机场(NRT)	2 399 298	−9.3%	14.0%

注：统计对象为装载和卸载的货物和邮件，包括过境货运。
来源：https://aci.aero/2023/04/05/international-travel-returns-top-10-busiest-airports-in-the-world-revealed/

此外，了解世界民用航空业发展的另一个重要信息渠道就是国际民用航空组织(International Civil Aviation Organization，ICAO)每年发布的《航空运输报告》。以《航空运输报告2020》为例，表1-6展示了2015—2020年全球航空旅客吞吐量的变化情况，表1-7展示了2015—2020年全球货运吨数的变化情况。如果不考虑受到突发公共卫生事件影响的2020年，全球航空旅客吞吐量从2015至2019年都在稳步增长，而全球货运量从2015至2019年的平均增长率相对较低。

表1-6 2015—2020年全球航空旅客吞吐量(国际+国内)

年度	旅客吞吐量(百万人次)	年增长率
2015	3 571	7.2%
2016	3 810	6.7%
2017	4 079	7.1%
2018	4 345	6.5%
2019	4 494	3.4%
2020	1 792	−60.1%

来源：ICAO Air Transport Reporting 2020

表1-7 2015—2020年全球货运吨数

年度	货运吨数(百万吨)	年增长率
2015	51.6	0.5%
2016	53.5	3.7%
2017	57.3	7.1%
2018	59.1	3.2%
2019	58.1	−1.7%
2020	48.9	−15.8%

来源：ICAO Air Transport Reporting 2020

了解世界航空运输行业发展的第三个重要渠道是通过国际航空运输协会

(International Air Transport Association，IATA)发布的年度报告,国际航空运输协会是一个由世界各国航空公司组成的大型国际组织,每年都通过年度报告总结和回顾当前国际航空运输业的发展情况。

中国民用航空局是中华人民共和国国务院主管民用航空事业的由部委管理的国家局,归交通运输部管理。其每年发布的《民航行业发展统计公报》是了解中国民用航空业发展的最权威数据来源。

1.2.2 机场服务质量管理研究的重要性

从以上数据不难看出,中国机场旅客吞吐量、货运量等指标距离世界一流机场都有一定差距。世界各大枢纽机场之间的竞争也非常激烈。在这种情况下,机场服务质量水平的高低成为是否能吸引更多旅客,以及旅客对机场评价结果的重要影响因素。国外的民航业发展起步较早,而与国外相比,我国学者直到本世纪初才逐渐认识到机场服务质量管理研究的重要性。目前,国内外关于机场服务质量管理的研究主要聚焦服务质量影响因素、服务质量测评方法和服务质量问题与对策三个方面。

研究显示[7],相对飞行安全和票价,旅客似乎对服务的重视程度更高。这就说明,旅客之所以选择飞行这种出行方式,更看重其提供的服务。机场服务质量的好坏,最终影响到旅客对机场的满意度。可以说,优质的民航运输服务不仅能带来吞吐量的增长,而且可以实现真正强大的民航梦。因此强化机场服务质量管理研究势在必行。

参考文献

[1] OLIVER R L. A cognitive model of the antecedents and consequences of satisfaction decisions[J]. Journal of Marketing Research, 1980, 17(4): 460-469.

[2] PARASURAMAN A, ZEITHAML V A, BERRY L L. A conceptual model of service quality and its implications for future research[J]. Journal of Marketing, 1985, 49(4): 41-50.

[3] PARASURAMAN A, ZEITHAML V A, BERRY L L. SERVQUAL: a multiple-item scale for measuring consumer perceptions of service quality[J]. Journal of Retailing, 1988, 64(1): 12-40.

[4] GRÖNROOS C. A Service quality model and its marketing implications[J]. European Journal of Marketing, 1984, 18(4): 36-44.

[5] DEVARAJ S, MATTA K F, CONLON E. Product and service quality: the antecedents of customer loyalty in the automotive industry[J]. Production and Operations Management, 2001, 10(4): 424-439.

[6] GUAJARDO J A, COHEN M A, NETESSINE S. Service competition and product quality in the US automobile industry[J]. Management Science, 2016, 62(7): 1860-1877.

[7] 邹婕.基于公众需求的民航运输服务质量提升研究[D].南宁:广西大学,2018.

第 2 章

机场服务质量管理研究现状

2.1 质量管理的理论发展

2.1.1 现代质量管理理论发展的三阶段

自古以来,人类就在产品生产的过程中进行着质量的控制与管理。而作为一门科学,现代质量管理自工业革命之后,随着产业革命和社会生产的发展不断发展。从 20 世纪初到现在,质量管理的理论和方法不断创新,其发展过程大体上可以划分为三个阶段:质量检验阶段、统计质量控制阶段和全面质量管理阶段。

1. 质量检验阶段

20 世纪初期到第一次世界大战以前,人们对于质量管理的认识还不够深入,仅限于对于产品质量的事后检验。这一阶段的主要特征是按照经验或规定的技术要求,对已经生产出来的产品进行质量检验,将合格品与不合格品分开,防止不合格产品流入下一工序或出厂流入用户手中。而对于由谁来完成产品质量的检验工作,则经历了"由操作者质量管理,到工长质量管理,再到检验员质量管理"的一个发展过程。

(1) 操作者质量管理。在 20 世纪之前,现代化大生产还没有兴起,生产方式以手工作坊为主。这时候的工人既是产品的生产者,又是产品质量的检验者,自己制造产品,又自己负责对产品质量的检验。工人出于对自己制造的产品的自豪感和对自己名声的看重,会检查产品质量以确保产品制作精良。此时也没有规定的产品质量标准,对产品的检验以工人的经验为标准,依靠眼看、手摸等感官估计和简单的度量衡器测量来确定产品的质量。因此,当劳资双方对于产品质量的认识出现矛盾或不统一,或者工人本身的技术与经验不足、责任心较差时,就可能会出现产品质量问题。

(2) 工长质量管理。20 世纪初,工业革命的发展使得劳动分工兴起,每个工人仅负责产品的部分工序。在此基础上,美国的科学管理奠基人泰勒(F. W. Taylor)提出了科学管理的思想,主张对管理人员和操作人员进行合理分工,并将生产过程中的计划、执行、检验职能分开,形成了设计、操作、检验三方面各有专人负责的职能管理体制。这一体制把质量检验的职责从操作人员身上分离出来,把执行质量检验的责任由操作者转移到管理人员即工长身上,强调了工长在产品质量控制上的作用和责任,因此被称为"工长质量管理"。

(3) 检验员质量管理。随着工业革命中科学技术的进步和现代化大生产的飞速发展,企业内部逐渐开始设立一些专职的检验部门,出现一批专职的质量检验员对产品的质量进行检验,产品质量检验的责任又从工长转移到了专职的质量检验员身上。1913 年,美国福特公司创立了流水线工作法,将汽车装配的时间大幅缩减,但同时也产生了大量的质量问题。为此,福特公司首次设立了专门的质量检验工人对流水线装配的汽车进行质量检验。20世纪20年代,美国贝尔公司因产品的质量问题,雇佣了大量的检验人员,由此催生了专门的质量管理部门。这一阶段被称为"检验员质量管理"。

质量检验的发展使得劳动生产率、产品质量等都有了巨大的提高,取得了明显的经济效益。但随着科学技术和社会生产力的不断发展,质量检验的不足之处也不断地暴露出来。首先,质量检验是一种事后检验,检验的是已经被生产出来的产品,只能够防止不合格产品流向下一道工序或直接流向顾客,无法在生产过程中起到预防和控制作用。其次,质量检验是一种全数检验,在经济上存在不合理之处,检验成本过高,还存在错检漏检等问题,对于一些需要破坏性检验的产品更是难以施行。质量检验的问题和不足在实践中变得越来越突出,最终推动了质量管理理论与方法的进一步发展。

2. 统计质量控制阶段

质量检验中的"事后检验""全数检验"等不足在大规模生产的环境下越发突出,使得越来越多的质量管理专家和统计学家试图通过使用数理统计的方法来解决产品质量控制的问题。

20世纪20年代,美国贝尔实验室组建了两个与质量管理有关的课题组,分别是由休哈特(W. A. Shewhart)博士领导的过程控制组和以道奇(H. F. Dodge)博士为首的产品控制组。休哈特博士于1924年提出了"事先控制,预防废品"的观念,并且创制了防止不合格产品产生的质量控制图,用于在产品生产的全过程进行控制,解决传统产品质量检验"事后把关"的不足。1931年,休哈特博士出版了《工业产品质量的经济控制》一书,在书中系统总结了他的统计质量控制思想,成为质量管理领域一部划时代的经典著作。与此同时,产品控制组的道奇和罗米格(H. G. Romig)也提出了抽样检验的概念与方法,用以解决质量检验中的"全数检验""破坏性检验"等不足。1929年,道奇发表《抽样检查方法》并在1944年正式发布了"Dodge-Romig抽样方法",设计了可以运用的"抽样检验表",构成了统计质量控制的重要内容。

由于休哈特和道奇等人的理论成果发表时正值资本主义世界经济危机大爆发的时期,美国以及各个主要资本主义国家的生产需求都不旺盛,因而并没有得到广泛的应用,大多数企业仍然采用"事后把关""全数检验"等方式进行质量检验。直到第二次世界大战爆发,由于对军需用品激增的需求,大量民用企业开始转而生产军用产品,导致此时质量检验的缺点变得越发突出。军需用品不仅批量大,而且多数需要进行破坏性检验,企业根本不可能采用"事后检验""全数检验"的方式来保证军需用品的质量。这导致军需用品在战场上出现了大量的质量问题,严重影响军队的斗志和士气。为此,美国国防部专门组织了一批数理统计专家和高级工程师进行研究,想要解决军需用品的供应和质量问题。他们应用数理统计的方法,制定了一系列的美国战时质量管理标准:如《质量控制指南》(AWSZ1.1—1941)、《数据分析用控制图法》(AWSZ1.2—1941)和《工序控制图法》

（AWSZ1.3—1942）[1]。美国国防部到负责军需品生产的企业培训和推广这些质量管理标准，并且严格按照战时质量管理标准验收军需用品，成功解决了武器等军需用品的质量问题，使美国的军工生产占据世界领先地位。这些标准的提出也标志着质量管理理论正式进入了统计质量控制阶段。战后，统计质量控制的理论得到进一步的发展和推广，许多民用企业也开始使用相关的质量控制方法，提高了产品的质量，为企业带来了可观的利润。西欧工业国家以及日本、澳大利亚等也相继从美国引入统计质量控制理论与方法，使得统计质量控制方法在主要资本主义国家风行一时。

相比于质量检验，统计质量控制在理论与方法层面都有进步。例如，相比于质量管理的"事后把关"，统计质量控制将质量管理的过程提前到了"预先控制"，并且通过数理统计的方式很好地解决了质量检验的"全数检验"和"破坏性检验"的问题。但是，统计质量控制过分强调了数理统计在质量管理中的作用，忽视了组织管理、激励等其他方法的影响，致使人们产生了某种错觉，认为质量管理方法就是统计方法，质量管理就是统计学家的工作，限制了统计质量控制方法的推广与发展。但是，对产品质量产生影响的因素是多种多样的，只依靠统计方法显然不能解决质量管理的一切问题。

3. 全面质量管理阶段

20世纪60年代开始，随着科学技术和工业生产的发展、社会因素的变化以及管理理论的发展，统计质量管理的缺陷日益突出，迫切要求质量管理理论与方法迎来新的突破与发展。其中包括科技进步带来的高精尖产品，如火箭、卫星等，对产品质量要求极高，动辄上百万件零部件的大规模产品质量管理难以用统计方法进行控制；消费者权益保护运动兴起，要求企业履行"质量责任"，提高产品质量；系统理论、行为科学、组织管理等理论不断涌现和发展，促进了新的质量管理理念的发展。在这样的背景下，美国通用电气公司的质量总经理费根鲍姆（A. V. Feigenbaum）和质量管理专家朱兰（J. M. Juran）等人先后提出了"全面质量管理"的理念，使得质量管理发展到一个新的阶段。

1961年，费根鲍姆出版了《全面质量管理》一书，在书中他强调"全面质量管理是为了能够在最经济的水平上并考虑充分满足用户要求的条件下进行市场研究、设计、生产和服务，把企业各部门的研制质量、维持质量和提高质量的活动构成一个有效的体系"。朱兰出版了《质量控制手册》，认为全面质量管理有质量策划、质量控制和质量改进三个环节。在美国之外，日本是吸收并发展全面质量管理理念最成功的国家。日本政府结合自己国土狭小、资源匮乏的基本国情，提出了"质量立国"的基本国策，并从美国聘请戴明（William Edwards Deming）博士和朱兰博士等质量管理专家到日本企业讲学培训，充分吸收和学习美国的全面质量管理理念与方法。在此基础上，日本又进一步丰富和发展了全面质量管理理论，在结合本国国情的基础上提出了"全公司质量控制"，使得日本产品的质量水平跃居世界前列，取得了巨大的成功。日本的成功经验使得世界各国掀起了学习日本的热潮,就连全面质量管理的发源地美国都组团去日本参观学习。

全面质量管理的基本特点可以被概括为"三全",即全过程性、全员性和全面性。①全过程性。全面质量管理是一种全过程的管理,它覆盖产品形成的各个环节,不仅包括产品的加工制造环节,还包括对产品的市场调查、设计、销售、售后等生产前和生产后的一系列环节。②全员性。全面质量管理认为产品质量是由企业的许多环节和工作共同影响的,因此各个环节的人员都要对产品的质量负责。只有企业的员工人人都关心产品质量,产品质量才能有真正的提高,加强产品的质量管理是企业所有人员的责任。③全面性。全面质量管理的全面性包括三个方面:管理对象的全面性、管理方法的全面性和经济效益的全面性。

2.1.2 现代质量管理的重要理论和方法

1. ISO9000 族质量管理标准

全面质量管理阶段中一个非常重要的标志性事件就是 ISO9000 族质量管理标准的产生和应用。ISO9000 族质量管理标准是指由国际标准化组织(International Organization for Standardization,ISO)下属的质量管理和质量保证技术委员会(ISO/TC176)制定的一系列与质量管理体系相关的国际标准。ISO9000 族质量管理标准旨在帮助各种类型和规模组织实施并运行有效的质量管理体系,通过持续改进的手段满足顾客的质量要求,提高顾客满意度,从而实现更高的绩效。在 ISO 颁布的 13 000 多个标准中,从来没有任何一个标准像 ISO9000 那样产生如此强烈、广泛和持久的影响。至今,ISO9000 族质量管理标准一共有五个版本,分别为 1987 年颁布的 1987 版标准、1994 年颁布的 1994 版标准、2000 年颁布的 2000 版标准、2008 年颁布的 2008 版以及 2015 年的最新版。最早的 1987 版标准架构如图 2-1 所示。

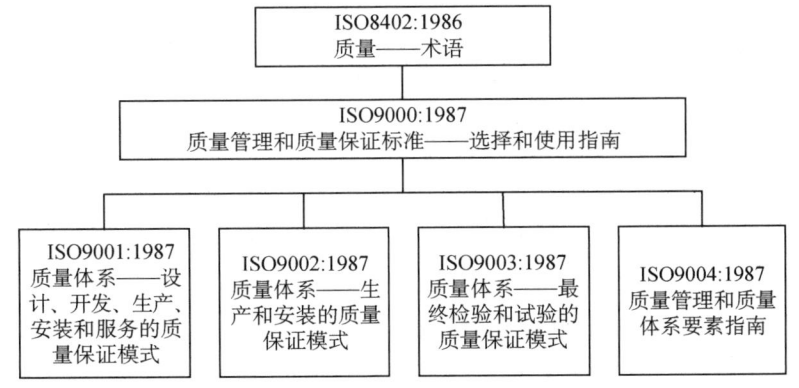

图 2-1　1987 版 ISO9000 标准架构

1987版标准起到了开创性的历史作用,但也存在很多不足之处。因此,在1987版的基础上,1994年ISO又发布了第二版标准,其对于1987版进行了一定的修改。一方面1994版保留了1987版系列标准的基本结构,只对标准内容作技术性局部修改;另一方面1994版采取增加标准数量这种折中的方法,并首次提出了"族标准"这个重要的概念。这种有限的修改使得1994版标准只是过渡性产物,1987版系列标准中存在的问题未能从根本上得到解决。于是在2000年,ISO正式发布的2000版ISO9000族标准,是在充分总结前两个版本优点和不足的基础上,对标准结构和技术内容两个方面的"彻底性"修改,2000版ISO9000族标准最核心的标准包括:《ISO9000:2000质量管理体系——基础和术语》《ISO9001:2000质量管理体系——要求》《ISO9004:2000质量管理体系——业绩和改进指南》。其具体结构如图2-2所示。

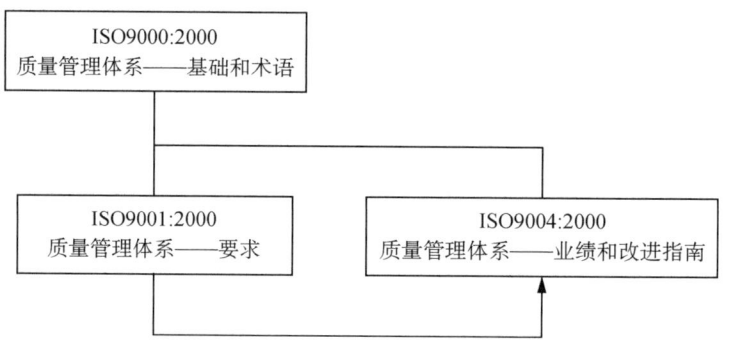

图2-2　2000版ISO9000标准架构

对于2015版ISO9000族标准的制定,ISO/TC176/SC2主席倪国夫(Nigel Croft)指出"为适应下一个25年的需要,充分引进基于风险的思想,更关注达到商品和服务的复合型,并能更好地同公司的其他管理体系、实际情况及使用者的友善言语相一致"。2015版ISO9000族标准进行了较大幅度的改变:不仅将原来的质量管理八原则精简为质量管理七原则,更重要的是首次引入了风险管理、知识管理、创新管理等理念;并不再要求文件化程序,强调了过程控制所形成的文件化信息;淡化了质量手册和管理者代表、文件控制、监视和测量设备、预防措施的控制要求;更加关注外部环境对企业带来的影响;对领导在质量管理体系中的作用更加具体化。新的这些改变使得2015版ISO9000族标准更加适用于所有类型的企业,更加适合于企业建立整合管理体系,更加关注质量管理体系的有效性和效率。

到2022年5月,ISO9000族标准已经在ISO组织的167个的成员国家、100多万个组织中得到实施,推动了国际贸易的发展。2000版及其之后版本的ISO9000族标准具有诸多优点:①标准通用性加强;②标准结构简化,原则性与指导性强;③语言简单明了,通俗易懂,易于翻译、理解与实施;④考虑了所有相关方的利益需求;⑤弱化了强制性的"形成文件的程序"的要求;⑥将质量管理体系与组织的管理过程联系起来;⑦强调对质量业绩的持续改进;⑧强调持续的顾客满意是推进质量管理体系的动力;⑨ISO9001与ISO9004内容结构一致,既避免了因认证/注册而给企业等组织带来的不必要工作量,又为持续改进组织的总体业绩与效率创造了条件;⑩与环境、安全等管理体系具有更好的兼容性,有利于组织建立统一的管理体系。

2. 六西格玛管理

在20世纪80年代末摩托罗拉开始在其企业内部实施六西格玛(6 Sigma,6σ)管理之后的二十年,六西格玛管理在全球范围内越来越被广泛关注,诸如IBM、通用电气、ABB、福特汽车、索尼这样的大型跨国企业通过采用六西格玛管理方法而获得非常好的效果。美国通用电气前首席执行官杰克·韦尔奇就表示:"六西格玛是通用电气至今所采用的最重要的创新……它是我们公司未来领导力的基因组成部分。"2000年左右,六西格玛管理方法被引入中国,并受到了众多企业的广泛关注。许多企业通过实施六西格玛管理获得了显著的成功。可以说,六西格玛管理是上世纪末本世纪初质量管理领域最引人注目的理念和方法。

六西格玛中的西格玛指的是希腊字母 σ,在统计学上代表标准差。六西格玛指围绕正态分布曲线均值的 $\pm 6\sigma$ 范围,质量管理学家利用六西格玛表示质量水平的高低(表2-1)。摩托罗拉在提出 6σ 管理理念的时候,实际上就是将其视为一种标杆,把 6σ(接近零缺陷)当作企业的发展目标。到现在为止,生产体系大部分也只是达到 2σ 至 3σ 左右的水平,但是我们不能说摩托罗拉的 6σ 工作是不成功的。

表2-1 不同 σ 水平对应的产品不合格率

σ 质量水平	均值无偏移情形的不合格率	均值偏移 1.5σ 情形的不合格率
1σ	31.7×10^{-2}	$697\,670 \times 10^{-6}$
2σ	4.55×10^{-2}	$308\,770 \times 10^{-6}$
3σ	2.70×10^{-3}	$66\,807 \times 10^{-6}$
4σ	63.3×10^{-6}	$6\,210 \times 10^{-6}$
5σ	0.573×10^{-6}	233×10^{-6}
6σ	0.002×10^{-6}	3.4×10^{-6}
7σ	0.003×10^{-9}	0.019×10^{-6}

六西格玛管理从被提出时起,就从一个单纯的统计学概念,转变为一系列质量管理理念和方法的集合,这样一系列方法实施的最终目标就是实现生产过程的 6σ 水平的产品不合格率。对于基层员工来讲,六西格玛就是具体的质量改进项目,要建立可靠、准确的测

量体系，要收集、分析现有系统的运行数据，要应用统计技术和相应的工具来进行改善。

六西格玛管理与传统质量管理方法的一个显著差异就在于它要求组织内部建立一整套完整的六西格玛实施的组织体系（包括倡导者、黑带大师、黑带、绿带等角色），这一体系的建立不仅为六西格玛管理的践行者提供了一条职业晋升的通道，突出了他们的作用，也使得六西格玛管理及其项目由专业人士负责并实施，从而提升了质量改进项目实施的效果。

3. 卓越绩效评价准则

随着全球经济一体化的快速发展，以质量为核心的市场竞争日趋激烈。在企业的发展过程中，企业对质量的要求越来越高，质量管理也越来越受到人们的重视。为适应经济全球化、国际贸易发展的要求，评价企业在提升企业的竞争能力、满足客户的要求和期待方面的努力和成效，许多国家和地区都设立了"国家质量奖"。比较著名的有：美国马尔科姆·波多里奇国家质量奖（MBNQA）、欧洲质量奖（EQA）、英国质量奖（UKQA）、瑞典质量奖（SWQA）、新西兰国家质量奖（NZQA）、拉吉夫·甘地国家质量奖（RGNQA）、新加坡质量奖（SQA）、加拿大经营卓越奖（CAE）、日本戴明奖等。其中最具影响力的就是美国的马尔科姆·波多里奇国家质量奖。

20世纪七八十年代，日本产品以其优质的产品质量而在全世界范围内获得了广大用户的认可，并迅速占据了很大的市场份额，美国企业界和政府领导人认识到美国企业的质量竞争力在下降。为了扭转这种趋势，1987年美国总统里根签署了国会通过的《马尔科姆·波多里奇国家质量提高法》，并于1988年正式实施马尔科姆·波多里奇国家质量奖评奖活动。该奖项旨在表彰在质量和绩效上有突出表现的美国公司，突出了质量和卓越经营在竞争中的重要地位，并使公司和大众意识到质量和绩效卓越的重要性。

马尔科姆·波多里奇国家质量奖评价的标准就是"卓越绩效评价准则"，其评奖标准是任何组织都可以采用的一组框架，涵盖了七大项目：

（1）领导作用（leadership）：检查组织高层管理的各项能力，以及组织的社会责任和组织如何承担这些责任。

（2）战略规划（strategic planning）：检查组织如何建立其战略方向，如何决策关键行动计划。

（3）以顾客和市场为关注焦点（customer and market focus）：检查组织如何定义顾客和市场的期望及需求，如何建立与顾客的联系，如何获取、满足和维持顾客。在教育类组织的评审中表述为关注学生和投资人以及市场，关注全体教员和职员、组织绩效；在健康卫生类组织的评审中表述为关注病人和其他客户以及市场，关注全体职员、组织绩效。

（4）测量、分析和知识管理（measurement, analysis and knowledge management）：检查组织如何管理、有效利用、分析和改进数据和信息，以致力于支持关键的组织流程和组织绩效的管理体系。

（5）以人力资源为关注焦点(human resource focus)：检查组织如何促进其成员充分拓展其潜能，并激励他们调整到与组织目标相一致的轨道上。

（6）过程管理(process management)：检查组织的运作和支持等各个关键流程是如何设计、管理和改进的。

（7）经营成果(business results)：检查组织的各关键业务领域的绩效和改进效果，包括客户满意、财务和市场表现、人力资源、供应商和合作伙伴表现、生产运作表现、公共和社会责任。此项目还检查组织如何处理与竞争对手的关系。上述七大类评价项目构成了如图2-3所示的质量经营系统。

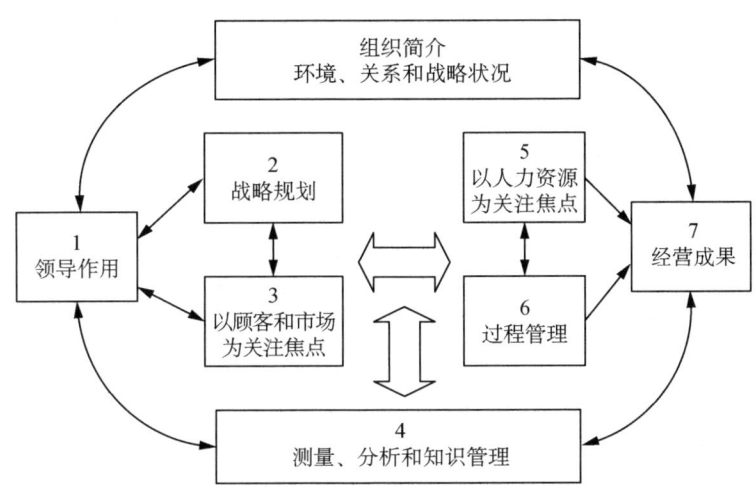

图2-3 马尔科姆·波多里奇国家质量奖评奖指标框架
来源：https://www.nist.gov/baldrige/baldrige-criteria-commentary，作者翻译并绘制

2001年，中国质量协会启动了全国质量管理奖的评审工作。自2006年起"全国质量管理奖"更名为"全国质量奖"；每年组织评审一次。其评价标准就是在参考了美国马尔科姆·波多里奇国家质量奖评价标准基础上制定的《GB/T 19580—2012 卓越绩效评价准则》和《GB/Z 19579—2012 卓越绩效评价准则实施指南》。

现代质量管理的理论与方法在实践中不断地得到丰富与发展，从TQC到TQM、质量管理ISO9000标准族的发布、六西格玛管理法和卓越绩效评价准则等的流行，质量管理变得更加全面、更加人性化、更有竞争力，为世界经济和人类社会作出了巨大的贡献。

2.2 机场服务质量管理的理论研究

虽然对产品质量的研究在20世纪初期就已经开始并逐步成熟，但对服务质量的研究却始终处于探索阶段。随着世界服务业的快速发展,对服务质量的研究在20世纪80年代迎来高潮。

20世纪80年代早期,格罗鲁斯(C. Grönroos)[2]首次科学地定义了服务质量,提出了顾客感知服务质量(Customer Perceived Service Quality)的概念。他认为服务质量应该是一个主观范畴,是顾客对服务的期望和顾客实际感知到的服务水平的对比,即期望服务质量和感知服务质量的对比。格罗鲁斯还提出服务质量可以被分为功能质量和技术质量,强调企业的管理者要从顾客的角度出发理解服务质量的构成以及服务质量如何被顾客感知,这样才能够提高顾客满意度。在此基础上,A. Parasuraman等人[3]提出了服务质量差距模型(5 Gap Model),认为影响服务质量的有5个差距,分别是管理者理解的差距、质量标准差距、服务传递差距、服务沟通差距和感知服务质量差距。其中,处于核心地位的是感知服务质量差距,即顾客期望与顾客感知的服务之间的差距,其他差距是通过影响感知服务质量差距来影响顾客对服务质量的感知的。

20世纪80年代后期,对服务质量的研究转向服务质量评价方法与模型上。在此期间,SERVQUAL、SERVPERF等经典的服务质量评价方法与模型相继诞生。A. Parasuraman等人[4]以其提出的服务质量差距模型为理论基础,提出了SERVQUAL模型,将服务质量分为五个层面:有形性、可靠性、响应性、保证性、移情性,每一层面又分为若干问题,通过综合顾客在每一问题上的感知得分和期望得分的差值来得到SERVQUAL得分。SERVPERF模型[5]由J. J. Cronin和S. A. Taylor提出,作为对SERVQUAL模型的改进。他们认为之前的服务质量测量混淆了顾客满意度和顾客态度,因此,他们开发了一种可操作性感知服务质量的替代方法,分析了服务质量、消费者满意度和购买意愿之间关系,结果表明:首先,基于绩效的服务质量测量可能是衡量服务质量结构的一种改进手段;其次,服务质量是消费者满意的先决条件;最后,消费者满意对购买意向有着显著影响。

在服务质量的概念被提出并有了长足发展后,对于具体领域的服务质量的研究也不断被提出和发展,如对机场的服务质量管理的研究。具体来看,机场服务质量管理的理论研究大致可以分为以下类别。

1. 关于机场服务质量顾客感知的研究

根据C. Grönroos和A. Parasuraman等人的服务质量理论,服务质量是顾客的期望服务质量与感知服务质量的差距。因此,对于机场服务质量的评价而言,旅客感知非常重要。这方面的研究主要集中在旅客感知的重要性和不同旅客感知的差异等角度。Liou等人[6]使用一种基于优势度的粗糙集方法(DRSA)对来自中国台湾某国际机场的大样本数据进行分析,认为旅客对机场服务质量的感知对于促进或者阻碍未来的旅游和商业活动具有重大影响。Merkert和Assaf[7]认为机场在激烈的市场竞争下会出于利润最大化的考虑而忽视旅客感知,但以往研究已经证明质量对盈利有重大影响。因此,研究者使用两阶段的 DEA 方法研究旅客感知和机场利润之间的关系,结果表明,将服务质量排除在 DEA 的产出指标之外,可能会扭曲国际机场整体效率的真实排名,因此旅客对机场服务质量的感知对于机场的盈利能力具有重要影响,机场方面应该对此有所重视,提高机场服务质量和旅客满意度。在旅客感知差异方面,Bezerra 和 Gomes[8]的研究指出不同的旅客对机场服务质量的感知水平是不同的。研究使用了来自巴西一个国际机场的数据,发现乘客到达机场的时间越早,他/她的总体满意度就越高,这可能是因为旅客的压力水平与他/她能够顺利登机的可用时间有关,越早到达机场的旅客在机场的可用时间就越长,可以更加放松地享受机场的各项服务设施,其他一些差异诸如国籍、民族、收入等对旅客的机场服务质量感知并没有显著的影响。对旅客个体差异性对旅客感知机场服务质量的影响进行研究的还有 Pantouvakis 和 Renzi[9],他们使用 Rasch 建模(RM)的方法研究了不同国籍和民族的旅客对机场服务质量的感知,并使用三个维度来衡量机场服务质量——服务环境(servicescape and image)、标识(signage)和服务(service),得到了与 Bezerra 和 Gomes 不同的结论。他们的结果表明,在所有的服务维度上意大利籍旅客与英语母语旅客都有显著差异,并且同其他国籍的旅客间也存在显著差异,而英语母语旅客与其他国籍旅客间的差异不显著。将英语母语旅客与其他国籍旅客合并成一个类别,将其与意大利籍旅客对比发现,意大利籍旅客在三个维度上对本国机场的服务质量评分都明显较低,这说明意大利籍旅客在机场服务质量方面可能有着更为严格和保守的观念。因为不同国籍和民族的旅客对机场服务质量的感知存在显著差异,所以在评估机场服务质量时必须考虑不同国籍或民族旅客的差异。Liou 等人[6]的研究表明经常飞行的旅客与不经常飞行的旅客在服务质量感知上存在较大差异。经常飞行的旅客对于机场工作人员的礼貌程度感知敏感性更为强烈,他们认为被调查机场(中国台湾某国际机场)在工作人员的礼貌程度方面要相对低于其他国际机场;而对于不常飞行的旅客来说,海关流程和机场环境是他们更为关注的方面,这可能是因为对于大多数不常飞行的旅客来说,面对海关工作人员时可能还是会感到一定程度的害怕。因此移民和海关官员需要接受培训,以友好的方式指导旅客,特别是对于那些不熟悉海关流程的旅客。另外,舒适的机场环境对于不经常旅行的旅客也是必不可少的。

2. 关于机场服务质量影响因素的研究

这方面的理论研究主要集中于找出哪些因素对旅客感知的机场服务质量有更大的影响。Bezerra 和 Gomes[8]使用巴西一个国际机场的调查数据,使用探索性因子分析的方法提取了旅客感知机场服务质量的维度。结果表明,办理登机手续(check-in)、安检(security)、便利性(convenience)、机场氛围(ambience)、基础设施(basic facilities)和价格(prices)这 6 个维度对于旅客感知机场服务质量的影响是显著的。相比之下,机动性

(mobility)等维度的影响并不显著,这可能是因为对于在复杂性较低的国际机场离境的旅客来说,这一维度的属性通常是次要的,如圣保罗瓜鲁柳斯国际机场。在显著的 6 个维度中,办理登机手续、安检、机场氛围、基础设施和价格都对机场服务质量有正面效应,旅客对这些维度的满意度越高,对机场整体满意度的评价就越高。但有趣的是,便利性这一维度对机场服务质量似乎有负面效应,旅客在这一维度满意度的提高似乎会导致其对机场整体满意度的降低。作者认为,这一发现可以解释为旅客提前到达机场、机场消费行为与便利性和机场整体满意度之间的关系。例如,旅客到达机场的时间越早,就越有可能在机场进行消费,而机场的餐厅和商店等消费场所质量的提高对旅客提高对机场服务质量的评价影响不大,但其质量的下降必然会造成旅客的不满意,降低旅客对机场服务质量的评价。Zhe Wang 和 Haitian Zhao 等人[10]的研究聚焦机场的室内环境质量(IEQ),对我国 8 个大型枢纽机场航站楼的室内环境质量的调查结果显示,旅客对航站楼室内环境质量的总体满意度大部分处于较满意和满意之间。进一步的研究表明,室内环境质量(IEQ)的四个方面(热、光、声、空气质量)对旅客总体满意度的影响均有统计学意义,其中,热和空气质量是影响旅客整体满意度的两个关键因素,具有较高的系数,且空气中二氧化碳的含量与旅客空气质量满意水平高度相关。另外,我国机场航站楼夏季的 IEQ 满意度往往高于冬季,且在声环境和室内空气质量方面的满意度要明显低于热环境和光照环境,旅客感知到的主要噪声源是旅客的交谈噪声,而不是飞行噪声。这提醒机场管理方重视机场室内环境尤其是空气质量和噪声对旅客感知机场服务质量的影响。Suárez-Alemán 和 Jiménez[11]注意到了当前机场服务质量管理研究中对于管理模式等隐性因素的忽略,因此对 111 个大型国际机场进行调查研究,发现在机场管理模式方面由私人参与管理的机场服务质量感知更高。这是因为私人管理的机场会更加充分地参与市场竞争,因此会更有动力提升机场服务质量。对此他们支持以市场为导向的机场管理方式,希望通过市场竞争的方式使私人资本参与机场管理。除此之外,还有学者分别对餐饮服务、交通换乘服务、信息网络服务等因素对机场服务质量的影响进行研究。

3. 关于机场服务质量评价方法的研究

对于机场服务质量的评价,国外的 Skytrax 和 ACI、国内的 CAPSE 和民航局等组织或部门都有一套自己的评价方法,并且每年发布相关评价报告,评价的指标涉及机场服务质量的方方面面。这里主要介绍学术上对机场服务质量评价方法的一些理论研究。

对机场服务质量评价方法的理论研究主要集中于评价方法的选择上。Correia 等人[12]提出了一种能够衡量机场服务水平的评价指数,对该评价指数进行了回归分析,包括机场前道路(enplaning curbside)、办理登机手续(check-in)、安检(security screening)、休息室(lounge)、流通区域(circulation areas)、行走距离(walking distance)、方位(orientation)、总时间(total time)、安保环境(security environment)等指标。进一步的数据分析发现,总时间与办理登机手续、方位之间都存在强相关性,因此将其排除。另外,因为被调查者很难对流通区域和安保环境指标做出有效的评估,这两个指标也被排除在模型之外。最终,评价指数模型为:

$$LOS(overall) = w_0 + w_1 \times LOS(curb) + w_2 \times LOS(check\text{-}in) + w_3 \times LOS(sec.sc.)$$
$$+ w_4 \times LOS(lounge) + w_5 \times LOS(walking\ dist.)$$
$$+ w_6 \times LOS(orientation) + w_7 \times LOS(concessions)$$

式中　$curb$——机场前道路;
　　　$check\text{-}in$——办理登机手续;
　　　$sec.sc.$——安检;
　　　$lounge$——休息室;
　　　$walking\ dist.$——行走距离;
　　　$orientation$——方位;
　　　$concessions$——特许经营。

作者使用从巴西某国际机场收集到的数据对该模型进行回归并且对模型中的变量进行调整,得到:

$$LOS(overall) = 0.841 + 0.246 \times LOS(curb) + 0.144 \times LOS(check\text{-}in)$$
$$+ 0.151 \times LOS(lounge) + 0.229 \times LOS(orientation)$$
$$+ 0.214(purpose)$$

式中,$purpose$(目的)为增加的虚拟变量,用于表示旅客出行目的是否为公务活动。从模型中可以看出,对于旅客来说最重要的部分是机场前道路,这可能是因为机场前道路是旅客对机场的第一印象,其拥堵混乱的形象可能会使旅客对机场的整体评价大打折扣。

Kuo 和 Liang 等人[13]把机场服务质量评价视作一个复杂的多准则决策问题,结合 VIKOR 方法和灰色关联分析法(GRA)提出了一种评价机场服务质量的模糊多准则决策方法(MCDM),并对东北亚七个主要国际机场的服务质量进行实证研究,研究结果表明该方法是一种有效的机场服务质量评价方法。同时,研究者还发现对旅客整体服务质量评价影响最大的三个指标是员工礼貌、安全和处理时间成本,影响最小的三个指标是信息可见性、便利性和舒适度,这提醒了机场管理部门在机场服务质量管理时需要注意的方向。Toni Lupo[14]使用 SERVPERF 服务概念模型的模糊数学扩展结合非补偿多准则决策方法 ELECTRE Ⅲ,提出了一种可以通过比较的方式来评价服务质量的新方法。作者对意大利西西里岛三个国际机场的服务质量进行了实证研究,考察处理时间、便利性、舒适度、信息、工作人员礼貌、安全保障等因素对旅客整体机场服务质量评价的影响,结果显示只有少数关键服务环节在机场服务质量中发挥了关键作用,作者还提出了详细的服务质量改进建议,证明了他们提出的方法的有效性。Pandey[15]应用模糊多准则决策方法对泰国的两个门户机场,素万纳普(BKK)和廊曼(DMK)的服务质量进行了研究,确定了改善的范围,并使用模糊专家系统进行改进性能分析。作者认为,模糊MCDM方法是一种很有前途且实用的机场服务质量评价决策工具。MCDM包含两个重要的领域,即多属性决策(MADM)和多目标决策(MODM)。这两种决策的主要差别在于：前者的决策空间是离散的,而后者的决策空间是连续的。本质上前者是研究已知方案的评价选择问题,后者是研究未知方案的规划问题,其共性在于两者对事物好坏的判断准则都不是唯一的,且准则与准则之间常常互相矛盾。其差别是前者的选择余地是有限的,约束条件隐含于准则之中,不直接起作用,后者的选择余地是无穷的、未知的,约束条件独立于准则之外,是决策模型中不可缺少的组成部分。故多准则群决策也可以据此分成两类：多属性群决策(GMADM)和多目标群决策(GMODM)。由于群决策能综合各专家的意见,提高决策水平与效率,群组决策的研究越来越受到广泛的关注,也成为决策科学的一个重要研究领域。群决策解决的问题是集结群体成员的偏好以形成群的偏好,然后根据群的偏好对决策方案进行排序或从中选择群体所最偏爱的方案。所以群决策的过程分为构造评价指标体系、确定属性权重、确定属性值、决策矩阵规范化、综合排序等几个阶段,根据群体参与的阶段,可以把群决策初期的工作分为如下类型：①群体构造属性集；②群体确定属性权重；③群体确定属性值或定性评价结果；④基于综合排序结果的群决策。而对于群体参与的总体方案评价与优选决策中的多属性群体决策有如下情形：①各决策者从指标体系的确定、指标权重的评价到定性指标属性值的获得都通过群体参与进行,则可获得最终的群决策结果；②决策者面对同一指标体系同一决策矩阵,各自单独决策,然后综合其决策结果；③从确定指标集开始就由各决策者单独进行决策,因此各决策者使用的指标集、决策矩阵、指标权重以及排序方法可能相同,也可能不同。后两种情况都涉及根据决策个体的排序向量获得最终方案排序的问题。

除了MCDM方法外,Bezerra和Gomez[16]还利用多维研究方法(multi-dimensional approach)开展了机场服务质量研究,其方法主要是建立机场行业典型服务测量模型,在巴西的枢纽机场进行广泛的调查,调查样本数据用于验证分析。研究结果表明,基于登机手续、安检、便利性、机场氛围、基础设施、机动性六个因素结构的测量模型及其建议的评估模式可被视为多维方法的替代方法。Hong、Choi和Chae[17]基于韩国枢纽机场进行调研,从互动性、物理环境和结果质量三个维度对机场服务质量进行概念化研究,并找到服务提供者与航空旅客之间对服务质量感知的差距。研究表明,航空旅客更注重交互服务质量和结果质量,即在意出行的便利性；而服务提供商则更加重视交互服务质量和物理环境质量。由此可以看出,视角不同,对服务的理解亦不相同。Lupo将SERVPERF模型应用在西西里的三个枢纽机场的战略服务质量分析中,对机场旅客服务质量开展了调查评估,并且通过研究确定了适用于各机场服务改进的"缺口导向"(gaps-oriented)测量。Hong、Choi 和 Chae[17]在对机场旅客服务质量进行深入研究后,提出了机场应继续应用更具创新性的自助服务技术,如移动值机柜台、智能行李托运、自助安全检查和入境检查等,并表示自助服务对于枢纽机场将日益重要,且正在从根本上改变机场服务的性质。

其他关于机场服务质量评价方法的研究还包括 SERVQUAL 模型与 QFD 方法的结合、SERVQUAL 模型和 Kano 满意度模型的结合、层次分析法、模糊综合评价法等。

4. 关于机场服务质量优化的研究

在机场服务质量旅客感知和机场服务质量影响因素的研究中,研究者一般都会给出一些机场如何改进提高服务质量的建议,因此,单纯关于机场服务质量优化的研究较少,这里举几个例子。Brida 和 Moreno-Izquierdo 等[18]的研究聚焦机场的信息与通信技术(ICTs),认为机场的信息与通信技术对于旅客的机场服务质量感知有重要影响。作者利用智利航空管理局对阿图罗·梅里诺·贝尼特斯机场的调查数据,使用 logit 模型来分析不同机场服务与机场整体服务质量感知的关系。由于数据中的变量过多,作者使用主成分分析(PCA)的方法对数据进行了降维。结果表明,信息屏幕设备对旅客机场服务质量感知的影响最大,机场中转信息和机场语音信息对旅客机场服务质量感知也有显著作用,证实了机场方面更好的信息和通信系统增加了旅客积极评价机场整体服务质量的可能性这一观点。因此,机场方面应该通过增加信息与通信技术投入资金、改善向顾客传递航班信息的方式和合理选择机场信息交换地点等方式来优化机场的服务质量。同时,作者还特别提到了在移动互联网时代移动设备作为信息载体的重要性,机场方面可以重点开发移动应用程序,向旅客提供随时可查的机场信息,包括航班信息、机场交通信息、机场服务点等信息,提高旅客对机场服务质量的感知。Wen-Hsien Tsai 和 Wei Hsu 等人[19]结合层次分析法、VIKOR 方法和重要性能分析(IPA)方法提出了一个差距分析模型,用以分析旅客期望服务质量和感知服务质量的差距,并找到缩小这种差距的管理决策与方法,从而优化机场的服务质量,提高旅客的满意度。该模型使用层次分析法测量机场旅客服务各属性或特征的相对重要性(旅客偏好),再采用 VIKOR 方法同时整合旅客偏好和满意度,计算机场旅客服务的顾客感知差距。在评估机场旅客服务顾客感知差距后,运用 IPA 技术将 AHP 的相对重要性和顾客感知差距相结合,分析通过消除差距来改善机场旅客服务的管理策略。模型示意如图 2-4 所示。

Wen-Hsien Tsai 和 Wei Hsu 等对

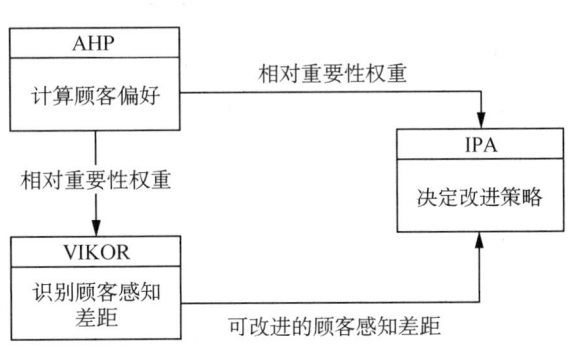

图 2-4 机场服务质量差距分析模型[19]

中国台湾桃园国际机场的实证研究结果表明：在旅客偏好方面，旅客更看重机场服务的"互动与结果"，比机场的"物理环境"要高，"航班准时起飞""内部路线规划""航班信息准确性"是旅客最为重视的三项指标；在服务差距方面，桃园国际机场的总体服务质量是令人满意的，其中，"外部交通规划"和"公共交通便利性"是旅客满意度最低的特征，"机场工作人员的态度"是旅客满意度最高的特征。最后，作者认为"内部路线规划""外部交通规划""公共交通便利性"和"航班准时起飞"是桃园国际机场应该首先改进的项目，因为它们最有潜力快速弥合顾客感知差距。

王星平[20]以广州白云国际机场服务质量为研究对象，运用SWOT分析法、波特五力模型等分析手段，对当前白云国际机场的公共服务供给状况进行了分析，并针对如何提高白云国际机场的服务质量和服务水平，提出了相应的建议和措施，这对于白云国际机场等机场的服务管理工作具有一定的借鉴意义。

翁薇薇[21]研究了新加坡樟宜机场服务管理的现存问题，提出要解决樟宜机场的服务管理问题，首先必须加大人力资源的投入，加强专业技术人员的培训；其次，要加强对员工的监管和控制，以便更好地为乘客服务；最后，要树立"顾客至上"的服务观念，强化民航空港企业文化建设。

2.3 机场服务质量管理的实践研究

2.3.1 国外对机场服务质量管理的实践研究

1. ACI

ACI的全称是国际机场协会（Airports Council International），成立于1991年，总部位于加拿大蒙特利尔，由国际机场协会理事会管理。其主要工作是制定标准、政策，对参评的机场进行服务质量评估，为会员提供培训和咨询服务等。目的是提高世界各地机场的水准，为公众提供一个安全、可靠、高效和环保的航空运输系统[22]。截至2022年10月，ACI共有717个成员，这些成员管理着分布在185个国家和地区的1 950个机场[23]。

ACI的机场服务质量测评项目可以追溯到1993年。当时，国际航空运输协会创立了"全球机场监察项目"，即GAMP，该项目能让国际机场收到一份有关他们服务表现的持续监察和综合评估报告。2001年，我国首都国际机场开始参加GAMP项目。2005年，ACI联合国际航空运输协会共同举办全球机场旅客满意度调查，当时中国仅首都国际机场和浦东机场参加。2006年，ACI开始独立举办ASQ（Airport Service Quality）项目，其评价指标基本上继承了GAMP，许多机场开始转投ASQ项目。截至2006年年底，全球共有81家国际机场参与了ASQ项目。经过15年的发展，ACI的ASQ项目已经获得了世界机场的一致认可，其根据ASQ项目所评选的机场服务质量奖（Airport Service

Quality Awards)和由 Skytrax 评选的世界机场大奖(World Airport Awards)一起被认为是机场领域最有影响力的奖项。在 2022 年,共有 95 个国家的近 400 个机场参与了 ASQ 评选项目[24]。目前,ASQ 项目的调查覆盖了超过 670 000 名旅客[23]。根据 ACI 于 2016 年发布的《旅客满意度能增加机场的非航空收入吗?》的研究报告,提高旅客满意度是增加机场非航收入的最佳途径,旅客满意度 1% 的增长平均能够带来 1.5% 的非航收入增加,高于乘客数量增加 1% 带来的 0.7% 到 1% 和商业面积增加 1% 带来的 0.2%[24]。

ACI 的 ASQ 项目由机场自愿报名参加,参加的机场需要以季度为周期,按照统一的规则在一定的时间内收集内容相同的调查问卷(每季度不少于 350 份),调查问卷统一寄到 ACI 的总部进行统计、分析,ACI 定期发布季度报告和年度报告。ACI 有一套三级的质量检查程序来确保机场提供的调查数据的可靠性。该质量检查程序结合远程和现场审核的方式,对超过 150 个检查点进行检查,确保调查数据是按照 ACI 的规则进行收集的,具有可靠性与真实性。

ACI 认为,影响机场客户体验的有 8 个关键领域,分别是战略(strategy)、测量(measurement)、操作改进(operational improvement)、管理(governance)、机场文化(airport culture)、服务设计创新(service design innovation)、机场社区合作(airport community collaboration)、顾客理解(customer understanding),并据此设计了 ASQ 调查项目。ASQ 调查项目分为 ASQ 离港调查(ASQ departures survey)、ASQ 入境调查(ASQ arrivals survey)和 ASQ 商业调查(ASQ commercial survey)。其中,ASQ 离港调查是最早开始也是最重要的一项调查。调查通过纸质调查问卷或者平板设备进行,调查项目分为交通往来(access)、办理登机手续(check-in)、护照/身份证检查(passport/ID control)、安检(security)、方向指引(wayfinding)、食品和饮料(food & beverage)、机场设施(airport facilities)、机场环境(environment)、整体满意度(overall satisfactory)等类别,包括往来机场的地面交通工具、停车设施是否方便充足、停车场收费是否合理、手推行李车是否方便充足、办票排队的等候时间、办票人员的工作效率、办票人员是否有礼貌和乐于助人、护照/身份证检查的等候时间、检查人员是否有礼貌和乐于助人、安检是否彻底、安检人员是否有礼貌和乐于助人、安检的等候时间、是否感到安全和安心等 34 项指标。ACI 会根据各机场航空公司份额以及目的地比例统一制定样本配额,机场在登机口发放调查表,每航班 7~10 份,调查时间要每季度覆盖一周。ASQ 入境调查和 ASQ 商业调查都是通过平板设备进行的,分别调查下机(de-boarding)、行李认领(baggage claim)、海关(customs)、入境(immigration)、机场设施(airport facilities)、标志(signage)等类别的 37 项指标和免税店(duty/tax-free shops)、餐厅(restaurant/eating facilities)、支付服务(paid service)等类别的 21 项指标。每个指标都有 1~5 个分值,由收到调查问卷的旅客根据自己的实际体验打分[24]。除了常规的调查外,ACI 还提供灵活的附加调查供机场根据自己的需求进行定制,如旅客评论分析、不满旅客调查、航站楼分析报告等。同时,ACI

还组建了机场服务质量客户体验组,凭借其在机场、市场研究、客户体验管理和交付等方面的专业知识,360度地评测机场客户体验,并提供一套独特的解决方案,帮助机场提供最佳的客户体验和提升服务质量。

根据 ASQ 调查项目的旅客满意度,ACI 每年会在符合参选条件的机场中评选 ASQ 奖项(ASQ Awards),用以表彰和奖励世界上最好的机场,代表着机场运营商的最高荣誉。ASQ 奖项按照地区和机场规模进行评选,按照地区分为非洲、亚洲-太平洋地区、欧洲、拉丁美洲、中东地区、北美地区,按照机场规模分为年旅客吞吐量在 200 万人次以下、200 万到 500 万人次区间、500 万到 1 500 万人次区间、1 500 万到 2 500 万人次区间、2 500 万到 4 000 万人次区间和 4 000 万人次以上。在 2022 年的 ASQ 奖项评比中,共有 69 个机场获奖,其中非洲 4 个、亚太地区 22 个、欧洲 24 个、拉丁美洲和加勒比海地区 5 个、中东地区 3 个、北美洲 11 个。我国共有 6 个机场获奖,其中,长春龙嘉国际机场、石家庄正定国际机场获得 500 万到 1 500 万人次级别 ASQ 奖项,北京大兴国际机场获得 2 500 万到 4 000 万人次级别 ASQ 奖项,广州白云国际机场、上海浦东国际机场、深圳宝安国际机场获得 4 000 万人次以上级别 ASQ 奖项[25]。

我国许多知名机场都是 ASQ 奖项的常客,如深圳宝安国际机场 2020—2022 年连续三年获得亚太地区旅客吞吐量 4 000 万级以上 ASQ 奖项。这背后体现的是深圳宝安国际机场在服务质量方面所作出的努力。近年来,深圳机场不断以"智"提"质",加快推进智慧机场建设,全面实现值机、行李托运、安检、登机全流程自助服务,为旅客乘机提供便利。同时,深圳机场在软硬件设施上不断提升,围绕机场环境、服务设施、人员服务、人文景观等方面启动了 100 余项服务提升工作,不断提高机场服务质量,并最终在 ASQ 奖项、Skytrax 机场大奖中接连有所斩获。再如上海浦东国际机场,自参与 ACI 旅客满意度测评以来,已经连续 11 年位列全球机场测评分值前 10 位,并在 2020 年的评选中取得全球第一的好成绩。这些优秀机场在 ASQ 奖项评选中取得的好成绩取决于它们对于服务质量的重视,足以成为全球机场在服务质量方面的标杆。

2. Skytrax

Skytrax 成立于 1989 年,总部位于英国伦敦,是一家独立的国际航空运输评级机构。自 1999 年起,Skytrax 推出世界航空公司和机场评级项目,该项目通过由其专业评审员进行评审的方式对航空公司和机场的服务质量和员工服务标准进行评级。经过二十余年的发展,Skytrax 的评级项目已经成为国际领先的航空公司和机场评级项目,受到众多航空公司和机场的追捧,其评选的 5 星航空公司和 5 星机场已经成为航空公司和机场服务质量的行业基准。同时,Skytrax 还会在每年评选世界航空公司大奖和世界机场大奖,评选结果基于对乘客的问卷调查与分析,世界机场大奖已经成为各个机场在服务质量领域最为看重的奖项之一[26]。

第 2 章 机场服务质量管理研究现状

Skytrax 的机场评级项目采用现场评审的方式，由 Skytrax 组织的专业评审人员完成。评审人员会使用统一的评价体系和标准，各自独立地对机场的服务质量进行评价。为了保证评选结果的独立性与公正性，Skytrax 的机场评级项目不会向机场收取任何费用，机场也可以在不支付任何费用的情况下使用 Skytrax 为机场给出的评级。机场可以选择付费获取评级项目的详细报告，用于机场的服务质量改进。

Skytrax 评审人员评价的项目包括从旅客购票开始，一直到旅客离开机场为止的服务全过程，具体有地面交通、安检、通关服务、方向指引、到达、出发、中转、航站楼舒适性、航站楼设施、购物设施、餐饮等 11 个大类的 82 项指标，如地面交通类别下有公共交通选项、到公共交通的距离、机场出租车服务、租车服务等 4 个指标，方向指引类别下有到达时寻路便利性、中转时寻路便利性、出发时寻路便利性、标志和符号的清晰性、标志语言的选择、航班信息显示系统在航站楼中的位置、航班信息显示系统显示的清晰度、航站楼地图、机场 App 导航、信息亭、信息/帮助柜台服务、机场帮助人员等 12 项指标。具体指标如表 2-2 所示。

表 2-2 Skytrax 机场星级评价指标[27]

类别	指标
地面交通 (Ground Transportation)	公共交通选项(public transport options)
	到公共交通的距离(distance to public transport)
	机场出租车服务(airport taxi service)
	租车服务(car rental)
安检 (Security Screening)	安检引导标志(screening guide signage)
	等待时间(waiting times)
	服务效率(service efficiency)
	员工态度和礼仪(staff attitude and courtesy)
	员工语言技能(staff language skills)
	快速安检通道(fast track security)
通关服务 (Immigration Service)	到达时等待时间(waiting times-arrivals)
	出发时等待时间(waiting times-departures)
	员工态度和礼仪(staff attitude and courtesy)
	员工语言技能(staff language skills)
	快速通关通道(fast track immigration)
方向指引 (Wayfinding & Signage)	到达时寻路便利性(ease of wayfinding-arrivals)
	中转时寻路便利性(ease of wayfinding-transfer)
	出发时寻路便利性(ease of wayfinding-departures)

续表

类别	指标
方向指引 (Wayfinding & Signage)	标志和符号的清晰性(clarity of signs & symbols)
	标志语言的选择(signage language choices)
	航班信息显示系统在航站楼中的位置(FIDS: positioning in terminal)
	航班信息显示系统显示的清晰度(FIDS: clarity of display)
	航站楼地图(terminal maps)
	机场App导航(airport App navigation)
	信息亭(info kiosks)
	信息/帮助柜台服务(info/help counter service)
	机场帮助人员(airport "help" staff)
到达 (Arrival)	步行距离(walking distances)
	卫生间可用性(availability of toilets)
	行李大厅设施(baggage hall facilities)
	行李交付时间(baggage delivery times)
	行李推车(baggage carts)
	迎接设施(meet and greet facilities)
出发 (Departure)	办理登记手续/值机标志(signage to check-in)
	办理登记手续/值机时拥挤情况(congestion around check-in)
	排队系统(queuing systems)
	办理登记手续/值机附近座位(seating near check-in)
	高端值机设备(premium check-in facility)
	安检/出发标志(signage to security/departures)
中转 (Transfer)	步行距离(walking distances)
	中转区域标志(signage to transfer areas)
	中转安检(transfer security screening)
	中转等候区(transfer waiting area)
	中转乘客休息区(rest area for transfer customers)
	中转流程的便利性(ease of transfer process)
航站楼舒适性 (Terminal Comfort)	航站楼拥挤程度(congestion around terminal)
	室内温度(air temperature)
	装饰(décor and condition)
	座椅可用性(seat availability)
	座椅类型和舒适性(seat types and comfort)

续表

类别	指标
航站楼舒适性 (Terminal Comfort)	电源/充电点(access to power/charging points)
	座椅的清洁(cleanliness of seats)
	卫生间的清洁(cleanliness of washrooms)
	公共区域的清洁(cleanliness of public areas)
	无障碍卫生间(PRM washrooms)
	婴儿更衣室(baby changing rooms)
航站楼设施 (Terminal Facilities)	机场广播的清晰度(clarity of airport PA's)
	广播语言翻译(PA language translations)
	ATM可用性(ATM availability)
	Wi-Fi登录便利性(Wi-Fi: ease of log-in)
	Wi-Fi免费使用时间(Wi-Fi: free time allowance)
	公共网络亭(internet kiosk facilities)
	儿童游乐区域(children's play area)
	淋浴设施(shower facilities)
	安静/休闲区(quiet/relaxation areas)
	机场酒店(airport hotel)
	其他休闲设施(other leisure facilities)
	自动售货机(automated vending machine)
购物设施 (Shopping Facilities)	公共区域商店选择(selection of shops: landside)
	登机区商店选择(selection of shops: airside)
	平价商店选择(choice of mid-price shops)
	奢侈品牌选择(choice of luxury brands)
	商店员工服务(staff service in shops)
餐饮 (Food & Beverage)	公共区域餐饮选择(food and beverage choice: landside)
	公共区域快餐选择(fast food choice: landside)
	公共区域国际品牌(international brands: landside)
	登机区餐饮选择(food and beverage choice: airside)
	登机区快餐选择(fast food choice: airside)
	登机区国际品牌(international brands: airside)
	餐饮店清洁(food and beverage: cleanliness)
	餐饮价格(food and beverage: prices)
	餐饮员工服务(food and beverage: staff service)

对机场的每一个指标，Skytrax 的评审人员都会按照 1 星到 5 星的标准进行评分，汇总得到该机场在这一指标上的星级。以我国的 Skytrax 五星级机场香港国际机场为例，该机场在 Skytrax 的 82 项指标评分中全部取得了四星及以上的成绩，且在公共交通选项、标志和符号的清晰性、航班信息显示系统在航站楼中的位置、卫生间可用性、行李交付时间、行李推车、中转区域标志等 25 项指标上取得了 5 星评价，展现出了出色的机场服务质量水平。

当 Skytrax 的评审部门收到足够多的评审数据后，就会按照一定权重整合机场在各个指标上的评级，最终为机场产生整体评级。Skytrax 的评级体系分为 1～5 星级，其中，5 星级机场代表该机场的员工服务和产品标准达到甚至是超过全球最佳水平，能够为全行业树立标杆；4 星级机场代表该机场的服务质量达到良好的标准，但不是最好；3 星级机场代表该机场的服务质量为行业平均水平；2 星级机场代表该机场提供的服务较差；1 星级机场代表该机场提供的服务在某些方面是完全不可接受的，该评级很少被使用。2023 年，Skytrax 共为来自世界各地的五百多个机场给出了评级，其中，被评选为 5 星级枢纽机场的共有 11 个，包括新加坡樟宜国际机场、多哈哈马德国际机场、东京羽田机场等世界著名机场，多集中在亚洲地区，被评选为 4 星级机场的共有 78 个，包括阿布扎比国际机场、奥克兰国际机场等。我国有香港国际机场、上海虹桥国际机场、深圳宝安国际机场等 4 座 5 星级枢纽机场和北京大兴国际机场、长沙黄花国际机场、成都双流国际机场、广州白云国际机场等 9 座 4 星级机场[27]。

与机场评级项目不同，Skytrax 的世界机场大奖通过收集旅客在线填写的调查问卷并进行统计分析的方式进行评选，更加重视旅客的实际体验。调查问卷的内容包括往返机场的便捷度、公共交通效率和价格、行李手推车的可得性、航站楼的舒适度、排队时间等数十个主题。2022—2023 年的调查于 2022 年 8 月至 2023 年 2 月进行，有超过 100 个国家的旅客填写了调查问卷，涵盖了 550 个机场。调查评估旅客针对不同机场服务和产品关键绩效指标的体验。从办理值机、到达、中转、购物、安全和出入境到登机口出发[28]。2022 年世界机场大奖中，新加坡樟宜机场被评为世界最佳机场。全球十大机场还包括卡塔尔哈马德国际机场、日本东京羽田机场、韩国仁川国际机场等世界著名机场。我国的广州白云国际机场获得中国最佳机场。广州白云国际机场、深圳宝安国际机场、香港国际机场、上海虹桥国际机场、成都天府国际机场、西安咸阳国际机场、台湾桃园国际机场、长沙黄花国际机场等机场位列 2022 年全球机场 100 强[29]。

3. IATA

国际航空运输协会（International Air Transport Association，IATA）于 20 世纪 90 年代开始对机场进行服务质量测评研究，并先后出台了《机场发展参考手册》《机场操作标准 1000》等一系列机场服务工作标准，标准中涵盖了 19 项机场服务质量评价标准，基本包括了机场所有的服务内容与环节，如候机楼的舒适性、机场区域内引导标识是否醒目、服务人员态度和工作效率、安全检查的彻底性、地面交通是否无缝衔接性、行李服务的完好性和及时性、行李手推车的数量是否充足、位置是否合理、特殊乘客服务是否到位、餐饮和商贸的丰富程度等,并根据对一万六千多名机场旅客开展的服务质量的调查分析结果,制定了涵盖机场服务标准的《机场操作手册》。

2.3.2 国内对机场服务质量管理的实践研究

1. CAPSE

民航乘客服务测评(Civil Aviation Passenger Service Evaluation,CAPSE)成立于 2012 年,是国内一家民航行业的咨询研究机构,专注于提供民航服务数据咨询和服务解决方案[30]。2012 年 5 月,CAPSE 开始与"飞常准"手机客户端合作,通过在线发布调查问卷的形式,测评国内旅客对于航空公司和机场的服务满意度,并发布民航旅客服务评测报告。

CAPSE 使用移动互联网技术进行问卷调查工作,并且利用地理位置、照片拍摄、条形码识别等多种技术确保问卷数据的可靠性。旅客在手机客户端上回答相应问卷之前需要用手机号注册、上传登机牌信息。CAPSE 还会在后台通过人工审核的方式确保登机牌信息(航班号、旅客姓名等)的真实有效[31]。

CAPSE 的机场服务评价体系分为 6 个一级指标,分别是机场交通、机场服务与设施、机场安检、机场商贸、行李服务和不正常航班机场地面服务,每个一级指标下还有众多二级指标。如机场交通下有市区到机场便利程度、出发机场停车场收费合理程度、出发机场停车场信息标识醒目性、出发机场大巴乘坐舒适程度、出发机场大巴发车频率满意度等 12 个二级指标。机场服务与设施下包括行李推车充足程度、机场指示牌的醒目性、自助值机设备完好程度、自助值机等候时间、Wi-Fi 上网服务等 15 个指标。机场安检下有安全检查的等候时间、安全检查时工作人员的服务态度及友好程度 2 个指标。机场商贸、行李服务和不正常航班机场地面服务等一级指标下也各有众多的二级指标,这里不再一一赘述,具体的指标情况如表 2-3 所示。针对机场服务评价的每个指标,参与评价的旅客可以在 1 到 5 等级之间进行打分,分别代表"非常差""较差""一般""好""非常好"。对于机场的综合评分为各项指标的加权平均[31]。

表 2-3 CAPSE 机场服务评价指标[31]

一级指标	二级指标
机场交通	市区到机场交通便利程度
	出发机场停车场收费合理程度
	出发机场停车场信息标识醒目性
	出发机场大巴乘坐舒适程度

续表

一级指标	二级指标
机场交通	出发机场大巴发车频率满意度
	抵达机场停车场收费合理程度
	抵达机场停车场信息标识醒目性
	抵达机场大巴乘坐舒适程度
	抵达机场大巴发车频率满意度
	出租车等候时间满意度
	公共交通末班车时间满意度
	专车满意程度
机场服务与设施	行李推车充足程度
	机场指示牌的醒目性
	自助值机设备完好程度
	自助值机等候时间
	Wi-Fi 上网服务
	机场航班信息通告满意程度
	机场卫生间满意程度
	机场人员服务满意程度
	免费饮水机位置分布便利程度
	电源插座数量充足程度
	机场环境卫生状况满意度
	城市文化特色满意度
	抵达机场行李转盘提醒的醒目程度
	抵达机场行李推车充足程度
	抵达机场行李推车方便程度
机场安检	安全检查的等候时间
	安全检查时工作人员的服务态度和友好程度
机场商贸	商品丰富程度
	餐饮丰富程度
	商品价格满意程度
	餐饮价格满意程度
行李服务	行李完好无损
	在行李转盘等待行李的时间
	办理行李托运
	行李提取引导

续表

一级指标	二级指标
不正常航班机场地面服务	不正常航班机场信息通报的满意程度
	不正常航班机场对旅客情绪安抚水平满意度
	不正常航班机场餐饮服务满意度
	不正常航班机场休息条件满意度

根据问卷调查所得到的结果,CAPSE 会进行统计分析并发布《机场服务评测报告》,该报告每季度发布一次,每年还会发布年度报告。在报告中会发布该调查区间内的最佳机场、每个服务项目下旅客综合评分最高的优秀机场以及在每项指标上得分最高的机场。2015 年第三季度,CAPSE 的机场服务问卷调查共收取 68 259 份样本,涵盖国内外 531 个机场,其发布的《2015 第三季度机场服务评测报告》选取了 27 个机场,其中厦门高崎国际机场、上海浦东国际机场、南京禄口国际机场、上海虹桥国际机场等 23 个内地(大陆)机场分为第一组,香港赤鱲角国际机场、台北桃园国际机场 2 个中国港澳台地区机场与新加坡樟宜国际机场、曼谷素万那普国际机场 2 个国外机场分为第二组。机场服务总体得分方面,第一组机场的平均得分为 3.68 分,最高分为厦门高崎国际机场的 3.76 分,最低分为乌鲁木齐地窝堡国际机场的 3.45 分。第二组机场的平均得分为 4.015 分,且得分均在 3.9 分以上,最高的新加坡樟宜国际机场得分达到 4.21 分。在各个类别的得分方面,排名前列的也大多是第二组的机场,可见内地(大陆)机场的服务质量水平与世界上的顶尖机场相比还存在一定的差距。其中,除了不正常航班机场地面服务指标外,新加坡樟宜国际机场在一级指标的排名中,全部包揽"最佳机场"宝座,并且与第二名相比优势巨大,在 41 个二级指标中也大多得分第一,足见新加坡樟宜国际机场在机场服务领域的领先地位,值得我国机场学习。在 CAPSE 最新发布的《2023 年第二季度机场服务测评报告》中,北京大兴国际机场的综合评分最高,达到 4.23 分[32]。

除了定期发布机场服务测评报告以外,CAPSE 还借鉴 ACI 和 Skytrax 等机构的做法,每年颁发 CAPSE 航空服务奖,至 2023 年已经举办了 9 届。虽然该奖项的含金量目前还无法与 ACI 的 ASQ 大奖和 Skytrax 的世界机场大奖相比,但也已成长为国内航空服务领域不可忽视的奖项。在最新颁发的第 9 届 CAPSE 航空服务奖中,深圳宝安国际机场、北京大兴国际机场、上海虹桥国际机场、上海浦东国际机场等 10 个机场获得 1 000 万级以上吞吐量最佳机场奖。

2. 《中国民用机场服务质量评价指标体系》和《民用机场服务质量评价报告》

《中国民用机场服务质量评价指标体系》(以下简称《标准体系》)由中国民用机场协会、中国民航科学技术研究院负责起草,由中国民航局于 2017 年 3 月 17 日发布成为行业标准,标准号 MH/T 5114—2017,并于 2017 年 6 月 1 日正式实施。该标准首次规范了中国民用机场服务质量的评价指标体系、评价方法和计算方法,有利于促进机场服务管理体系的完善和服务水平的提升,为各民用机场开展服务对标工作提供依据,为行业主管部门对机场服务进行监管提供参考[33]。

《标准体系》所规定的民用机场服务质量评价体系共包括 5 个一级指标,分别是旅客满意度评价指标、航空公司满意度评价指标、专业评审指标、机场放行正常率和一票否决指标,每个一级指标之下还有众多的二级、三级等指标。

旅客满意度评价一级指标下有出入机场交通、问询服务、办理乘机手续服务、安全检查服务、联检服务、登机口服务、引导标识、航站楼设施设备与环境、提取行李服务、中转服务、IT 服务、航班延误服务等二级指标,每一个二级指标下还包含有很多具体的内容,如出入机场交通指标下有出入机场乘车方便快捷、停车设施配置齐全、合理等内容,提取行李服务指标下有提取行李速度快捷、行李完好无损等内容,具体指标如表 2-4 所示。旅客满意度评价方法采用向旅客发放和回收满意度调查问卷或者在线推送满意度问卷的方式,收集旅客的满意度数据和信息。旅客的选择为 5 级制,分别为很满意、满意、基本满意、不满意、很不满意,对应赋值 100 分、80 分、60 分、40 分和 20 分,旅客满意度各分项的权重则根据各个评价周期的具体特点确定。

表 2-4 旅客满意度评价指标(一级指标)下设的指标

二级指标	内容
出入机场交通	a) 出入机场乘车方便快捷 b) 停车设施配置齐全、合理
问询服务	a) 首问答复负责、准确、及时 b) 问询服务人员态度友善
办理乘机手续服务	a) 办理乘机手续方便快捷 b) 交运行李方便快捷、信息告知清晰 c) 办理乘机手续人员服务态度友好
安全检查服务	a) 安全检查通过顺畅 b) 安检人员语言和动作规范
联检服务	海关边防检疫通关顺畅
登机口服务	a) 登机口座位充足、秩序良好 b) 登机广播清晰
引导标识	a) 引导标识位置合理、标识醒目 b) 引导标识规范统一、连贯准确
航站楼设施设备与环境	a) 航站楼环境整洁、空气清新、温度适宜 b) 航班信息系统位置醒目、信息准确 c) 航站楼广播音质清晰、音量适中柔和 d) 行李手推车数量充足、取用方便 e) 卫生间数量充足 f) 卫生间清洁、空气清新

续表

二级指标	内容
航站楼设施设备与环境	g) 饮用水取用方便 h) 银行/提款机、货币兑换使用方便 i) 餐饮环境整洁、价格合理 j) 购物环境整洁、明码标价
提取行李服务	a) 提取行李速度快捷 b) 行李完好无损
中转服务	中转服务方便快捷
IT 服务	a) 互联网/Wi-Fi 连接顺畅 b) 机场 App 或其他移动互联应用软件使用方便
航班延误服务	a) 本机场航班延误时信息告知及时、准确 b) 本机场航班延误后的服务规范

来源：中国民航局《中国民用机场服务质量评价指标体系》

航空公司满意度评价一级指标下有安全保障、运行保障、服务保障 3 项二级指标。其中，安全保障下包含有机坪封闭性良好、跑道及滑行道维护合规、起降灯光设备维护合规、航空器监护合规等内容。运行保障下有廊桥、客梯车、摆渡车、其他特种车辆、停机位分配等三级指标，每个三级指标下都包含有具体内容。服务保障下有行李服务、登机服务、客舱清洁、舱单、不正常航班（含备降航班）保障、特殊旅客服务、服务流程、服务改进等三级指标，具体指标如表 2-5 所示。与旅客满意度评价类似，航空公司满意度也采用调查问卷的方式，分为 5 个等级并分别对应不同的分数，最后进行加权平均计算。

表 2-5 航空公司满意度评价指标（一级指标）下设的指标

二级指标	三级指标	内容
安全保障	无	a) 机坪封闭性良好 b) 跑道及滑行道维护合规 c) 起降灯光设备维护合规 d) 航空器监护合规
运行保障	廊桥	a) 提前检查，确保廊桥安全适用 b) 廊桥对接及时 c) 廊桥卫生清洁
	客梯车	a) 客梯车到位及时 b) 客梯车卫生清洁
	摆渡车	a) 摆渡车到位及时 b) 及时引导，避免旅客在摆渡车上长时间等待 c) 控制摆渡车上客人数 d) 摆渡车内卫生清洁、温度适宜
	其他特种车辆	其他特种车辆到位及时
	停机位分配	廊桥、停机位等保障资源分配合理

续表

二级指标	三级指标	内容
服务保障	行李服务	a) 在值机和安检区域摆放手提行李标准尺寸框 b) 在值机区域设置提示,告知旅客超标/违禁行李不得携带上机 c) 行李、货邮装载及时,不引起航班延误 d) 首末件行李传送及时 e) 优先行李优先交付 f) 专人监装、监卸 g) 行李分拣区域监控全覆盖
	登机服务	a) 工作人员到位及时 b) 登机口关闭时间符合行业规范 c) 分舱位、分区域登机服务符合航空公司要求
	客舱清洁	a) 客舱清洁及时 b) 客舱清洁程度符合航空公司的标准和要求
	舱单	舱单上传及时、准确
	不正常航班(含备降航班)保障	a) 不正常航班服务 b) 备降航班服务保障
	特殊旅客服务	a) 特殊旅客服务设备齐全、完好 b) 特殊旅客服务符合航空公司的标准和要求
	服务流程	服务流程合理,各环节衔接顺畅
	服务改进	服务问题得到解决,符合航空公司标准

来源:中国民航局《中国民用机场服务质量评价指标体系》

专业评审指标是《标准体系》中体系最全面、评价指标最多的一级指标,由专业评审人士进行评价,对于机场服务质量的方方面面都有所涉及。专业评审一级指标下有机场旅客安全保障服务、地面交通服务、信息服务、引导服务、行李手推车、办理乘机手续服务、联检服务、安全检查服务、两舱休息室服务、离港和到港服务、中转服务、行李运输、特殊旅客、航班正常和延误后服务、航站楼环境与电梯/扶梯、卫生间服务、饮水服务、商业零售服务、餐饮服务、节能环保、其他服务、机场配餐、工作人员基本服务规范、旅客意见/投诉、机场服务宣言 25 项二级指标。与旅客满意度评价指标和航空公司满意度评价指标不同,专业评审指标由专业评审员对服务现场、文件和资料等进行抽样调查,按照专业评价指标进行评价打分,收集专业评价数据和信息。专业评价也分为很好、好、一般、不好和很不好等 5 个等级,分别赋值 100 分、80 分、60 分、40 分和 20 分。根据不同机场旅客吞吐量的不同会设置不适用项,不适用项既不打分,也不计入综合得分。专业评价各分项权重根据各评价周期具体特点确定。

机场放行正常率指标采用民航局公布的机场年度放行正常统计数据。机场服务质量评价综合得分是旅客满意度得分、航空公司满意度得分、专业评审得分和机场放行正常率得分的加权平均结果。

《标准体系》还设有一票否决指标,包括安全一票否决指标和服务一票否决指标。安全一票否决指标指在飞行安全、空防安全、公共卫生安全、交通安全和治安消防安全等方面发生机场责任原因导致的事故或严重事故征候。服务一票否决指标指因机场责任原因的服务事件造成恶劣社会影响,被民航局行政约见、通报批评或行政处罚。参评机场触发一票否决指标的,取消该机场现场评审资格,已完成现场评审的,取消其表彰资格[34]。

自 2016 年起,中国民用机场协会、中国民航科学技术研究院、中国民航报社三家单位每年都会联合举办中国机场服务大会并且发布《民用机场服务质量评价报告》。自 2017 年起,对民用机场服务质量的评价开始使用《标准体系》中的评价指标体系,同时每年会有一些调整。目前,该机场服务质量评价工作已经开展 6 年(2020 年暂停一年)。根据《2019 年民用机场服务质量评价报告》,2019 年共有 93 家年旅客吞吐量超过 100 万人次的机场参评,其中 1 000 万人次以上机场 36 家,100 万~1 000 万人次机场 57 家。报告将评分 85 分及以上称为优秀,75(含)~85 分为称为良好,60(含)~75 分称为一般,60 分以下为差。评价报告结果显示,千万级机场服务质量综合评价得分 84.77 分,接近优秀水平。36 家千万级机场服务质量综合评分比较接近,最高分和最低分相差 6.04 分,差异不明显,集中处于优秀和良好区间,分别占 47.22% 和 52.78%。而百万级机场服务质量评价综合得分为 81.52 分,且 57 个机场服务水平参差不齐。其中综合服务质量得分为优秀水平的占比为 14.04%,3.51% 的机场综合得分一般,最高分和最低分之间相差 12.36 分,差距明显[35]。

参考文献

[1] 尤建新,张建同,杜学美.质量管理学[M].北京:科学出版社,2008.

[2] GRÖNROOS C. A Service quality model and its marketing implications[J]. European Journal of Marketing, 1984, 18(4): 36-44.

[3] PARASURAMAN A, ZEITHAML V A, BERRY L L. A conceptual model of service quality and its implications for future research[J]. Journal of Marketing, 1985, 49(4): 41-50.

[4] PARASURAMAN A, ZEITHAML V A, BERRY L L. SERVQUAL: a multiple-item scale for measuring consumer perceptions of service quality[J]. Journal of Retailing, 1988, 64(1): 12-40.

[5] CRONIN J J, TAYLOR S A. Measuring service quality: a reexamination and extension[J]. Journal of Marketing, 1992, 56(3): 55-68.

[6] LIOU J J, TANG C H, YEH W C, et al. A decision rules approach for improvement of airport service quality[J]. Expert Systems with Applications, 2011, 38(11): 13723-13730.

[7] MERKERT R, ASSAF A G. Using DEA models to jointly estimate service quality perception and profitability—evidence from international airports[J]. Transportation Research Part A: Policy and Practice, 2015, 75: 42-50.

[8] BEZERRA G C L, GOMES C F. The effects of service quality dimensions and passenger characteristics on passenger's overall satisfaction with an airport[J]. Journal of Air Transport Management, 2015, 44-45: 77-81.

[9] PANTOUVAKIS A, RENZI M F. Exploring different nationality perceptions of airport service quality[J]. Journal of Air Transport Management, 2016, 52: 90-98.

[10] WANG Z, ZHAO H, LIN B, et al. Investigation of indoor environment quality of Chinese large-hub airport terminal buildings through longitudinal field measurement and subjective survey[J]. Building and Environment, 2015, 94: 593-605.

[11] SUÁREZ-ALEMÁN A, JIMÉNEZ J L. Quality assessment of airport performance from the passengers' perspective[J]. Research in Transportation Business & Management, 2016, 20: 13-19.

[12] CORREIA A R, WIRASINGHE S, DE BARROS A G. A global index for level of service evaluation at airport passenger terminals[J]. Transportation Research Part E: Logistics and Transportation Review, 2008, 44(4): 607-620.

[13] KUO M S, LIANG G S. Combining VIKOR with GRA techniques to evaluate service quality of airports under fuzzy environment[J]. Expert Systems with Applications, 2011, 38(3): 1304-1312.

[14] LUPO T. Fuzzy ServPerf model combined with ELECTRE III to comparatively evaluate service quality of international airports in Sicily[J]. Journal of Air Transport Management, 2015, 42: 249-259.

[15] PANDEY M M. Evaluating the service quality of airports in Thailand using fuzzy multi-criteria decision making method[J]. Journal of Air Transport Management, 2016, 57: 241-249.

[16] BEZERRA G C L, GOMES C F. Measuring airport service quality: a multidimensional approach[J]. Journal of Air Transport Management, 2016, 53: 85-93.

[17] HONG S J, CHOI D, CHAE J. Exploring different airport users' service quality satisfaction between service providers and air travelers[J]. Journal of Retailing and Consumer Services, 2020, 52: 1-10.

[18] BRIDA J G, MORENO-IZQUIERDO L, ZAPATA-AGUIRRE S. Customer perception of service quality: the role of Information and Communication Technologies (ICTs) at airport functional areas[J]. Tourism Management Perspectives, 2016, 20: 209-216.

[19] TSAI W H, HSU W, CHOU W C. A gap analysis model for improving airport service quality[J]. Total Quality Management & Business Excellence, 2011, 22(10): 1025-1040.

[20] 王星平. 广州白云国际机场服务提升策略研究[D]. 广州:华南理工大学,2011.

[21] 翁薇薇. 机场服务管理理论模式[J]. 空运商务,2007(19):37-40.

[22] 中国民用航空局. 国际机场理事会简介[EB/OL]. (2007-02-07)[2024-06-13]. http://www.caac.gov.cn/XXGK/XXGK/DWGX/201601/t20160112_26498.html.

[23] ACI官网. About ACI [EB/OL]. [2023-7-11]. https://aci.aero/about-aci/.

[24] ACI官网. Airport Customer Experience and ASQ[EB/OL]. [2023-7-11]. https://aci.aero/programs-and-services/asq/.

[25] ACI官网. ASQ Awards and Recognition[EB/OL]. [2023-7-11]. https://aci.aero/programs-and-services/asq/asq-awards-and-recognition/.

[26] Skytrax官网. About Skytrax Ratings[EB/OL]. [2023-7-11]. https://skytraxratings.com/about.

第 2 章　机场服务质量管理研究现状

[27] Skytrax 官网.Skytrax-Airport[EB/OL].[2023-7-11].https://skytraxratings.com/airports.

[28] Skytrax 官网.世界机场奖方法论[EB/OL].[2023-7-11].https://www.worldairportawards.com/cn/jiangli-fangfa/.

[29] Skytrax 官网.2021 世界最佳机场 100 强[EB/OL].[2023-7-11].https://www.worldairportawards.com/cn/2023-nian-quanqiu-zui-jia-jichang-100-qiang/.

[30] CASPE 官网-了解 CAPSE[EB/OL].[2023-7-11].https://www.capse.net/abouts.

[31] CAPSE.2015Q3 机场服务评测报告[R/OL].(2022-1-7)[2023-7-11].https://www.capse.net/reports/228.html.

[32] CAPSE.2023 年第二季度机场服务测评报告[R/OL].(2023-7-7)[2023-7-11].https://www.capse.net/reports/317.html.

[33] 中国民航网.中国民用机场服务质量评价指标体系正式成为行业标准[EB/OL].[2022-10-20].http://www.caacnews.com.cn/1/5/201703/t20170331_1211333.html.

[34] 中国民航科学技术研究院.中国民用机场服务质量评价指标体系:MHT5114-2017[S].北京:中国民用航空局,2017.

[35] 中国民用机场协会,中国民航科学技术研究院,中国民航报社.2019 年民用机场服务质量评价报告[R/OL].(2020-11-7)[2023-7-11].http://www.chinaairports.org.cn/AssessmentReport/45444.html.

第 3 章

机场服务质量管理研究方法

3.1 商业研究的基本思路和过程

机场服务管理研究是一种典型的商业研究,适用于商业研究的各种理论和方法。商业研究就是在仔细调查和分析各种情景因素后找出解决问题答案的过程,其有助于产生备选方案,辨别纷繁复杂的因素之间的关系,使决策更有效率[1]。

商业研究方法主要有演绎法、归纳法、案例研究和行动研究等类别,而在大多数商业研究过程中,假设演绎法(hypothetico-deductive method)是普遍使用的方法之一,其主要分为八个步骤,分别为观察、初步资料收集、问题的界定、构建理论框架、提出假设、研究设计、资料的收集与分析、研究报告,各个步骤之间是逐级深入的递进关系。

步骤一:观察

在进行商业研究之前,首先要做的是对存在的管理问题进行细致的观察,在观察的过程中研究者可以结合管理者自身管理经验,对目前存在的问题进行合理归纳和假设。其中,研究者可以从以下四个角度进行思考和归纳。一是目前组织中,是否存在需要处理的问题;二是在整个组织的工作活动中,是否存在有待改进的领域;三是在基础研究者的研究内容中,针对概念或理论性的主题内容进行问题发现与思考;四是在基础研究者的研究内容中,可以从需要实证分析才可以解决的问题入手。

步骤二:初步资料收集

商业研究的初步资料来源一般是企业的二手资料,研究者一般会对文献等资料来源进行数据收集的工作,这么做不仅可以对访谈中所省去的变量因素进行补充,还能节约研究已知信息的时间。初步资料收集的主要过程是首先确认信息的来源,其次对有关信息进行摘录,最后撰写为文献综述。

步骤三:问题界定

研究者在收集足够资料和数据后要对需要研究的问题进行界定,其通过对需要研究的课题或议题进行简洁清晰且完整的陈述,寻找问题的合理解答。可以参考确定的几个问题包括但不限于具有改进余地的问题、公司现在存在且亟须解决的问题、兴趣驱动下可以实证解决的问题、理论体系需要通过明确概念来完善领域等。

步骤四:构建理论框架

在正式研究开始之前,研究者需要先构建理论框架,因为作为一个概念模型,理论框架可以帮助研究者对相关理论进行组建,或提炼出目标问题若干个研究变量之间的合理关系,从而有利于研究者确立假设、检验假设,增进对于问题的了解程度。例如,研究者可以界定和归类假设的变量,运用理论说明变量之间具有相关关系的原因,判断正、负相关,绘制描述变量之间关系的系统图等。

步骤五：提出假设

提出假设的主要目的是构造可验证理论化关系的方法，假设一般是一个可验证真伪的命题，研究者可以通过该命题对各个变量之间的关系进行合理的推测和表达。对于一个假设的检验通常会经历以下五个步骤。第一步是设置原假设和备择假设；第二步是基于资料信息筛选后续要使用的统计检验方法；第三步是确定期望的显著水平；第四步是运用计算机技术对数据进行科学分析，观察分析结果是否切合预期的显著水平；第五步是基于分析结果得出假设检验的结论，若界值小于结果值，就拒绝原假设；若界值大于结果值，就接受原假设。

步骤六：研究设计

研究设计需要研究者以较为严谨和细致的态度对后续研究实践过程进行导向性规划，从而使得研究可以有序且有条理地进行。具体研究设计一般从以下维度进行。

一是对研究细节进行分析和确定。研究细节包括但不限于研究目的、研究类型、研究者介入程度、研究环境、研究主体分析和时间维度等要素。其中，研究目的包括探索性研究、描述性研究、假设检验和案例研究分析等；研究类型可以大致分为因果研究和相关性研究，其中相关性研究是找出问题的多个因素，这些因素之间可能具有相关性，比如基于问卷调查的研究。而因果研究是指 X 变量导致 Y 变量，管理者可以通过影响 X 间接解决 Y 所代表的问题，比如为了验证员工工作效率是否受到环境影响，可以通过改变工作环境等客观条件来看其对工作效率的影响；针对上述两种类型，研究者介入的程度也不同，相关性研究的介入程度较低，而因果研究等介入程度较高。

二是对测量的相关要求进行界定。商业研究对变量进行衡量的方法是将抽象概念操作化（operationalization），即先将某一概念细分为多个维度，再通过对细化要素的测量实现对概念的估计。测量主要使用的工具是"量尺"，其作用是在研究的变量上，衡量个体之间存在差别的大小。量尺的类别在精确度和微调能力方面从弱到强可以分为定类尺度、定序尺度、定距尺度和定比尺度，而由多个评价题目的量尺组成的问卷就称为"量表"。测量结束后，研究者还需要对测量的质量进行评估。首先要进行题项分析，研究者要判断量表所列举的题目是否合适和恰当，是否对研究目标具有鉴别力。其次要进行信度和效度分析，建立相关指标对测量工具进行检验。信度是指测量无偏差的程度，即采用一样的测量方式对同一个样本反复开展测量，其结果一致程度越强，该工具的信度就越高。效度是指测量结果的有效性，即能否准确地测量出结果。

三是对样本的抽样实施进行规划。商业研究的抽样规模一般是 30 至 500 个样本，子样本的规模一般不少于 30 个。抽样方法一般可以分为概率抽样和非概率抽样。其中，概率抽样是指每个样本被抽到的概率是已知的，该抽样方法一般是在研究具有较高的应用性时使用，较为复杂的概率抽样方法可分为系统抽样、分层随机抽样、聚类抽样、区域抽样和双重抽样等。非概率抽样是指研究者不知道每个元素被抽取为样本的先决机会或概率,该抽样方法适用于时间要素较为重要的研究,其可以分为简便抽样和计划抽样。研究者还要对抽样的精确度和可信度进行分析。其中精确度是指样本统计量对总体真实特征的接近程度,其一般用样本标准差和样本规模开方的商表示。而可信度是指对总体真实情况的确定程度,其一般用显著水平 P 表示能真实反映总体特征的估计值占全部估计值的比例。

步骤七:资料收集和分析

在确立了研究的基础架构后,研究者需要进一步查找相关资料来充实研究内容。资料根据其来源可以分为一手资料和二手资料。一手资料是指依照研究目的收集的第一手信息资料,包括但不限于个人和焦点组的访谈、座谈会和跟踪测量等。二手资料是指从已成熟的资料库中引用摘录的资料,包括但不限于期刊、书籍、媒体、研究报告、演讲等。而相关资料的收集方式一般分为三种,分别是访谈、观察法调查和问卷调查,在调查过程中需要注意遵守人工设计准则,即注意资料的分类、语言的使用和个人隐私的保护。

在资料收集完毕后,研究者需要对其进行整理和分析。以此熟悉资料的特点、检验资料的质量、检验之前的假设。研究者可以通过资料的几种趋势以及变量的集中与离散程度来分析题项是否得到了有效设置。资料检验的方法一般是信度和效度分析,而假设的检验需要使用方差分析、T 检验、多元线性回归分析等方法,分析工具包括但不限于 SPSS、Excel 等软件。

步骤八:研究报告

在分析完成后研究者需要产出商业研究报告,书面报告主要包括十个部分,分别是标题页、目录、研究计划书和授权书、实施概要或摘要、导论章节(研究问题、背景、目标)、报告正文(文献综述、理论框架、提出假设、研究类型、抽样设计、资料搜集方法、资料分析工具)、报告的最终部分(假设成立否、结论、建议、研究局限)、致谢辞、参考文献和附录。除此以外,在有些情况下研究者还需要撰写研究计划书或进行口头汇报等工作。

最后,在依据研究结果进行相关决策的时候,管理者还需要把研究结论和经验常识相结合,使理论在实践过程中得到充分且恰当的利用。

3.2 机场服务质量管理的研究方法

商业研究需要遵循科学的方法才能获得高质量、有价值的成果,并应用于指导企业商业实践和决策制定。除去遵循以上介绍的商业研究的基本思路和过程以外,对于不同的商业问题可以选择有针对性的具体的研究方法,以期获得更好的研究成果。以下从几个方面对可以应用于机场服务质量管理的一些典型研究方法进行简要介绍。

3.2.1 常用研究方法

1. 文献研究法

文献研究方法就是广泛收集和研究国家、行业、企业领域的各种标准、文件；收集与评价相关的科学论文、报告等文献资料；深入了解针对当前研究主题，目前学术界、实业界的研究现状或主要观点，系统性地梳理与主题相关的可能研究议题或思路。

文献法的一般过程包括五个基本环节，分别是：提出研究的课题（主题）、研究设计、搜集文献、整理文献和进行文献综述。

2. 专家访谈法

专家访谈法是一种常用的定性研究方法，通过访谈行业内的专家、管理人员、决策者，可以对某一议题有较深的认知、建议或意见，为企业经营决策提供参考依据。专家访谈法通常采用开放式或半开放式的问题，收集专家意见，结合专家现场回答的问题，进一步深入探讨，以获得广泛、深入的观点。

专家访谈法对采访对象的要求较高，为了获得特定的行业知识和信息，采访对象一般需要是对目标领域具有浓厚的兴趣和喜好，并且对某一领域有着长期深入研究和体验的专业人士、高级管理人员、一线业务人员或技术人员等。同时，受访对象必须具备良好的语言能力，能够恰当、准确地将自己的观点输出给研究者。

在访谈内容方面，研究者要对研究目标有关领域的专家有充分了解，在访谈前要清楚访谈对象知道什么、可以分享哪些成果、哪些信息难以透露，要将有限的时间用在最专业人士身上。而且，每一位专家都有自己擅长的领域，采访者必须尽可能地针对他们所擅长的领域进行提问，而对于他们不熟悉的领域，或者是不方便分享的，就需要采访其他领域的专家。

3. 问卷调查法

问卷调查是调查分析中最常用的方法之一，它具有目的性、计划性、系统性等特点。问卷调查过程中，调查者运用控制式测验方法对目标问题进行测量，从而得到较为可靠的调查分析结果。调查者会对上述调查方式进行细致、有计划、有系统地设计，并对收集到的数据进行综合分析、比对、总结，从而得出具有规律性的结论。问卷调查主要是以书面形式提出问题和收集资料，即调查者将调查项目编辑成表式问卷，发放后进行整理、统计分析。问卷调查的典型应用包括：员工满意度/敬业度调查、客户满意/需求/忠诚调查等。

4. 头脑风暴法

头脑风暴法是一种被广泛应用的定性研究方法。在组织集体决策时,应将相关专家召集起来,由主持人将问题清晰地阐述,解释规则,尽量营造和谐、轻松的氛围,主持人通常不发言,以免破坏会议的氛围。专家将根据"自由"发言的原则,围绕所讨论主题提供尽可能多的方案、意见和建议。

5. 对比分析法

对比分析法也称比较分析法,是把客观事物加以比较,以期认识事物的本质和规律并作出正确的评价。

对比分析通常是通过比较两个相互关联的指标数据,从数量上呈现并说明研究对象的规模、水平、速度以及各种关系的协调程度。对比分析时,比较标准的选择是非常关键的一步,正确地选择比较对象才能作出客观的评价,如果选择不当,则会得出错误的结论。

3.2.2 战略分析方法

1. 价值链分析

哈佛商学院的迈克尔·波特(Michael E. Porter)教授在其所著的《竞争优势》一书中首次提出"价值链"这一概念,因其逻辑性和实用性获得广泛关注。

价值链从创造价值的角度对企业整体进行了有序的分解,使企业能够清楚地看到各个活动之间的关系。在企业众多的"价值活动"中,并非每个环节都能创造价值,企业创造的价值实际上来自企业价值链上某些特定的价值活动,而真正创造价值的经营活动则是企业价值链的"战略环节";当然,每个部门和单位都应在创造价值,否则就没有存在的必要;价值活动可分为基础活动与支持活动两大类。

通过利用价值链分析方法,可以将服务过程通过价值链方法展现出来,进而通过对价值链各个细分环节的分析,来识别非增值性活动,寻找企业短板和潜在改进项目;价值链工具也可以帮助企业内部各部门和单位明晰自身的功能定位,思考和评价本单位和部门对竞争优势的贡献。

2. SWOT 分析

SWOT 分析是企业基于内外部竞争环境和竞争条件下的态势分析,将与研究对象密切相关的各种主要内部优势(strength)、劣势(weakness)、外部的机会(opportunity)和威胁(threat)等,通过调查列举出来,并依照矩阵形式排列,然后用系统分析的思想,把各种因素相互匹配起来加以分析,从中得出一系列相应的结论,而结论通常带有一定的决策

第3章 机场服务质量管理研究方法

性。例如可以对上海浦东国际机场商业经营利用 SWOT 分析如表 3-1 所示。

表 3-1 浦东机场商业经营 SWOT 分析

	外部环境 自身条件	机会 O	威胁 T
		1. AI 技术发展成熟度越来越高； 2. 上海的国际化进一步深化,对浦东机场角色的更高要求	1. 周边机场对旅客的分流； 2. 新技术在竞争机场的应用
优势 S	1. 区位优势和自然垄断； 2. 资金优势(盈利能力强)； 3. 大股东和政府支持； 4. 规模(客流)优势	1. 利用资金优势,借助优势 AI 企业能力实现机场 IT 系统整体升级； 2. 将流量优势转换为新零售模式下的盈利能力	紧密跟踪机场最新信息技术和 AI 发展趋势,优先布局,稳步推进
劣势 W	1. 一线服务人员综合能力弱(如外语水平低)； 2. T1、T2 航站楼设备陈旧； 3. 旧信息系统和设备的沉淀成本高,更新换代不易	1. 利用 AI 开发自动问答系统； 2. 利用 AI 技术的自助翻译系统； 3. 基于机场信息系统升级换代的机会,全面更新陈旧设备	商业流程服务的数字化、标准化

3. KANO 分析

KANO 模型是东京理工大学教授狩野纪昭(Noriaki Kano)发明的对用户需求分类和优先排序的有用工具,用于分析用户需求对用户满意的影响,KANO 模型体现了产品性能和用户满意之间的非线性关系。典型的 KANO 方法将用户的需求分为：基本型需求、期望型需求和激励型需求(图 3-1)。

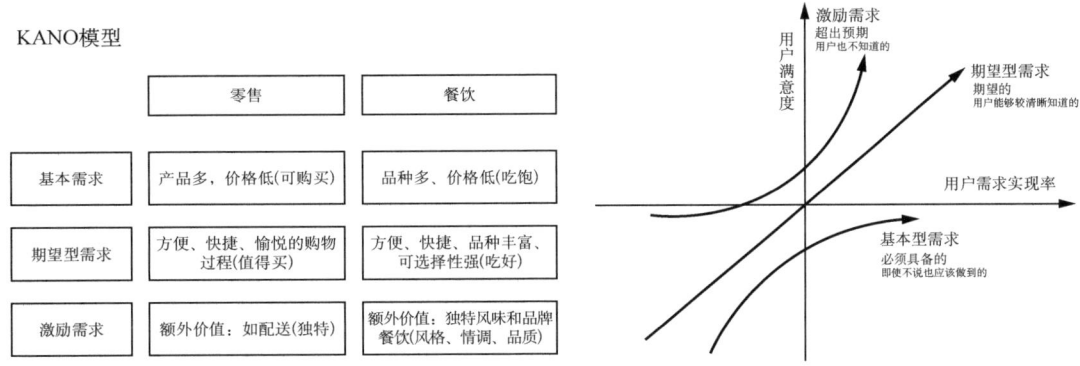

图 3-1 典型的 KANO 分析实例

基本型需求也称为必备型需求、理所当然需求,是顾客对企业提供的产品或服务因素的基本要求,是顾客认为产品"必须有"的属性或功能。

期望型需求也称为意愿型需求。是指顾客的满意状况与需求的满足程度成比例关系的需求,此类需求得到满足或表现良好的话,客户满意度会显著增加,企业提供的产品和服务水平超出顾客期望越多,顾客的满意状况越好。当此类需求得不到满足或表现不好的话,客户的不满也会显著增加。

激励型需求指不会被顾客过分期望的需求。随着激励型需求满足程度的增加,顾客满意度也会急剧上升,但一旦得到满足,即使表现并不完善,顾客表现出的满意状况也是非常高的。反之,即使在期望不满足时,顾客也不会因而表现出明显的不满意。

4. 价值树模型

价值树模型是在指标之间寻找对应的逻辑关系,在价值树模型图上分别列出公司的战略目标,对应的关键绩效指标(通过战略重点与目标转换得到的)及驱动这些指标的关键驱动流程及对应的指标,在最后的可能涉及部门一栏中还可以填入与该指标关联的部门(为后面进行部门指标分解的参考依据)。

可以借助价值树模型将任务明确至责任部门,为企业服务质量改进工作设置强有力的组织架构(表3-2)。

表3-2 价值树模型范例

战略主题	关键绩效指标	关键驱动流程	关键流程绩效	可能涉及的部门
提高企业创新能力	新产品上市周期	市场信息收集流程	市场信息及时率;市场信息有效率	营销中心
		科技信息收集流程	科技信息及时率;科技信息有效率	研发部
		研发管理流程	研发周期;研发样品一次交验合格率;研发样品交验合格率	研发部
		中试管理流程	中试周期;中试样品一次交验合格率;中试样品交验合格率	研发部/生产部

5. 平衡计分卡和战略地图

平衡计分卡(balanced scorecard,BSC)是从财务、客户、内部运营、学习与成长四个角度,将组织的战略落实为可操作的衡量指标和目标值的一种新型绩效管理体系。

战略地图是以平衡计分卡的四个层面(财务、客户、内部运营、学习与成长)为核心,通过分析这四个层面目标的相互关系而绘制的企业战略因果关系图。企业可以将平衡计分卡与战略地图结合,绘制自身战略因果关系图,明确企业服务质量改进项目选择的依据。

3.2.3 决策理论方法

1. 层次分析AHP法和网络分析ANP法

层次分析法(AHP)是美国运筹学家匹茨堡大学教授萨蒂(T. L. Saaty)于20世纪

70年代初提出的一种层次权重决策分析方法。这种方法的特点是在对复杂的决策问题的本质、影响因素及其内在关系等进行深入分析的基础上，利用较少的定量信息使决策的思维过程量化，从而为多目标、多准则或无结构特性的复杂决策问题提供简便的决策方法。是对难以完全定量化分析的复杂系统进行决策分析的方法。AHP是一种解决多目标的复杂问题的定性与定量相结合的决策分析方法。该方法将定量分析与定性分析结合起来，用决策者的经验判断各衡量目标能否实现的标准之间的相对重要程度，并合理地给出每个决策方案的每个标准的权数，利用权数求出各方案的优劣次序，能有效地应用于那些难以用定量方法解决的课题。

使用AHP分析一般分为四步，分别是确定决策、选项和标准；两两比较；重要性权重计算；通过效用结果来确定最佳选择。

步骤一：确定决策、选项和标准

该步骤主要是选择适合解决问题的决策、选项和标准。当研究者了解了问题和选项，就可以决定考虑哪些标准。一旦确定了这些标准，研究者就可以开始两两比较的过程。

步骤二：两两比较

该步骤研究者需要将确定的重要标准组织成矩阵。一个矩阵包含按行和列排列的数字、字母和符号等信息的网格。在AHP矩阵中，每个标准都有自己的行和列。生成的矩阵允许对所有可能的标准组合进行两两比较。两两比较需要为每个网格空间分配一个数字，该数字表示两个标准的相对重要性。例如，1分意味着两个标准同等重要。当一个标准与其自身进行比较时，它的相对重要性为1，因为被比较的标准是相同的。越大的数字表明一个标准越重要，9是最高分[2]。

步骤三：重要性权重计算

接下来研究者要使用矩阵计算重要性权重，其表示每个标准将影响决策的程度。给定标准的重要性权重越高，其对最终决策的影响就越大。AHP的这部分是基于线性代数方法进行的。确定一个标准的权重首先是找到几何平均值；然后将标准的几何平均值除以所有标准的几何平均值的总和，即数据的归一化。

步骤四：通过效用结果来确定最佳选择

AHP的最后一步是确定效用。效用是一个数值，提供有关某物对公司有多有用的信息，它将帮助选择最佳选项。一个标准越有益或有用，它的效用就越高。对于每个标准，效用的衡量方式可能不同。

AHP也存在不足，即AHP模型只强调各决策层之间的单项层次关系，即下一层对上一层的影响，而未能考虑到不同决策层或者同一层次之间的相互影响。但在实际问题中，在对总目标进行分解时，通常会遇到各因素交叉的情况，在这种情况下，AHP模型就无能为力了。针对这种情况，萨蒂于1996年在AHP模型方法基础上提出网络层次分析法（ANP）。ANP考虑了递阶层次结构存在内部循环以及层次结构之间存在依赖性和反馈性的特点。

AHP 和 ANP 方法可被用于服务质量改进项目确定时的最优方案选择或与服务质量相关的各种管理决策确定时的分析。

2. 解释结构模型 ISM

解释结构模型法（interpretative structural modeling method，ISM）是用于分析复杂要素间关联结构的一种专门研究方法，作用是能够利用系统要素之间已知的零乱关系，揭示出系统的内部结构。解释结构模型法的具体操作是用图形和矩阵描述出各种已知的关系，通过矩阵做进一步运算，并推导出结论来解释系统结构的关系。这项技术已被应用于许多领域，由于其简单化的概念，该模型已越来越常用于商业分析活动中。ISM 的基本步骤如下：

（1）制定系统变量之间的关系表；
（2）依照上一步制定的关系表，绘制对应有向图形，并且建立邻接矩阵；
（3）利用矩阵计算出整个系统的可达矩阵 M；
（4）针对可达矩阵 M 执行区域和级间分解；
（5）构建系统结构模型。

在确定服务质量的关键影响因素时，可以利用解释结构模型方法对某个流程或主题进行深入分析各种要素（因素）其相互影响的结构关系，从而获取最关键的影响因素。

3. 数据包络分析 DEA

数据包络分析方法（data envelopment analysis，DEA）是运筹学、管理科学与数理经济学交叉研究的一个领域。它是根据多项投入指标和多项产出指标，利用线性规划的方法，对具有可比性的同类型单位进行相对有效性评价的一种数量分析方法。DEA 方法及其模型自 1978 年由美国著名运筹学家查恩斯（A. Charnes）和库柏（W. W. Cooper）提出以来，已广泛应用于不同行业及部门，并且在处理多指标投入和多指标产出方面体现了其得天独厚的优势。

数据包络分析可以用于服务质量改进项目的资源投入和产出的有效性进行分析，从多个改进项目中选择投入产出比更优的改进项目。

4. TOPSIS 方法和 DEMATEL 方法

逼近理想解算法（technique for order preference by similarity to an ideal solution，TOPSIS）是 C. L. Hwang 和 K. Yoon 于 1981 年首次提出，TOPSIS 法是根据有限个评价对象与理想化目标的接近程度进行排序的方法，是在现有的对象中进行相对优劣评价的方法。该方法可以用于最优的服务质量改进项目评估。

决策实验室分析(decision-making trial and evaluation laboratory，DEMATEL)是系统科学的一种方法论，是一种运用图论和矩阵工具的系统分析的方法。通过系统中各要素之间的逻辑关系和直接影响矩阵，可以计算出每个要素对其他要素的影响度以及被影响度，从而计算出每个要素的原因度与中心度，作为构造模型的依据，从而确定要素间的因果关系和每个要素在系统中的地位。该方法可被用于服务质量改进流程中的关键因素识别。

5. 质量功能展开 QFD

质量功能展开(quality function deployment，QFD)是一种顾客驱动的产品开发方法。从质量保证的角度出发，通过一定的市场调查方法获取顾客需求，并采用矩阵图解法将顾客需求分解到产品开发的各个阶段和各职能部门中，通过协调各部门的工作以保证最终产品质量，使得设计和制造的产品能真正地满足顾客的需求。QFD方法的目的是使产品能以最快的速度、最低的成本和最优的质量占领市场。

QFD方法有效地将客户需求传达给整个组织的多个业务运营部门，包括设计、质量、制造、生产、营销和销售部门。这种对客户声音(VOC)的有效沟通使整个组织能够协同工作，生产出具有高水平客户感知价值的产品。使用质量功能展开还有几个额外的好处。一是其以客户为中心。QFD方法强调客户的需求，而不是公司可能认为客户想要什么。二是其具有对竞争对手的客户声音分析的功能。QFD"质量屋"工具允许直接比较设计或产品在满足VOC方面的竞争力。这种快速分析有助于作出设计决策，使公司处于领先地位。三是其具有更短的开发时间和更低的成本。QFD通过关注基于客户需求的产品特性和改进，降低了后期设计变更的可能性。有效的QFD方法可以防止宝贵的项目时间和资源浪费在非增值特性或功能的开发上。四是QFD提供了一种结构化的方法和工具，用于记录产品开发过程中作出的决策和吸取的经验教训。该知识库可作为历史记录，用于帮助未来项目。

QFD的实施包括四个阶段，其实施过程整体是一个包含全部产品开发周期活动的四阶段过程。在每个阶段使用一系列矩阵将客户的声音转化为每个系统、子系统和组件的设计需求。QFD的四个阶段分别是：

(1) 产品定义阶段。产品定义阶段从收集VOC开始，并将客户的需求转化为产品规范。其间还可能涉及竞争分析，以评估竞争对手的产品如何有效地满足客户的需求。而初始设计概念一般基于特定的产品性能要求和规范。

(2) 产品开发阶段。在产品开发阶段，需要识别关键零件和组件。关键产品特性被级联并转化为关键零件和装配特性或规格。然后还要为每个功能级别定义功能需求或规范。

(3) 过程开发阶段。在过程开发阶段，需要根据产品和部件规范设计制造和装配过程,制定工艺流程,并确定关键工艺特征。

(4) 过程质量控制阶段。在生产启动之前,QFD 过程可以识别关键零件和过程特征。以此研究者得以确定工艺参数,制定并实施适当的工艺控制。此外,QFD 过程还可以制定多类检验和测试规范。在试生产期间完成工艺能力研究后就可以开始全面生产。

QFD 方法可以用于服务质量管理中对顾客需求的识别以及相关产品或服务设计匹配的分析,也可以用于对企业关键短板的识别。

6. 模糊综合评价法

模糊综合评价法的理论基础是美国控制论专家查德(L. A. Zadeh)于 1965 年首先提出的模糊数学法。基本思想是由于相邻评估等级之间具有模糊性,因而引入模糊隶属度作评价指标,能较好地反映等级使评价方法具有合理性。

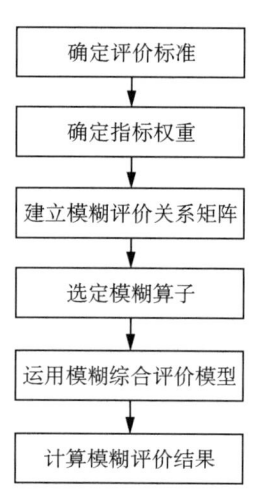

图 3-2 模糊综合评价法的步骤

模糊综合评判方法主要有两类:一是单层次的模糊综合评判,二是多层次的模糊综合评判。单层次模糊综合评判是利用分析法对各个指标进行隶属度的模糊变换,从而得出评价目标的总体隶属度。在一个复杂的体系中,要对一个问题进行评估,常常要综合考虑许多因素,并形成不同的层级,从而给各要素的权重分配带来了难度。针对这一问题,可以采用多层次的模糊综合评判方法。该方法基于单层次的模糊综合评判,通过多个模糊变换,得出被评估的目标的隶属度,从而判断被评估对象的状况和水平。

模糊综合评价方法的具体步骤如下(图 3-2):

步骤 1:确定评价指标,以已构建的评价指标确定评价集,形成评价模糊集合。

步骤 2~3:明确各个指标的权重情况,运算出相对应的元素函数值以反映其隶属情况,形成模糊评价矩阵。

步骤 4~6:确定模糊算子,建立模糊综合评价模型并通过计算得到最终结果。

7. FMEA 方法

失效模式和影响分析(failure mode and effects analysis,FMEA)是由美国军方于 20 世纪 40 年代提出的一种识别设计、制造或装配过程、产品或服务中所有可能失效的方法。它是一种常用的过程分析工具。其中,"失效模式"是指某事物可能失效的方式或模式,失效指任何错误或缺陷,尤其是影响客户的错误或缺陷,可能是潜在的,也可能是实际的。"影响分析"指的是研究这些失效所造成的后果。

通过对各种潜在失效的分析和优先级排序,可以明确企业应该优先采取措施预防或应对的潜在失效模式,消除或减少失效情况。失效优先级取决于失效后果的严重程度

(severity，S)、失效发生频率(occurrence，O)以及失效检测的容易程度(detection，D)。FMEA 还记录了有关失效风险的当前知识和行动，用于持续改进。FMEA 在设计初期主要是用于防止失效，在这之后，在流程持续运行之前和期间其也可用于质量控制等工作。理想情况下，FMEA 从产品或服务设计的最初概念阶段开始，持续作用于该产品或服务的整个生命周期。

FMEA 的运用主要基于以下的流程。

首先，需要组建一个跨职能团队，该团队一般由对流程、产品或服务以及客户需求具有不同知识的人员组成。职能通常包括但不限于设计、制造、质量、测试、采购、销售和客户服务等。

其次，需要确定 FMEA 的范围，即其作用对象是概念、系统、设计、过程还是服务。并且还要确定其边界和详细程度等。研究者需要使用流程图确定范围，并确保每个团队成员都能清楚地理解。

再次，确定范围的功能，比如这个系统、设计、流程或服务的目的是什么，或我们的客户期望它做什么。通常，人们会将范围划分为单独的子系统、项目、零件、组件或过程步骤，并确定每个子系统、项目、零件、组件或过程步骤的功能。

然后，需要在 FMEA 表格顶部填写识别信息，并在表格的各个列中填入以下信息（表 3-3）。

表 3-3 典型的 FMEA 评价表

项目/功能	潜在失效模式	失效潜在后果	严重程度(S)	等级	潜在失效起因	频率(O)	现行的设计控制	容易程度(D)	RPN	建议措施	责任与目标完成日期	措施执行的结果				
												采取的措施	严重程度	频率	容易程度	RPN

（1）对于每个功能，需要确定可能发生失效的所有方式。如有必要，返回并更详细地重写该功能，以确保所有失效模式都被考虑到。

（2）对于每个失效模式，确定对系统、相关系统、过程、相关过程、产品、服务、客户和法规的所有后果，这些都是失效的潜在影响。在这步最后还要反思：客户因该失效而体验到了什么；当该失效发生时会有什么后果。在这之后还需要确定每种影响的严重程度。严重性等级通常在 1 到 10 之间，其中 1 是无关紧要的，10 是灾难性的。如果一个失效模式有多个影响，则仅在 FMEA 表中写入该失效模式的最高严重性等级。

(3) 对于每个失效模式,确定所有潜在的失效起因或机理。判断这些机理的依据一方面是参考原因分析工具的分析结果,另一方面是研究团队的知识和经验。之后需要在 FMEA 表中列出每个失效模式的所有可能机理。

(4) 对于每个机理,确定失效发生频率(O)评级。该评级体现了产品在生命周期范围内因该机理发生失效的概率。通常是在 1 到 10 之间进行评分,其中 1 表示极不可能发生,10 表示不可避免发生。之后需要在 FMEA 表中列出每个机理的发生率。

(5) 对于每个机理,确定当前的过程控制。研究者需要利用已经到位的测试、程序或机制来防止失效传递到客户。这些控制措施可降低前步分析得到的失效机理发生的可能性,或可在失效机理发生后但在客户受到影响之前检测到失效。

(6) 对于每个控制装置,确定检测等级或失效检测的容易程度(D)评级。该等级估计了控制装置在发生失效后但在客户受到影响之前能够检测出失效机理或失效模式的程度。检测等级通常为 1 到 10,其中 1 表示控件绝对确定检测到问题,10 表示控件确定检测不到问题。然后在 FMEA 表中列出每个机理的检测等级。

(7) 计算风险优先数(RPN),其等于 S×O×D,即严重程度(S)、失效发生频率(O)以及失效检测的容易程度(D)三者的乘积。这些 RPN 结果为按照应解决的顺序对潜在失效进行排序提供了指导。

(8) 确定应该采取的措施。这些措施可能是设计或工艺变更,以降低严重性或发生率。它们可能会改进检测的附加控制。还要注意谁负责这些行动和目标完成日期。

最后,在以上步骤都完成后,需要在 FMEA 表中注明结果和日期。此外,研究者还应注意新的 S、O、D 以及 RPN,及时跟进检测结果。

8. 故障树分析

故障树分析方法(fault tree analysis,FTA)在系统可靠性分析、安全性分析和风险评价汇总具有重要作用和地位。既可用于定性分析,又可用于定量分析。在故障树分析中,对于所研究系统的各类故障状态或不正常工作情况统称为故障事件。与故障事件对应的是成功事件。故障树是一种为研究系统某功能故障而建立的一种倒树状的逻辑因果关系图。

该方法本质上是图形演绎法。是故障事件在一定条件下的逻辑推理方法,可针对某一故障事件,层层追踪分析(自上而下)。该方法清晰易懂,使人们对描述事件的逻辑关系一目了然。可有效地找出系统薄弱环节和系统的故障谱,在系统设计阶段有助于判别系统的隐患和潜在故障,提高系统的可靠性。

典型的故障树分析图如图 3-3 所示。

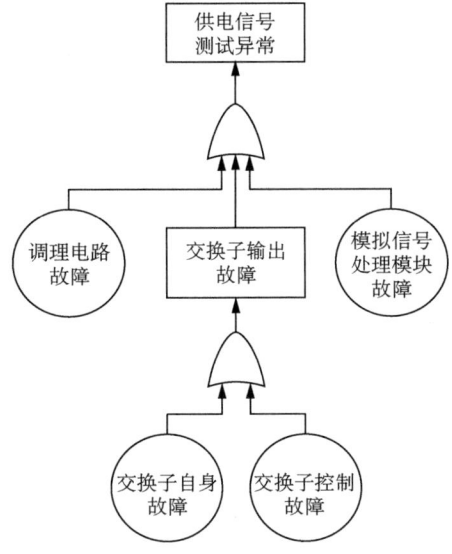

图 3-3　典型的故障树分析

9. 因果树分析

因果树分析是利用树形结构，对特定主题的问题从不同的维度寻找关键原因及提出对应的解决方法（图 3-4）。

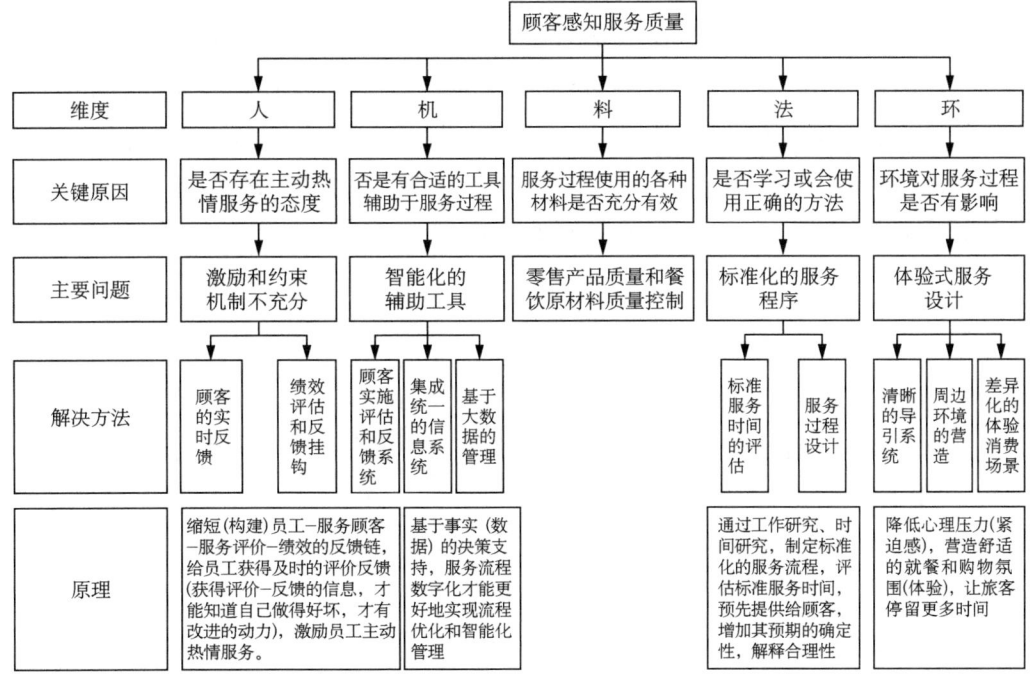

图 3-4　因果树分析实例

10. 不良质量成本分析

不良质量成本（cost of poor quality，COPQ）是指由于质量不良而造成的成本损失，或者说是由于我们没有"第一次就把正确的事情做正确"而额外付出的成本。一般认为不良质量成本包括内部损失成本与外部损失成本。COPQ的测量和比较是 6Sigma 管理中确定质量改进项目的重要前提，应用非常广泛。

3.2.4 项目管理方法

1. 挣值甘特图方法

商业组织常常同时从事多个项目，这些项目具有不同的特征和功能，如经验项目、战略项目和合规项目，而组织管理多个项目的能力和效率成为关键的成功因素，项目组合管理（PPM）是被高度认可的管理多个项目的方法。挣值甘特图（EV-Gantt）作为项目组合管理的一种方法，是挣值法和甘特图的有机整合，挣值方法主要用于支持项目绩效管理，最核心的目的就是比较项目实际与计划的差异，甘特图是进度管理的工具。挣值甘特图其在资源分配、系统报告和监控方面具有不俗的表现。

2. 价值分析法

价值工程（value engineering，VE）是力求以最低的寿命周期费用，可靠地实现产品或作业的必要功能，借以提高其价值，而着重于功能研究的、有组织的活动，而价值分析法就是价值工程的核心分析方法。式(1)反映了价值分析的过程，即功能与成本的比值，力求以最小的成本取得更多的功能。根据公式，为使价值大于1，提高价值主要有5条途径：①功能提高，成本不变；②功能不变，成本降低；③功能提高，成本降低；④降低辅助功能，大幅度降低成本；⑤功能大大提高，成本稍有提高。

$$V = \frac{F}{C} \tag{1}$$

式中，V 为价值；F 为功能；C 为成本。

针对上述提高工程价值的途径，价值分析的对象主要是价值系数低、降低成本潜力大的工程，主要有以下6种产品：

(1) 产量大，在企业中占有主要地位的产品和部件；

(2) 市场竞争激烈，技术经济指标较差的产品；

(3) 结构复杂，设计落后，工艺落后的产品；

(4) 质量低劣，成本过高的产品；

(5) 体积大、质量大、用料多的部件；
(6) 用料贵重，耗用稀缺资源多的部件。

3. 里程碑计划

里程碑计划是一个目标计划，它表明为了达到特定的里程碑，去完成一系列活动。里程碑计划通过建立里程碑和检验各个里程碑的到达情况，来控制项目工作的进展和保证实现总目标。里程碑计划一般分为管理级和活动级。

里程碑计划的制订需要首先与企业整体目标体系和经营计划一致，具体作用如下：①计划本身含有控制的结果，有利于监督、控制和交接；②变化多发生在活动级上，计划稳定性较好；③在管理级和活动级之间起着良好的沟通作用；④明确规定了项目工作范围和项目各方的责任与义务。

里程碑计划的实施步骤包括：①制订目标分解结构；②绘制里程碑计划图；③评估并修正里程碑计划；④报告总经理或项目筹委会批准。

4. 蒙特卡罗模拟

蒙特卡罗模拟可以用于计算在众多不确定性因素影响下项目的收益、进度和成本，或分析在众多不确定性因素影响下，达到项目目标的概率以及各因素对项目成功的影响程度。

很多建设运营过程的不确定因素较多，涉及新技术引进、设计革新、流程变更等方面，因此在开启新项以前以及建设项目期间可以使用蒙特卡罗仿真模拟计算项目实施成功率和风险。

蒙特卡罗模拟流程如下：①确定要分析的不确定因素；②确定目标函数；③找出不确定因素的概率分布；④利用随机数表或计算机在其概率区间内产生随机数；⑤进行大量的模拟实验；⑥计算目标函数值；⑦对实验结果进行统计；⑧对影响项目结果的因素作出敏感性分析。

5. 精益管理方法

"精益思维"的核心就是以最小资源投入，包括人力、设备、资金、材料、时间和空间，创造出尽可能多的价值，为顾客提供新产品和及时的服务。

精益管理的目标可以概括为：企业在为顾客提供满意的产品与服务的同时，把浪费降到最低程度。精益管理方法可以提升企业内部流程效率，做到对顾客需求的快速反应，可以缩短从顾客需求产生到实现的过程时间，大大提高了顾客满意度。

6. 目标与关键成果法

目标与关键成果法（objectives and key results，OKR）是一套明确和跟踪目标及其完成情况的管理工具和方法。OKR 的主要目标是明确公司和团队的"目标"以及明确每个目标达成的可衡量的"关键结果",旨在确保员工共同工作,并集中精力作出可衡量的贡献。OKR 可以在整个组织中共享,这样团队就可以在整个组织中明确目标,帮助协调和集中精力。

7. 系统工程

系统工程是为了最好地实现系统的目的,对系统的组成要素、组织结构、信息流、控制机构等进行分析研究的科学方法。它运用各种组织管理技术,使系统的整体与局部之间的关系协调和相互配合,实现总体的最优运行。

系统工程的思想把研究对象作为一个整体来分析,分析总体中各个部分之间的相互联系和相互制约关系,使总体中的各个部分相互协调配合,服从整体优化要求,在分析局部问题时从整体协调的需要出发,选择优化方案,综合评价系统的效果。综合运用各种科学管理的技术和方法,将定性分析和定量分析相结合并对系统的外部环境和变化规律进行分析,分析它们对系统的影响,使系统能够适应外部环境的变化并及时作出反应。

8. 闭环管理

闭环管理是综合闭环系统、管理的封闭原理、管理控制、信息系统等原理形成的一种管理方法,它将整个企业的供、产、销管理流程作为闭环系统,将物资供应、成本、销售、质量、人事、安全等作为闭环的子系统,使得系统与子系统之间的管理成为一个连续的封闭循环,并保持系统的活动处于平衡状态;此外,在面对客观现实的变化时,能够敏锐、准确、有力地反馈并作出相应的改变,解决矛盾和问题,形成决策、控制、反馈、再决策、再控制、再反馈……从而在积累中不断提高,促进企业超越自我不断发展。

实施闭环管理的基本原则是:①系统的整体性。注重局部服从整体,以保证总体运营目标的达成;②高质量。加强市场营销,加强产品品质管理,创建品牌,拓展市场;③强化营销。加大市场推广力度,提高资金回笼,力争实现产品销售和货款回收 100%;④低成本。努力降低人力、物力的损耗,降低资本的使用,降低成本,提高效益;⑤安全生产。推进安全生产的规范化管理;⑥全方位。各部门、各部门均纳入闭环管理,无间隙;⑦职责明确。也就是让谁来做这件事?怎么做?何时能完工?结果怎么样?有哪些问题或有哪些经历?这一切,都要有完整的档案和资料回馈。根据闭环的基本方式,从结果中寻找出治理手段各个环节的原因,加以封闭,说到的要写到,写到的要做到,做到的要有记录。避免重复出现相同的错误或偏差,从而实现循环的闭环管理,实现每循环一次,管理水平上一个新的层次;闭环管理和经济责任制相联系,在体制面前,所有人都是一视同仁的。不讲客观,严格考核,奖罚兑现。

9. 集成管理

集成管理是一种全新的管理理念及方法，其核心是强调运用集成的思想和理念指导企业的管理行为实践。传统管理以分工理论为基础，而集成管理则突出一体化的整合思想，集成不是单个元素的简单相加。集成与集合的主要区别在于集成中的各个元素互相渗透互相吸纳而成的一种新的"有机体"。

集成管理具有综合性、复杂性、协同性和创新性。集成管理是提升企业管理水平的有效途径。在具体应用过程中应注重：①加强对无形资源和有形资源的发掘和结合力度。正确选择自身的品牌战略、培育顾客的忠诚度、健全顾客反馈机制。②提高信息化水平，充分利用决策支持系统。③强化管理的点、线、面优势资源结合力度。④提升企业自身资源与外部环境资源的结合能力。

10. 范围管理

项目范围是指产生项目产品所包括的所有工作及产生这些产品所用的过程。项目干系人必须在项目要产生什么样的产品方面达成共识，也要在如何生产这些产品方面达成一定的共识。

项目范围管理是指对项目包括什么与不包括什么进行定义并控制的过程。这个过程用于确保项目组和项目干系人对作为项目结果的项目产品以及生产这些产品所用到的过程有一个共同的理解。项目范围管理与时间、成本管理构成铁三角，范围管理的好坏直接决定项目的好坏。

项目范围管理是一项全局性和基础性的工作，其原则是综合考虑用户各方面的需求完成让用户满意的工程，可以借助KANO模型，进行需求的收集。然后，结合纲领性文件项目章程，明确系统要做什么。同时这样可以把一些伪需求删去或者做优先级较低的排期。最后通过创建WBS进行工作的分解，降低管理风险，以及进行实施过程的监控。

3.2.5 质量管理的旧七种工具

1. 检查表

检查表又叫数据采集表，是一种可以帮助研究者系统性地采集资料与搜集数据的工具，这种统计表的主要作用是确定事实并初步梳理和分析收集到的数据，来帮助检验工作人员有无依照规定和计划有效执行任务。在绘制检查表时，需要注意确定整体信息和数据搜集的负责人、场地、时机等客观条件，并且对调查人员进行必要的训练和教育。

表3-4是检查表的示例，其也可以根据实际情况采用多种样式。

表 3-4　检查表范例

序号	调查问题	调查结果	备注
1			
2			
……			

2. 排列图

排列图又称主次因素分析图或帕累托图（Pareto），是指按从高到低次序排列的一组矩形，其体现了各种因素发生频率的高低（图 3-5）。该方法可以帮助研究者从影响质量特性的各种原因中找到主要原因。使用排列图需要注意确定出现的质量问题和表现、找到不良表现并进行数据统计等事项。

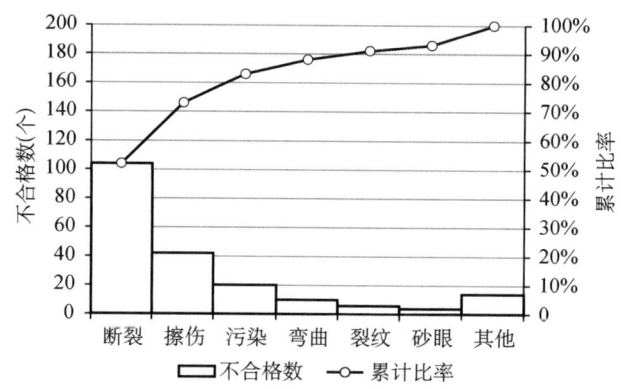

图 3-5　排列图示例

3. 散布图

散布图（散点图）的主要作用是体现出不同因素间的相关关系，研究者可以以此初步判断因素之间的相关关系，为后续因果图的制作奠定基础。在制作散布图时，研究者需要注意数据收集量的充分程度，至少要收集 30 对有效数据；散布图的横坐标一般表示自变量，纵坐标一般表示因变量。

散布图示例如图 3-6 所示。

4. 因果图

因果图又叫鱼刺图，其一般基于散布图得到的因素间相关信息绘制，为研究者探究导致问题的原因，即研究变量因果关系提供支持。在制作因果图时，研究者需要注意从人员、机器、原料、方法、环境等方面进行全方位观察，并在初步找到问题产生因素后进行深挖分析，从根源上摸清问题原因。

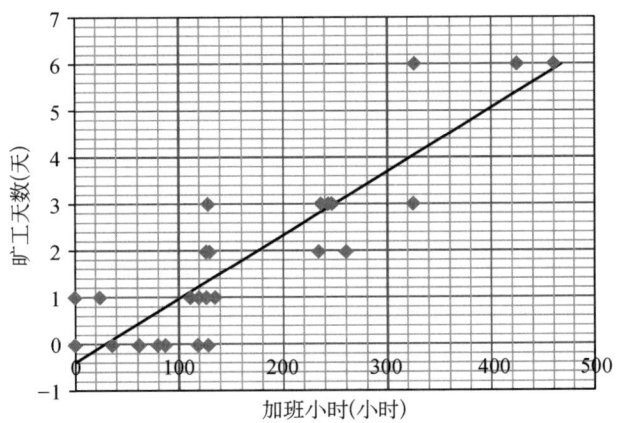

图 3-6　散布图示例

因果图示例如图 3-7 所示。

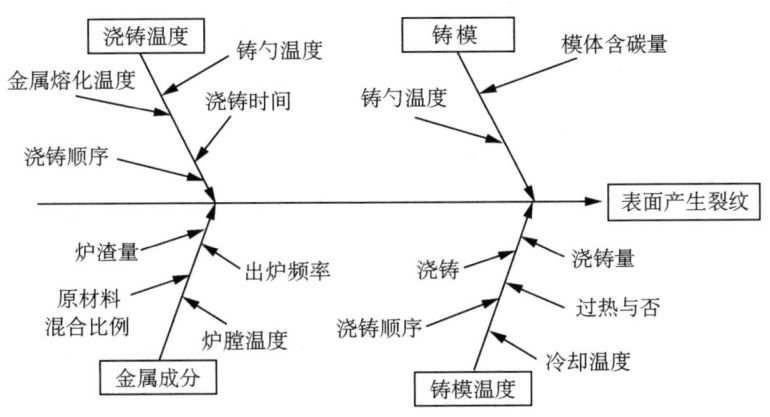

图 3-7　因果图示例

5. 流程图

流程图(flowchart)用于描述整个过程。在许多过程改进项目中,首要步骤便是创建实际的过程流程图,以便确定过程改进的参数。流程标准化往往是中国企业的一个短板。图 3-8 是一个典型的流程图。

6. 直方图

直方图是针对数据的分布情况进行相应分析的一种图表,研究者通过绘制直方图可以推断出数据整体分布的状态。在制作直方图时,研究者需要注意确定过程特性与计量标准;在搜集数据时,数据类型必须是计量型;数据收集时在一个范围时期内的数据量至少是五十到一百个;绘制时要确定好组数、组间距、组界、极差等指标。

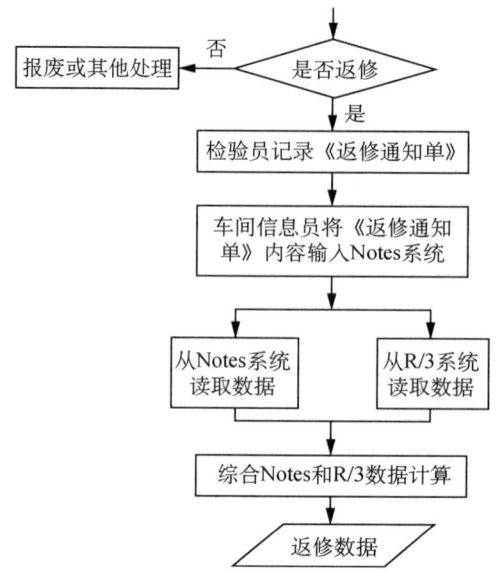

图 3-8 一个典型的流程图

直方图示例如图 3-9 所示。

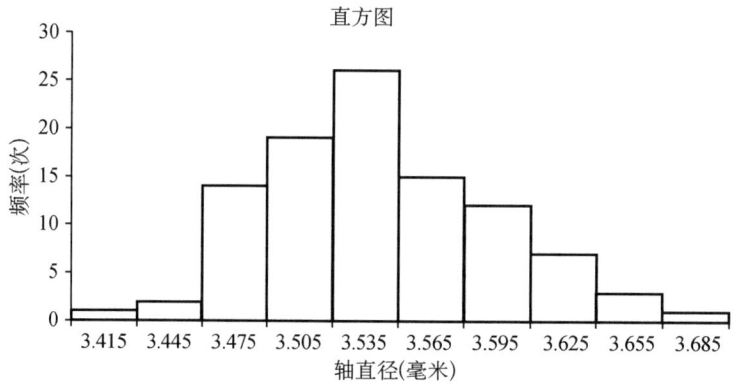

图 3-9 直方图示例

7. 控制图

控制图是一种附带控制界限的、用来研究和调控过程质量的记录图形,其纵轴表示产品质量管理量的特征值,或者通过质量特征值得到的一种统计量;横轴表示依照由左至右的时间顺序抽样得到的样本号。其示例如图 3-10 所示,其中"UCL"代表上控制界限,"CL"代表中心线,"LCL"代表下控制界限。

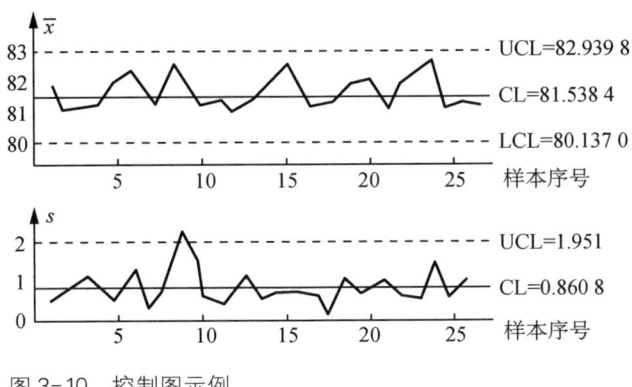

图 3-10 控制图示例

3.2.6 质量管理的新七种工具

质量管理的新七种工具是在旧七种工具基础上结合质量管理实践提出的一系列新的质量管理工具,其可以高效整理语言资料和解决零散问题,并且还有充实计划、预防疏漏、促进工作人员协调配合、确实表达过程等功能。

其和质量管理旧七种工具相比有一定差异,但并没有取代后者的作用,管理者可以通过结合两者更加高效地解决质量管理问题。其中,使用质量管理旧七种工具的一般目的是在问题产生后进行改善,其分析基于大量数据资料,分析结果具有理性特征;而使用质量管理新七种工具则是为了在问题产生前进行计划和思考,其分析基于大量语言资料,分析结果具有感性特征。

1. 关联图

关联图就是运用箭头将关系复杂且互为纠缠的问题和变量连接起来的一种分析图,其目的是找到主要原因和项目。关联图一般适用于因果关系较为复杂且纠缠的分析情形,如对市场调查和抱怨分析等。

使用关联图有很多优点,其可以分析因素十分复杂的质量问题,并且较易得到成员的统一意见。而且研究者可以在计划开始阶段就能得到较为宽广的视角来分析问题,减少先入为主情况的出现,其自由的形式也有利于变量之间的关联与转换。

2. 系统图

系统图是指通过将需要实现的目的和需要采用的举措或方法系统性地展开,来阐明并确定质量问题的重点,以此来找到最好的手段或举措的一类分析工具。其适用于在新产品研发进程之中对质量设计的开展、明确部门和管理职能等情形。

系统图的主要分析时机是在事前,具有预防质量问题的作用。通过系统图的使用,研究者和管理者可以较为轻松地开展某个事项,并且也较易统一成员的意见,使问题易于整理、清晰简洁。

一个典型的系统图如图 3-11 所示。

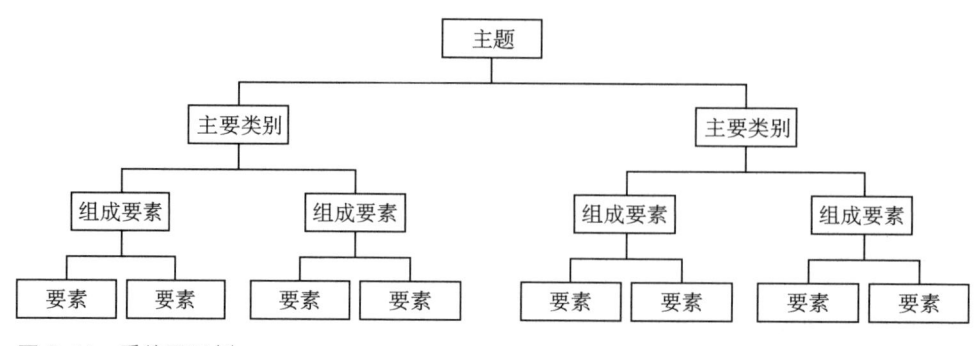

图 3-11　系统图示例

3. 亲和图

亲和图是指将搜集到的大量事实、建议和想法等语言资料,依据其之间的亲和性或相似性进行整理归纳,把存在的问题进行明确,以此促进成员的统一认识,使得问题得到更为高效的解决。其适用于在研究者掌握明确各类问题的重点难点,希望得到改进策略的情况,如企业方针和目标的确立与推进、研究开发效率的提升等情形。

亲和图可以帮助研究者在混淆的情况下把握语言资料,把资料整理整合以此便于发现核心问题、了解问题的本质。其也有利于鼓励和广泛采纳各相关人员发表的意见,使得员工可以有一个明晰的认识。在某些情况下,亲和图也可以帮助打破惯性思维,产生新的想法。

4. 矩阵图

矩阵图是指在分析质量问题时,研究者通过寻找成对的因素群,将其分别排列为行和列,以此寻找因素间即行列间的关联或相关程度的强弱,讨论问题点的一类工具。其主要适用于明确质量要求和各个因素之间关系的情形,各个因素包括但不限于原料特性、过程条件等。

矩阵图可以帮助研究者在短时间内得到相关问题解决的想法和资料,使因素之间的关联情况明晰化,因此研究者可以在较短时间内高效掌握整体的构成情况。

5. 过程决策程序图法

过程决策程序图(process decision program chart,PDPC)法主要是研究者在为了达

到某种目标或进行某个任务的时候,会在设计行动规划和方案时有预测潜在问题和结果的需求,此时使用该法可以一定程度上排除可能的障碍,并且对应得到多种应变方案的一种分析方法。其一般适用于管理项目作业的计划制订、生产重大事故预防等情形。

作为一种动态的分析方法,PDPC法同时具备预测性和随机应变性,因此使用该方法有利于管理者对整体的把握,使员工的创意和想法得到发挥,从而提升目标的达成概率。

6. 网络图

网络图(activity network diagram)又称为计划评审技术图(program e-valuation and review technique,PERT)或关键路径图(critical path diagram),即由始至末的最长路径,主要用于控制项目。研究者通过进行小组讨论,针对项目的实施制订最优的日程计划并进行管理,使得计划得以顺利进行的一种工具。该方法适用于对新产品开发、产品改进和试生产阶段计划的制订和管理,或是其他适合的事项统筹等情况。

管理者使用网络图可以对整理计划完成情况及其影响关系有清楚的认识,且如果某项工作提前完成或延后完成的话,管理者也可以对整个计划最后完工时间、变化程度等情况有计量化的预测。

7. 优先级判定矩阵

优先级判定矩阵(prioritization grid)用于做多目标决策。比如,我们可以在选择一种技术的时候,有很多的选项。要实现的目标不同,则决策采用的评价标准也就不同。在遇到多个选项或者多个标准时,优先权判断矩阵就是一种很好的决策方式。表3-5所示是一个企业要进行五种机器设备采购时的评价标准,表3-6是利用优先级判定矩阵进行决策时五种不同设备基于五种评价标准的打分情况,企业最终选择了得分最高的机器D。

表3-5 五种机器设备的选择标准

备选方案	标准
机器A	使用简易型
机器B	维修
机器C	成本
机器D	预期寿命
机器E	声誉

表 3-6　利用优先级判定矩阵进行决策

最终的标准排名	使用简易度排名	维修排名	成本排名	预期寿命排名	质量信誉排名	最终得分	排名
机器 A	0.23	0.17	0.27	0.23	0.17	0.212 18	2
机器 B	0.12	0.20	0.17	0.20	0.20	0.165 34	4
机器 C	0.05	0.27	0.13	0.17	0.17	0.149 10	5
机器 D	0.52	0.13	0.23	0.20	0.20	0.300 70	1
机器 E	0.12	0.23	0.20	0.20	0.27	0.186 32	3
权重	0.366	0.3	0.166	0.066	0.1		

3.2.7　网络舆情分析

1. 网络舆情数据收集

随着互联网技术的高速发展，网络逐渐成为人们发表个人观点的主要渠道之一。大多数情况下，研究者可以通过新闻页面、社交媒体、论坛、博客、微信公众号等渠道获取网络舆情数据。在收集舆情数据时需要遵守的原则是来源广、时效性强，现在普遍使用的获取网络舆情数据方法一般有以下四种。

一是运用爬虫技术。其作为一种较为常用的数据获取方法，大多基于第三方爬虫软件、开源的爬虫或自己编写的爬虫程序。该方法有针对性强的优点，但是由于第三方爬虫软件有一定范围限制，自己编写程序又需要较高技术，故该方法有一定局限性。

二是从数据交易平台获得。直接从各种交易平台获取数据是最为直接有效的方式，但限于敏感数据保密等原因，即使通过购买的方式获取的此类数据也较为有限。

三是通过搜索平台查找。该方法是先通过运用百度、必应等搜索平台对需要的数据进行关键字搜索，再将搜索结果直接下载后分析，其能搜索的范围可以包括新闻页面、社交媒体、论坛、博客、新闻客户端和电子报刊等。但是其时效性较差，较难表现网络舆情实时状况。

四是结合专业网络舆情监测系统。前三种方法各有自己较为明显的不足之处，其在网络舆情数据获取范围和时效性较难做到兼顾。所以，为了快捷且全面地取得需要的舆情数据，结合专业网络舆情监测系统是一个较为完善的方法，其不但能做到全网监测，而且可以具备舆情数据分析、数据信息告警等多种功能。

2. 网络舆情数据分析方法

在获取网络舆情数据后，需要对大量的数据进行分析和整理。随着互联网的普及和技术的提升,现在网络舆情数据量和以往已经不在一个数量级上。为了准确且及时地分析网络舆情信息,研究者的分析方法也需要与时俱进。目前常用的分析方法一般分为三种。

一是语义分析。语义分析一般指利用网络舆情资料的要素和句法语境等因素,对网络舆情的正负面性、舆情倾向性、语义和情感等要素进行分析。

二是文本分析。文本分析需要研究者将从文本资料中总结出的特征词进行量化,以此体现文本信息,例如可以挑选一部分有代表性的网络舆情文本数据来进行分析。在进行质量管理时,网络舆情也体现了顾客声音(VOC),而文本分析可以帮助分析隐含在网络舆情里的 VOC。

三是舆情分析软件。舆情分析软件可以对互联网中的各种信息进行聚类、整理和筛选等处理工作,以此对网络上有关的舆情信息进行实时监测和深入分析。

3.2.8 实验研究

实验研究法一般用于研究多个变量之间的因果关系。该方法成立的基础是整体实验处于客观状态,研究者可以通过系统地控制单个或多个和实验假设相关的实验自变量,并且使其余自变量的干扰处于稳定状态,来对某个或某些自变量的独立效应和交互效应进行观察和检测。在整个实验过程中,恰当的控制是该方法的一个核心,控制的对象可以是因素的选定、抽样和统计方法的使用、环境的确定等。

实验研究一般会包括两种实验组别,其分别是实验组(experiment group)和控制组(control group)。其中,受到实验影响的组别被视为实验组,该组别实验得到的结果一般会被用来和没有受到实验影响的组别(即控制组)结果进行对比,来得到实验变量对研究对象的影响结果。而没有受到实验影响的组别被视为控制组,该组别的主要作用是为实验组实验结果提供一个较为客观的比较准线。研究者通过将该两个组别进行对比,观察实验处理的真实作用,而那些仅出现在实验组中的改变被视为实验处理所得到的作用和影响。例如,为了比较观看广告对用户购买意愿的影响,研究者一般会让实验组成员观看广告,再将其观察结果与没有观看广告的控制组成员进行对比分析。

参考文献

[1] 塞克拉.企业研究方法[M].7版.北京:清华大学出版社,2020.
[2] ISHIZAKA A, LABIB A. Review of the main developments in the analytic hierarchy process[J]. Expert Systems with Applications, 2011, 38(11): 14336-14345.

第 4 章

国内外优秀机场服务质量管理实践

4.1 国际机场优秀服务质量管理实践

4.1.1 新加坡樟宜机场

新加坡樟宜机场的前身是 1959 年 10 月 28 日通航的巴耶利峇机场（Paya Lebar Airport），后由于该机场保障能力不足，因此迁至西距新加坡市中心 17.2 公里的樟宜地区而改名樟宜机场，并于 1981 年 7 月 1 日正式通航。经过 40 多年的发展，樟宜机场已经发展为 4F 级国际机场，是新加坡重要的国际交通枢纽。截至 2020 年，樟宜机场已经连续第八年被确认为 Skytrax 世界最佳机场。2022 年 3 月 10 日，国际机场协会正式公布 2021 年年度世界范围内获得机场服务质量奖的机场名单。新加坡樟宜机场荣获 2021 年年度"最佳机场奖（亚太区 4 000 万量级以上）"。以下从设计理念、以人为本的旅客体验、科技创新等几个角度阐述新加坡樟宜机场 T4 航站楼商业经营管理的最佳实践的主要特点。

1. 战略和市场洞察：超前的设计理念

正如产品不是生产出来，而是设计出来的一样。樟宜机场 T4 航站楼最初设计招标时，秉承"以人为本、科技创新"的世界级超前设计理念，使机场设计由实用主义、功能主义向空间美学方向转变，力求为到访旅客和旅客带来一种独特的视觉体验[1]。

T4 航站楼的关键设计目标之一是唤起一种身临其境的归属感。因此，设计公司贝诺以当地的风土人情作为概念设计的核心。在此基础上，重点突出通透性，使旅客能够将机场周围环境尽收眼底，沉浸在清新的城市绿化中。此外，樟宜机场 T4 也希望通过樟宜机场的品牌形象来反映和强化新加坡品牌的出众个性与优异品质，从而形成 T4 航站楼与狮城的共生关系。

2. 业务设计：以人为本打造体验式商业零售和餐饮

过去，机场更注重各种功能的实现：旅客到达机场，办理登机手续，通过安检，登机，然后离开。在这个过程中，旅航班延误、中转时间长、无事可干等成为带给旅客最大的压力。如何发展机场商业才能使旅客通过愉悦的服务体验缓解压力和焦虑情绪？樟宜机场给出了很好的答案[2]。樟宜机场所做的一切，都是为了给旅客提供顺畅愉快的体验。每一位抵达机场的客人都被视为贵宾，他们的舒适、放松和愉快是机场服务希望达到的首要目标。T4 以丰富的游客体验为基础，提供零售、快闪、餐饮、休闲等多种选择，充分利用艺术、设计和多媒体等多种形式，创造出一种让人心旷神怡的视觉效果，帮助旅客分散注意力，消磨时间。

有别于机场商业的传统模式,樟宜机场追求体验式零售。财务目标和严格的规章制度迫使大多数机场把运营放在第一位。首先,出于对效率的考虑,旅客通常会被动地聚集在一起,从而影响到零售活动的开展。其次,以过程为基础的经营模式忽视了场地建设的重要性。正如前面提到的,适当的场地建设可以提高旅客的体验,进而对旅客的消费行为有正面的影响,并可以延长他们的停留时间,进而增加消费开支。

在樟宜国际机场,旅客在经过安全检查后,走进了绿树成荫的零售通道,这里利用了空间、灯光和绿色植物来提升旅客的体验。零售店一直延伸到中心穹顶,与柔和的建筑边界和曲线元素融合在一起。这种优雅的设计在不经意间起到了引导的效果,使旅客在浏览、购物和漫步时缓慢地前进。

总的来看,樟宜机场的服务文化就是"个性化、积极惊喜、无压力"。

3. 价值与文化:人文机场

传统文化区是樟宜机场 T4 航站楼的主要特色之一,其中汇集了新加坡传统的零售店和餐饮店,一排排门头设计颇具娘惹文化特色的店铺,出售传统美食、当地特产和商品。店铺门头和外立面的装饰生动地展示了中国巴洛克风格和新加坡折中主义建筑的演变过程。店外还有两块宽达 10 米的电子屏,播放的是一部长达 6 分钟的能充分体现"让游客得以一窥 1930 年代新加坡的百姓生活"的音乐剧《娘惹之恋》[1]。

樟宜机场 T4 航站楼通过构建彰显浓厚新加坡历史的传统文化区,进一步丰富了顾客的体验。

4. 创新和数字化商业:智慧机场

樟宜机场希望 T4 航站楼能够在不影响旅客体验的前提下,采用最先进的智能化技术和应用。例如,在"畅快通行"(FAST)系统的帮助下,旅客可以顺利完成自助值机、自助行李托运和自助通关,无须人工验证,缩短了排队时间。离境时,自动登机门通过面部识别对旅客进行身份验证。樟宜机场除了将智能化技术广泛应用于上述业务流程之外,更将数字商务建设作为其重要的战略。

(1)OneChangi 平台

2013 年前,樟宜机场集团(CAG)在公共和中转区域就已经有独立运作的 350 个零售和服务商店以及 120 个饮食店。此外,还有 200 家其他合作商和代理机构(包括清洁公司和行李搬运公司等),他们都按照自己的运作流程、工作流和目标来开展工作。樟宜机场始终坚持真正以客户为中心的组织必须设身处地为客户考虑的理念。樟宜机场集团的首席信息官兼高级技术副总裁 Steve Lee 表示:整个机场必须作为一个整体来向客户提供服务。出现任何问题都不是个人的责任,而是所有人的责任,樟宜机场的核心价值观之一就是与合作商共赢。这就是 OneChangi 的愿景。

想要充分实现 OneChangi 的愿景,就需要建立一整套先进的信息交换和整合平台。机场与产品及解决方案提供商 Salesforce 合作[3],在机场部署客户关系管理系统(CRM)平台,整合樟宜机场的各种渠道及后台数据。现在,它已成为机场所有客户相关工作的主要解决方案。该平台通过网站、电子邮件、樟宜机场联络中心及樟宜机场终点站即时反馈系统等接触点,整合来自机场客户的反馈信息。反馈的范围非常广泛,包括零售体验、厕所清洁、值机效率等。这些信息共享给机场合作伙伴和承租人,让他们能够处理并跟踪有关运营的反馈信息。

樟宜机场租户也使用该系统来跟踪他们的服务质量标准,并纠正樟宜机场在检查过程中发现的问题,如商店地板清洁度。收集到的数据也为樟宜机场提供了服务水平和反馈指标的概况,以帮助确保机场商店和餐厅达到所要求的高品质服务水平。

(2)数据驱动的管理

此外,樟宜机场认为有必要进一步整合客户、购物和旅游数据,因此与埃森哲咨询公司合作开发了一种全新的主数据管理平台[4],为客户提供全面的信息服务。集成的营销活动管理平台可以进入这个数据池,提供客户跨渠道个性化营销活动。新的数据管理平台可以帮助理解消费者的消费行为和偏好。该平台为樟宜机场市场营销人员提供数据洞察力,例如顾客购买历史,从而提高销售和促销业绩,更好地服务客户。

在线广告的细分定位和店内促销的新移动渠道也在帮助樟宜机场获得新客户。Wi-Fi 注册页面鼓励旅客分享自己的详细信息,制订新的促销计划和会员计划。樟宜机场有一台虚拟助手聊天机器人,它能 24 小时为旅客解答有关旅行、航班、购物、娱乐、失物和导航等问题。

樟宜航空公司根据客户的喜好和行为,在适当的时间和地点为客户提供个性化的产品和服务。通过数据驱动的管理决策机制,樟宜机场很快就能为每一位顾客提供合适的产品和促销组合。在樟宜机场,无论是在家、度假,还是在机场使用网络或者手机,顾客都可以随时随地得到个性化的购物和娱乐服务,并解答旅游问题。樟宜机场增加了零售流量、忠诚度和收入,为顾客提供了全新的体验。

此外,樟宜机场拥有先进的技术、技能和全新的工作方式,使其能够不断地与客户进行实时互动。这些能力使樟宜机场能够更好地适应市场变化,抵御旅游业的冲击,保持"世界最佳机场"的地位。

(3)在线购物

机场是具有庞大流量的交通枢纽,同时也是一个天然的数据场。这些数据的积累为机场商业数字化升级提供了一个重要机会[2]。过去,机场商业以品牌知名度和低成本免税为主要特征吸引消费者购买,但随着年轻人成为机场消费主力,机场商业面临的消费行为也发生了重大转变。

樟宜机场的旅客可提前在樟宜机场的商业购物网站购物,直接从机场问询台提货,线上与线下结合,最大限度地发挥机场的商业价值,并提供更大的想象空间和运作空间。新加坡樟宜机场的多项科技应用为企业数字化运营提供了强有力的工具。机场商业为消费者提供完整的线上服务和线下服务,是未来机场商业发展的重要趋势之一。

5. 组织:团队建设

在新加坡樟宜机场,商业之所以能成为最大的"亮点",原因之一就是拥有一支优秀的商业管理团队。目前,中国国内很多机场都存在着重招标、重管理、轻运营的现象。机场商业资源的开发与利用,需要专业团队来运作,未来机场商业资源的价值,主要是通过吸引旅客消费来创造,而不是靠招投标商家"报"出来的,更不是"管"出来的。通过商业运营,选择适合旅客消费的各类业态,合理布局,增加旅客体验,提升消费水平;通过多种招标方式招揽优质商家,通过管理提升优质服务[2]。

樟宜机场管理队伍的专业化水平决定了樟宜机场的发展方向、速度和质量。经过十多年的专业训练和研究,每一个部门的领导都成为了机场各个领域的专家,可以说,他们成就了公司的发展,也成就了他们的成长。樟宜机场在快速发展的过程中,最大的收获是培养出一批专业人才,并具备建设运营管理世界上最好的机场软实力。

6. 员工和绩效:主动热情服务带来高顾客满意

早在 2010 年,樟宜机场就启动了 SWIFT 服务(service workforce instant feedback transformation,服务人员即时反馈改造系统)。该系统能快速发现服务中出现的问题并及时纠正。乘客还可以提供对服务的即时的反馈。例如,在卫生间门口安装了及时评价系统,可以使旅客迅速评价厕所服务[5];用餐结束后,旅客还可通过即时评价系统评价餐饮服务。及时评估系统使樟宜机场能够迅速发现服务缺陷,采取快速补救措施,使樟宜机场能更科学地评价服务人员的服务,并将其与绩效考核挂钩,真正起到激励员工主动服务的作用。

即时反馈能提高机场合作伙伴对顾客反馈的反应能力,以及发现服务中存在的差距,以便改进。樟宜机场每月收到客户上百万条反馈信息,以及维修和服务恢复的各种运营活动,都为樟宜机场提供了另一种大数据。樟宜机场通过持续评估 SWIFT 系统所产生的数据,能够分析长期趋势,更深入地分析问题,从而更有效地解决系统和深层问题。对旅客综合行为的深入了解有助于更好地规划登机手续和资源分配。

SWIFT 系统的另外一个模块是 e-Inspection(电子故障检测),e-Inspection 能够对所有设施故障作出及时反应。该系统还通过更加简化的工作流程和程序,提高了洗手间服务员、设施管理人员等一线员工的工作效率。

7. 机场城市化:城市购物中心的打造

大型国际机场商业成为其所在城市的购物中心已成为一种趋势。这一趋势促进了城市公共空间和航空建筑空间之间富有主题特色的互动,使机场与城市超越传统关系,机场不仅成为城市的交通运输系统的一环,也成为城市商业和娱乐的重要组成部分。产生这种趋势的最重要原因是机场作为一个关键的公共界面,可以显著提升旅客对城市的认识,从而提升本地品牌价值、品牌信誉和品牌形象[1]。

樟宜机场 T4 航站楼建设与航空业发展趋势同步。樟宜机场保证所有商业价格不高于市区,既能吸引旅客,也能吸引当地居民。身处樟宜机场,宛若置身美丽的花园,除了功能设施外,还有各种游乐设施,以及一定比例的商业,满足不同年龄、不同层次的消费需求,机场商业已成为城市居民休闲购物的中心。

4.1.2 美国亚特兰大机场

亚特兰大机场位于美国富尔顿县亚特兰大市南区与克莱顿县佐治亚大学城交界处,距离亚特兰大市中心 12.5 公里,是国际航空枢纽。自 1998 年以来,亚特兰大机场一直是世界上最繁忙的机场,也是世界上首个旅客吞吐量过亿人次的机场。到 2019 年为止,亚特兰大机场已经连续 21 年名列国际机场协会公布的全球机场旅客吞吐量排行榜之首。除去 2020 年该位置被我国的广州白云机场获得外,2021 年亚特兰大机场以 7 570.47 万人次的成绩重返全球最繁忙机场第一的位置。

以下主要从其强大的旅客中转能力、全方位的机场环境清洁、出色的机场商业与餐饮服务三个方面介绍亚特兰大机场作为世界著名机场的成功服务实践。

1. 强大的旅客中转能力

作为全世界最繁忙的机场,亚特兰大机场必须想方设法地提高旅客中转能力,给机场的旅客创造更加良好的客户体验。亚特兰大机场在航站楼设计上体现了以这种目的为导向的设计理念。亚特兰大机场的旅客候机中心由主候机楼(T 形候机大厅)以及 A、B、C、D、E、F 六个独立的候机大厅组成,其中主候机楼和 A、B、C、D 四个候机大厅主要负责国内航班,E、F 候机大厅主要负责国际航班。

亚特兰大机场有 174 个机位,其中国内机位 146 个,国际机位 28 个,几乎所有机型都能停靠。主候机楼面积 11 万平方米,为旅客提供票务、行李登记、安检、地面运输等服务,A 到 F 六个候机大厅在结构上相互独立、平行排布。主候机楼和 6 个候机厅之间有一个 1 770 米长的地下运输大厅,旅客们可以方便地通过地下运输大厅在不同的航站楼之间进行换乘。

亚特兰大机场内部的旅客中转系统也相当发达。机场地下中转轨道系统连接主候机楼和六个候机大厅,系统道面长 5.6 公里,在机场内部共设有 13 个车站,有多辆小火车在早上 5 时到凌晨 2 时 30 分之间不间断运作。在机场的任一车站,每两列小火车之间的等待时间不会超过 2 分钟,高峰时段内小火车每 100 秒到达一次,每小时能够运送的旅客达到 13 万人次[6]。

得益于以中枢理念设计的航站楼和强大的旅客中转系统,亚特兰大机场拥有强大的旅客中转能力,旅客的平均转机时间在 40 分钟左右,最长转机时间不会超过 60 分钟。

2. 全方位的机场环境清洁

国际机场协会发布的《机场服务质量:机场清洁报告》(ACI-NA-ASQ)[7]指出,机场洗手间和航站楼的清洁是影响旅客整体满意度的重要因素。为此,亚特兰大机场与 ABM 合作,为旅客提供最佳的机场清洁体验。ABM 的技术推动了亚特兰大机场的清洁和维护,帮助亚特兰大机场在 2019 年年度 ASQ 调查中创下历史新高的得分,并顺利在总体客户满意度方面排行第一。

亚特兰大机场与 ABM 公司签订的合同覆盖公共空间约为 30 万平方英尺(约 27 871 平方米,约 80% 的机场面积),包括国内航站楼和 6 个大厅的公共区域以及所有公共厕所。为此,ABM 组织了近 700 人的全天候清洁维护团队。由于飞机时刻表的延长,ABM 每天只有一小段时间(凌晨 1 点至 5 点)对所有可见的硬软表面进行彻底的清洗、消毒和吸尘,使机场重新恢复开放时的清洁。清理 35 吨机场垃圾和 900 多个卫生隔间和便池只是其中的一部分[8]。此外,还有一支 18 人的设备维护团队,他们将在夜间为机场的照明、瓷砖等公共设施进行维护。

国际机场协会的迪米特里·科尔曾说:"在机场,卫生间清洁是客户满意度的一大驱动力,如果你想要你的客户拥有一个愉快的体验,干净的卫生间是必须的。"因此,亚特兰大机场和 ABM 对机场卫生间的清洁工作尤为重视。亚特兰大机场的每个洗手间都有一名专职的清洁员负责,清洁员要确保所有的设施都是干净的,梳妆台是干燥的,卫生纸和肥皂是充足的。此外,清洁员还要参加 ABM 公司的培训,如客户参与、需求预测等,以便在客户需要时及时提供帮助,如帮助老人或其他行动不便者。亚特兰大机场和 ABM 公司在乘客反馈方面也做了大量工作,每位乘客在离开洗手间时,可以选择一张快乐的、中性的或悲伤的面孔,并对他们的体验进行评价,分别是"特别""一般"或者"差"。如果旅客选择的是悲伤的面孔,那么他们可以继续选择清洁、漏水、缺少卫生用品等反馈。ABM 的主管人员会在数秒内收到移动警报,并迅速采取行动纠正问题。

与此同时,亚特兰大机场与 ABM 也积极将一些新兴技术应用于机场清洁领域,其中以物联网为代表的"智能清洁"套件最为典型。该工具能够提供卫生间和清洁人员的详细信息,包括乘客吞吐量、清洁时间戳、员工活动和警报记录等。亚特兰大机场和 ABM 与许多一流公司合作开发了这套系统,包括:①配备物联网冲水和便池阀门、水龙头报警系统(漏水、堵塞等);②数字隔间锁扣和卫生隔间空置指示灯(通过以太网连接),帮助队列快速移动、跟踪使用率和高峰时间。亚特兰大机场、ABM 公司及其合作伙伴共同努力,简化所有智能设备的控制与维护,使机场清洁数据更加集成,便于员工进行预测分析,排除问题隐患,提高员工的劳动效率。

3. 出色的机场商业与餐饮服务

大型机场作为交通流量大的枢纽,往往也是商业活动十分活跃的重要商业综合体。亚特兰大机场的商业项目 ATL Skypointe 拥有全球最佳购物和餐饮体验,300 多家餐厅、商店和其他商业设施分布在机场七个候机大厅,通过任何一个出口都可以到达。在亚特兰大机场网站的 ATL Skypointe 项目页面上,机场贴心地标注了每个餐厅、商店和其他商业设施的营业时间和主要项目,方便旅客查询。

相比于其他更注重购物和娱乐的机场,亚特兰大机场更具商务气息,因此更注重餐饮体验。机场的著名餐厅包括被誉为"世界最繁忙机场中的顶级体验""美国最好的机场餐厅"的 One Flew South 餐厅、Ecco 餐厅、Chicken Beer 餐厅等,这些餐厅各具特色,能够给旅客提供出色的机场餐饮体验。

与此同时,亚特兰大机场也积极探索新业务模式和新业务模式。在美国,亚特兰大机场率先安装了焦点商店,这种创新的自助售货亭出售苹果电器、美容用品、索尼电子、罗塞塔语言学习软件等。在 2011 年,机场开始运营"小套房"(Minute Suites)公司的睡眠舱。这些精致的小房间配备了一张沙发床和一张带枕头的床,还有一台闹钟、一台电视、一张桌子、一张椅子,为旅客提供全天候的服务,让旅客可以在这样的私人空间里睡觉、休息或工作。

4. 机场服务评价与员工之星

旅客对机场服务的满意度取决于机场工作人员的主动、热情的服务,为了能够得到旅客的反馈,亚特兰大机场允许旅客通过平板电脑来评价机场服务,以便及时发现和改进机场服务。同时,亚特兰大机场还设立了 ATLWOW 奖,以表彰在亚特兰大机场工作表现突出的员工。旅客可在亚特兰大机场官网找到 ATLWOW 网站,提交反馈意见,评选亚特兰大机场最好的员工,并描述相关事迹。机场每个月都会根据乘客的反馈,评选出获得 ATLWOW 优秀奖的优秀员工,并评选出当月 ATLWOW 超级明星。亚特兰大机场一直致力于为旅客提供安全和高效的服务。通过对机场服务的反馈和评价,亚特兰大机场能够及时发现问题,总结经验,不断提高服务水平,为旅客提供更好的旅游体验。

5. 人性化的无障碍服务

残疾人、老人、儿童等特殊群体,无障碍设施是保障他们出行安全的重要保障。对于大型机场来说,如果无障碍服务做得好,可以有效地提升旅客的出行体验。为此,亚特兰大机场特别重视机场无障碍设施建设,并成立了 ADA 委员会。在亚特兰大机场,委员会的任务是为亚特兰大机场的残疾旅客提供安全、愉快的旅行体验。该委员会由11名成员组成,协助机场管理部门识别旅行障碍,为机场残疾人士和不便旅客提供解决办法。委员会成员将作为残疾人团体的代表,帮助机场变得更加无障碍和便于使用,同时还会发挥催化剂的作用,让公众了解亚特兰大机场为残障旅客和不便旅客提供的服务和举措。

亚特兰大机场在建设无障碍设施方面付出了巨大努力。机场联合航空公司提供轮椅,有需要的旅客可提前预订。机场所有停车场均设有残障人士专用停车场,并提供免费的机场泊车转乘设施。与此同时,亚特兰大机场还努力为残障人士提供便利,包括轮椅电梯、灰狗巴士系统等。在机场内,亚特兰大机场所有的电梯均提供无障碍服务,机场洗手间附近设有无障碍饮水点。机场所有洗手间均设有轮椅通道,为需要有人陪同的旅客提供男女专用卫生间。为了给需要携带宠物或工作犬的不便旅客提供方便,亚特兰大机场还在T7、A10、B33、C19、E14、F7附近的大堂内设置了室内动物救助服务区。此外,在国内航站楼南面的W1、W2外,还有一座占地1 000平方英尺(约93平方米)的狗狗公园。在这个完全封闭的公园内,提供有可生物降解的袋子和供休憩的长椅。

亚特兰大机场的另一项人性化服务是由达美航空公司和孤独症倡导组织The Arc合作建立的多感官房间,旨在为孤独症患者提供安静、支持的环境。这间房间位于F候机厅的出发层,是一个封闭、安静的空间,里面有一个迷你球坑,一个触觉活动板,以及其他与孤独症患者互动的设备,这些设备能帮助孤独症患者平静下来,准备好下一次旅行。

6. 艺术与文化:机场艺术项目

在许多大型机场,展示优秀的艺术文化日益盛行。事实上,早在1979年,亚特兰大机场就曾设想在机场展出艺术作品,并在接下来两年内委托并安装了柯蒂斯·帕特森、大卫·汉蒙斯、琳达·本格丽斯等艺术家的大型艺术作品,亚特兰大机场也因此获得了第一个州长艺术奖。1996亚特兰大奥运会期间,机场更新了艺术项目,新建成的E候机厅内安装了许多大型艺术品,欢迎来自世界各地的游客。此后几年,亚特兰大机场文化事务部的大卫·沃格特和拉马尔·伦福德开发了一个轮流展览和几个年度音乐系列展览。随后,凯瑟琳·迪尔加成为联席经理,与二人一起极大地扩展了机场艺术展览的范围,为国际航站楼选择了一系列大型艺术作品。25年以来,亚特兰大机场的艺术项目不断扩展,与许多合作伙伴合作展览,包括美国航空航天局、灵魂成长深度基金会、吉米·卡特总统图书馆、路易斯麦路琼斯庄园、亚特兰大电影节、布斯西部艺术博物馆和美国国家公园管理局等。2017年,亚特兰大机场艺术展特别设计了一项"飞行路线"展览,这是一个长达450英尺(约40米)的展示沉浸式森林环境的大型艺术品。2018年,"飞行路线"项目获得了CODAworx的公共艺术产业奖,并为亚特兰大机场带来了第二项州长艺术奖。

通过机场艺术项目,亚特兰大机场向来自世界各地的旅客展示了当地独特的艺术文化，也让旅客在机场逗留时获得了难忘的艺术体验。

7. 创新机场与新技术应用

亚特兰大机场在创新和新技术应用上始终保持开放的态度，积极运用各种新技术优化服务流程，提升客户体验。亚特兰大机场在 2018 年成为美国首家允许使用人脸识别技术登机的机场。该终端系统由达美航空运营，传统的登机流程需要四次出示护照才能完成登机手续，而在这个系统里，旅客只需对着镜头照一张脸，系统就会自动将扫描图像与美国海关和边境保护局存档的照片进行比对，完成登机手续。2021 年，达美航空又与 TSA PreCheck 合作，为亚特兰大机场提供自助行李托运服务。参加达美航空"非凡里程常客计划"的旅客，将有自己的自助行李托运区，旅客可提前使用达美航空 App 办理手续，抵达机场后直接前往行李托运机，用人脸识别完成身份验证，自动打印行李标签。旅客只需在行李上贴上行李标签，然后把行李放在机器上称重并检查尺寸即可完成自助行李托运。据达美机场体验总监格雷格·福布斯介绍，整个过程只需 30 秒。

此外，亚特兰大机场的航站楼也还采用一种蓝牙信标技术。乘客只要下载机场 App，打开蓝牙功能，进入信标信号范围后，App 就会自动接收到信号，并触发提示。只要旅客点击允许，机场就能提供各种有用的信息，如航班、停车、安检和零售等。例如，当旅客通过安检时，登机口发生变化时，机场会通过信标系统将登机口变更信息发送给旅客，乘客在收到信息后可根据情况改变路线，避免走错登机口。又比如，当乘客在飞机起飞前 90 分钟到达登机口附近时，如果不知道餐厅在哪里，机场就会向乘客发送附近餐厅的信息，甚至是优惠券。通过信标系统，机场能够实现信息的实时导航与传输、创造非航收入、管理旅客流程等目标。

4.1.3 英国希思罗机场

希思罗机场位于英国伦敦希灵登区南部，距伦敦市中心 23 公里，是 4F 级国际机场，也是欧洲最繁忙的机场之一。2018 年和 2019 年其 T2 航站楼和 T5 航站楼分别荣获 Skytrax 颁发的世界顶级航站楼奖（World's Top Airport Terminal），2016—2018 年连续三年荣获 Skytrax 颁发的世界上最好的机场购物奖（World's Best Airport Shopping）。2017 年，获得 ACI 颁布的欧洲最佳机场奖（4 000 万量级以上）和 Skytrax 授予的西欧最佳机场奖。

下面主要从其出色的机场购物与餐饮、完善的基础设施、创新的机场新技术应用等角度阐述希思罗机场优秀的服务实践。

1. 出色的机场购物与餐饮

作为欧洲旅客吞吐量最大的机场，希思罗机场提供了出色的机场购物体验。在机场目前正在运行的 T2、T3、T5 航站楼内，分布有超过 50 家商店，销售服装、箱包、化妆品、食品酒类等品类在内的众多商品，这些商店的相关信息都可以在希思罗机场的官网查到。为了节省旅客在机场购物的时间，给旅客提供更加良好的购物体验，希思罗机场还提供 30 分钟预订与取货服务。在前往机场的路上，旅客就可以提前在希思罗机场的官方网站上浏览并预订商品，商品在 30 分钟内就会准备好，旅客可以在到达机场后直接前往 T5 航站楼的离开大厅领取自己预订的商品。同时，希思罗机场还为有需要的旅客提供免费的私人导购服务，只要旅客的机场消费额高于 250 英镑即可预约。要使用该服务，旅客只需提前 48 小时在希思罗机场的官网上进行预约，告知自己的航班时间和想要购买的品牌，就会有希思罗机场的工作人员在 24 小时之内联系旅客，为旅客匹配私人导购。因为国际旅客较多，所以希思罗机场提供六种不同语言（包括中文）的私人导购服务，旅客可以在预约私人导购服务时进行选择。旅客在与私人导购建立联系后，即可与私人导购讨论想要购买的商品、自己的预算和可用的时间。私人导购会根据具体情况为旅客准备购物计划，并且通知出售相关商品的商店为旅客预留商品。旅客在到达机场后即可由私人导购陪同进行购物，购物结束后还能在免费的个人购物者休息室享受香槟、小食等服务，在航班出发前充分放松身心。

希思罗机场的餐饮服务同样出色，在机场的 3 个航站楼内分布有二十多家不同的餐厅、咖啡馆等，为旅客提供从小食到正餐的多种不同的用餐服务。大多数的餐厅都提供 15 分钟菜单，可以在 15 分钟之内出餐的餐食都会在菜单上用特殊符号标注，帮助行程时间紧张的旅客作出选择，节省旅客的等待时间、提高用餐体验。为了进一步缩短旅客的等待时间，希思罗机场还与 Grab 合作，向旅客提供餐食预订服务。旅客只需要下载希思罗机场的官方 App 并且填写相关信息，就可以在线选择餐厅，完成餐食预订和支付，到店即可直接取餐。同时，希思罗机场的大多数餐厅还提供机上餐饮服务，时间紧张的旅客可以告知餐厅自己需要机上餐饮，餐厅就会为旅客准备可以带上飞机的餐食，旅客可以直接将其带上航班享用。

2. 完善且人性化的基础设施与服务

希思罗机场为了给旅客提供更好的旅行体验，提高旅客的满意度。除了提供吸烟区、电子设备充电处、ATM 机、行李推车等基本服务设施外，机场还为旅客提供了多种服务设施。例如，为了满足有信仰旅客的需求，在每个航站楼都设有多个不同信仰的祷告室和独立的圣乔治教堂。机场还配备了代表世界六大宗教信仰的牧师队伍，负责管理祷告室和圣乔治教堂，帮助有需要的旅客。

为了方便携带小孩的旅客,希思罗机场为旅客提供了多种家庭服务及设施。在 T2、T3、T4、T5 号航站楼内设有儿童游乐区,提供滑梯、蹦床等多种游乐设施,让孩子们在登机前消磨时间,减轻父母的压力。另外,考虑到婴幼儿的实际情况,希思罗机场还人性化地为带着婴幼儿出行的父母调整了安检规定,父母可以随身携带足够的婴儿食品、消毒水、2 升奶粉或母乳。在餐饮方面,希思罗机场的餐厅也为带孩子的父母提供了便利。大多数餐厅提供儿童座椅和儿童菜单,还有很多餐厅在机场提供免费儿童餐。其他为带孩子的旅客提供的便利设施包括儿童免费乘坐的机场快线、儿童更衣室等。

3. 卓越的机场休息室

对于长途劳顿的旅客来说,逗留机场的几个小时是重要的休息时间,希思罗机场格外重视这一点,力图为劳累的旅客提供出色的机场休憩体验。希思罗机场的各个航站楼都有环境典雅、氛围独特的休息室供旅客选择,休息室提供餐饮、淋浴、休憩、报刊等服务,能够让劳累的旅客放松身心、缓解疲劳。在机场的官网上,希思罗机场贴心地标注了各个休息室的营业时间、特色、提供的主要服务等信息,想要使用休息室的旅客可以直接在官网上进行预订。另外,希思罗机场还向旅客提供按摩、理发、水疗等特色服务。在 T5 航站楼的贵宾休息室,希思罗机场与专业水疗品牌合作,为旅客设计了多套独具特色的水疗疗程。这些水疗疗程包含面部、足部、头部、肩部及背部按摩,全在先进的智能按摩椅上进行,能让旅客静享悠闲片刻、舒展身心及恢复神采。

4. 创新与新技术运用

在新技术的运用上,希思罗机场一直保持着开放的态度,积极主动地在机场运行的各个环节采用最新的智能技术,以提高机场运行的效率、优化机场的服务表现。

(1) AI 技术减少航班延误

乘坐飞机出行,航班延误是旅行者们最不愿意遇到的事情。2019 年,希思罗机场与英国航空合作,开始尝试使用人工智能技术确保机场 T5 航站楼的航班准时起飞,这是英国航空 65 亿英镑改善旅客体验投资计划的一部分。当旅客下飞机后,机场和航空公司的工作人员必须进行人工检查,并在下次飞行前记录 18 项不同活动的细节,例如飞机内部清洁和食物的装卸等。英国航空公司和初创企业 Assaia 合作,在飞机架周围安装摄像头网络,并且使用先进的人工智能技术来比较拟议时间表和实时流程。如果出现任何可能导致延误的问题,系统将通过智能终端向负责人发出警报,以便负责人及时采取适当措施。除了减少航班延误,英国航空和希思罗机场方面还打算利用这些数据来提高机队运营的效率。同时,英国航空、希思罗机场还与无人驾驶车辆公司合作,在伦敦希思罗机场测试无人驾驶行李拖车。这种无人驾驶行李拖车一次可以载运 40 件行李,使用最新的导航技术,在机场场坪内选择最短的运输路径。这种拖车不像现有的拖车,只需要一辆装满就能把行李送上飞机，这样可以加快行李的装载速度。英国航空公司和希思罗机场都在不断探索提高效率和现代化运营的方式，以确保行李能够及时、安全地送达。据报道，英航每天从希思罗机场行李中心运送 7.5 万多件行李，使用无人驾驶行李拖车可以帮助英航和希思罗机场进一步提高航班准点率。

（2）机场新技术帮助旅客缓解登机口焦虑症

航空旅行过程中遇到的障碍要比其他任何交通方式都要多得多，包括准时到达机场、过安检、找到正确的登机口，同时还需要确保不会在庞大的航站楼中迷路以及忍受漫长的排队时间。因此，旅客在到达登机口的过程中往往会产生焦虑感，这种焦虑无疑会降低旅客的出行体验，甚至影响到机场非航空公司的收入。2016 年国际机场协会发布的《机场服务质量》全球年度报告对全球 300 多个机场和超过 55 万名旅客进行了一项调查，结果显示，旅客满意度的提高使得机场非航空收入平均增长了 1.5%。因此，缓解旅客登机焦虑对于旅客和机场来说都是双赢。为此，希思罗机场与 DMI 的移动服务供应商合作，通过给乘客提供更多航班和等待时间的实时信息、更好的路径指引以及更快的自动化解决方案等手段缓解旅客的登机口焦虑。

随着智能手机和移动互联网的普及，通过移动设备提供实时信息的技术也越来越成熟。越来越多的航空公司开始通过移动设备为其客户提供查询、预订和管理航班等服务，许多第三方公司开发了帮助旅客更方便的应用程序，例如 MiFlight 提供机场安检预计等待时间，提供机场停车场预订服务。为了顺应这种趋势，希思罗机场开发了一款应用程序，集多种服务功能于一身，并基于更加可靠的实时信息，为旅客提供一站式服务。通过该应用，旅客可享受到一系列的服务，如航班信息查询、停车位预订、机场餐饮预订等。

除了提供更丰富的实时信息外，为旅客提供正确的路线指引也能缓解旅客的焦虑。一般情况下，机场都会在官网上提供机场的地图和详细的路线图，但对于很多游客来说，光靠地图和标志很难找到正确的路线。在移动互联网时代，手机导航成为旅客寻找正确路线的重要手段。但是由于室内 GPS 定位系统的精度不高，导致手机导航系统在机场内部的使用效果受到影响。为了解决这个问题，希思罗机场在机场内部安装了 2 000 多个蓝牙信标，这些信标与机场应用程序同步，只要乘客的手机上有蓝牙功能，它就能准确定位旅客在机场的位置，为乘客提供导航、转弯、推送等功能。该系统除了方便旅客外，还可以为机场业务带来便利。例如，当旅客进入商店时，系统会自动将该商店的优惠券推送给旅客。

除了以上提到的技术外，希思罗机场也试图利用数字化基础设施来加快机场内各种流程通过的速度，从而缩短旅客等待时间。例如，希思罗机场在 2018 年开始试行人脸识别系统，该系统计划在出发流程的每个节点安装人脸识别扫描仪，以加快旅客通过的速度。使用该系统，旅客无须再打印纸质登机牌，只需将护照详细信息上传到手机应用程序中即可直接使用人脸识别登机。希思罗机场称，该系统最多可缩短旅客等待时间的三分之一,其最终目标是"不干扰旅客,在机场实现无缝连接"。此外,希思罗机场还计划为旅客提供自助行李托运及自助行李标签解决方案。

5. 突发公共卫生事件的应对措施

面对突发公共卫生事件,希思罗机场将确保旅客和机场员工安全作为首要任务,不断加强预防措施。从旅客到达机场开始,希思罗机场就已经采取了预防措施。当旅客的车辆停放在指定的停车区域时,机场工作人员会对车辆进行全面消毒。在机场内部,所有主要旅客接触点(如自助值机、ATM 机、行李托运机等)都被特殊的抗菌涂层覆盖,并由专业卫生人员定期清洁。在机场,所有人都必须戴上口罩,保持一定的社交距离,机场有专门的医护人员巡逻。希思罗机场也使用自动机器人来消毒洗手间和自动扶梯扶手。为了减少旅客接触公共设施的机会,希思罗机场所有的商店和餐厅均采用非接触式付款方式。机场内设有 600 多个洗手间,方便旅客随时保持手部卫生。机场官方网站专门制作了相关网页,帮助旅客了解出行政策,方便旅客安排行程。

6. 其他特色服务

(1) EntertainMe 自助娱乐亭

为了确保旅客能轻松地访问最新娱乐节目,希思罗机场还在 T5 航站楼设置了 EntertainMe 自助娱乐亭。该自助娱乐亭由 SITA 及其合作伙伴 Orange Business Services 和 Adaptive Channel 共同开发,提供最新的娱乐节目下载服务。想要使用该服务的旅客,可通过互动屏幕选择自己感兴趣的内容,使用 ApplePay、无接触信用卡和借记卡付款,然后一分钟内即可下载电影、杂志和报纸。下载完成后,乘客无须使用 Wi-Fi 或数据服务,即可享受全程下载的精彩内容。

(2) 在家办理行李托运

旅行者带着大包小包赶往机场是件令人头疼的事情,但希思罗机场却很好地解决了这个问题。机场和英国航空公司合作,提供了"AirPortr + 行李托运"服务。所有乘坐英国航空公司的旅客都可以通过 AirPortr 网站预订,填写航班信息和行李数量,然后由 AirPortr 公司的工作人员在旅客选择的地点领取行李,并将行李直接送到机场。

4.2 国内机场优秀服务质量管理实践

4.2.1 首都机场

首都机场即北京首都国际机场,是中国首个投入使用的民用机场。首都机场拥有稳定的旅客吞吐量,又地处北京,是全国政治、经济和文化中心,使其成为中国非常重要的枢纽机场之一。多年来良好的运营管理和服务水平让首都机场在 ACI 等国际机场评比中始终名列前茅。2022 年 3 月 10 日,国际机场协会正式公布 2021 年年度世界范围内获得机场服务质量奖的机场名单。北京首都国际机场荣获 2021 年年度"最佳机场奖(亚太区 4 000 万量级以上)"与"最佳卫生防疫奖(亚太区)",同时获得国际机场协会"客户之声"认证。

首都机场的优秀管理实践主要体现在其商业模式设计、人文服务和数字化管理等方面。

1. 商业模式设计:依托高质量客流发展 O2O 商业模式

首都机场数十年来旅客吞吐量始终保持高速增长,2018 年,首都机场旅客吞吐量突破 1 亿人次,成为亚洲第一个年旅客吞吐量过亿人次的机场。据统计,乘坐飞机的每名出行旅客平均会带动 1.5 名接送人员,据此测算,首都机场每年会迎接近 2.25 亿的稳定旅客吞吐量,而一般大型商场的年均顾客人数只有 800 万~1 200 万,机场的客流优势相当明显[9];同时,据统计航空旅客属于收入较高人群,人均收入可达到国家人均收入的 2~4 倍,如此巨大且高质量的客流为机场商业的发展提供了有力保障[10]。

首都机场拥有三大航站楼 78 万平方米商业面积,360 多家门店,年旅客吞吐量近 1 亿人次,加上良好的品牌宣传效应,共同构成商业发展的核心资源[9];众多航空公司、机场商贸、餐饮、物业、贵宾等专业化公司、BAT 等国内一流互联网企业,以及众多品牌供应商组成首都机场优质合作伙伴网络;首都机场通过整合运营自己的资源,与合作伙伴共同努力,为旅客提供优质的商务服务。首都机场良好的品牌效应吸引了众多商家品牌,入驻首都机场不仅能享受到高质量客流带来的丰厚销售业绩,还能借助首都机场平台进行品牌宣传,树立企业形象,推广品牌知名度,无形中获取了巨大的广告宣传效益。

线上预订,线下体验(online to offline,O2O)的商业模式在近几年迅速兴起。虽然线上购物大大节省了逛实体店的购物时间,也在一定程度上打破了地域限制,但线下体验环节对部分商业模式来说依然是非常重要的一环。机场作为旅客出行的必经之路,具有天然的 O2O 商业优势,旅客可以在线上提前预订好餐厅座位或心仪的商品,到达机场后享受美食或提取商品,既免去了排队等位的时间和临时购物的犹豫不决,又不需要为了到达商铺而额外绕路。首都机场凭借自身过硬条件,将 O2O 商业模式应用于机场管理实践,打造出合适且高效的机场商业模式。

2. 服务升级:文化建设与人文服务并存

首都机场管理者将我国传统文化融合到机场文化建设中,使旅客无论是在休息、用餐,还是在值机都可以了解并享受中国文化的熏陶。同时,机场将以往死板且程序化的机场服务融入人文主义关怀,使游客焦虑的心情得到放松。

（1）文化建设

为了将机场文化建设体系化、结构化，首都机场全力推进人文机场标杆建设，提出了"一藤七花"的品牌集聚总体格局。机场管理者通过研究制订《首都机场人文机场标杆建设实施纲要》，聚焦"以旅客需求为中心"这一工作主线，系统部署了"真情服务，品质空港""航班正常，效率空港""轻松抵离，美丽空港""关爱随行，愉悦空港""悦购随心，乐享空港""城市名片，文化空港"和"员工幸福，温馨空港"七个维度任务目标[11]。

首都机场聚焦"一藤七花"人文机场标杆建设的"城市名片，文化空港"维度，以服务旅客"精神愉悦"为中心，积极践行"真情服务"理念；并结合首都四个中心定位，坚定文化自信，展示和弘扬中华优秀传统文化和北京特色文化。经过多年积淀，塑造了"礼在国门，礼赞国门"文化空港服务品牌，并形成一套管理方法、一个文化"生态圈"、一系列文化空港建设实践[11]。

在顶层设计上，机场管理者建立起系统创新管理体制。首都机场立足长远，系统规划，创新制定了文化国门发展规划纲要；成立了文化国门规划管理委员会；建立文化国门项目审议机制，加快文化国门建设步伐。通过明确发展理念、指导思想、基本原则、目标、组织机构和制度等要求，引导文化机场发展方向，统筹公司文化相关工作的管理、推进与落实，支撑文化机场服务品牌建设。

在平台互联方面，首都机场建立多维度创新联动机制，打造文化空港"生态圈"。对内，充分利用旅促会平台开展广泛合作，推动文化空港多元化发展；对外，加强与博物馆、美术馆等公共文化服务机构、公益文化团体的合作，特别要加强与故宫、北京市历史文化研究馆、央视动画等机构的深入合作，共同研究、合作办展、引进文创产品，建立长期、可持续的合作模式[11]。此外，首都机场借助京津冀一体化战略、"三大机场"战略、"三地四场"等合作平台，与京津冀，上海，广州以及国际姊妹机场合作，实现国内外民航内部的文化交流，引领机场文化建设的潮流。

在底层实践方面，首都机场多维度、多层次创新文化空港工作实践，通过设置文化景观、开展文化活动、研发文创产品，围绕"礼、艺、土、风"四个维度，塑造首都机场文化主轴——"礼迎""礼送"风景线[11]。

在布景设计上，首都机场打造了传统文化体验馆，如"故宫印象""百花深处""汉字印记""国门画廊"和大型山水画作品展等人文景观。同时，线上与线下结合，推出云赏"国门风景线"板块，展示了21处景点以及4个云游览打卡点，让旅客在首都机场线上、线下都能品味中国味道、留下中国记忆。

同时，机场还定期开展以端午节、中秋节、七夕节、重阳节为主题的文化体验活动，联合全国总工会开展"锦绣新春·国门礼韵"小年文化活动，采用国内、国际全媒体多渠道服务营销策略，每次活动阅读量均突破百万次，服务营销成效显著。系列活动进一步深化了"文化空港"建设的内涵，为广大旅客提供了愉悦的服务和愉悦的体验[11]。

此外,机场还积极开发文化产品。如其聚焦于"百花深处"景观打卡点,结合二十四节气开展现场展示、体验非遗手工艺,匠心研发"百花深处"系列文创产品,以北京胡同为原型 IP,不断丰富周边文创产品设计,设计功能实用、美观亲民的特色文创产品系列,赢得国内外旅客一致好评。

(2) 人文服务

对于一个国际机场,首都机场展示着中国服务的形象。在服务管理的过程中,机场做到事无巨细,一个小小的卫生间服务,也无时无刻不体现着中国服务的人文关怀。

在 ACI 旅客满意度指标中"卫生间便利性""卫生间清洁度"两项是非常重要的指标,首都机场在 2016 年第一季度就在这两项中获评全球机场第一。首都机场日客流高峰超过 30 万人次,卫生间单个小时使用频次超过千人,能取得两项全球第一的成绩,是保洁员每日上千次的擦拭、是"8 秒钟清洁""管家式服务卫生间"等多项举措深入推广的结果。再如,要求保洁员进入母婴室清洁前,必须先敲门,确定里面无人后再进入打扫;要求驻厕保洁员做到"人走必清",清洁工具做到分类明确和定期消毒。这些都是硬性规定,保洁员必须执行到位[12]。

在首都机场的行李提取大厅里,总能看到手推车和转盘呈 45 度角摆放,方便乘客将推车推出去。每一项服务细节,都源于一线员工的经验积累和不断推敲,从摆放、回收、调配、运输、人员配置、服务感受、车身清洁等方面进行细致的评估,最终形成一套适用于推车的精品服务标准。

由于首都机场旅客吞吐量的快速增长,以及车辆的频繁使用,导致部分车辆不灵活,出现卡顿、推车、跑偏等现象。针对这种情况,机场要求员工在回收散装车辆时,及时关注车辆状况,检查车辆有无缠绕物、粘贴物、车筐内有无旅客遗留垃圾等。对发现的车辆及时汇总,利用空闲时间安排员工对分类车辆进行针对性清洗,每周清洗数百辆车辆。作为配套服务,首都机场也将这项服务延伸到了航站楼,因为童趣车设计方便实用,使用简单,色彩鲜艳,深受孩子们的喜爱,同时也满足了家长们携带行李的需求[12]。项目部根据实际需求不断改进这项服务,成为另一项服务举措,提高了手推车使用的便利性。

3. 数字化服务管理:建设智慧机场

首都机场在数字化服务管理的过程中也有着突出表现。在近些年的建设中,首都机场已经初步具备数字化实施的基本条件,在国内机场中具有领先优势。

首先,在智慧机场相关数据平台建设方面,首都机场展现了自己独到的先进性。长期以来,首都机场一直在不断探索新兴技术在建设智慧机场中的应用。2020 年,首都机场开始了物联网平台项目。一年后,首个民航企业物联网平台于 2021 年 8 月 30 日正式启动。该项目已在"中国第一门户"应用,包括门禁系统、风向监测系统和车辆跟踪系统等多个系统。物联网平台作为智慧机场构建数字孪生应用的重要基础,离不开业务和场景的建模接入。首都机场物联网平台根据业务需求,将接入对象抽象为人、车、物、环境四类,设计并提供车站平地、室内空地、机房、地下等不同网络和条件下的相应部署和接入方式,以实现高效连接。在人员定位方面,平台与布局在乘客区的1万多个蓝牙信标相连,有效提高了定位精度,为室内导航等乘客应用提供支持。在车辆定位方面,平台结合GPS差分基站、蓝牙定位终端和4G物联网专线,实现了对现场车辆的连续跟踪和精准定位。在设备设施方面,平台与无电设备管理系统、充电桩状态监测系统、消防设施远程监控系统、高杆灯远程控制系统等对接,实现对现有设备的统一管理;在环境监测方面,平台部署了数百个室内外环境监测传感器、水质雨量监测传感器、冰雪监测传感器等,并建设配套的监测应用,拓展了首都机场异常天气、污染治理等方面的数据来源,便于高效管理和决策。此外,平台还单独设置了机房环境监测模块,通过部署300多个监测传感器,实现了对机房环境的全面实时监测,缩短了异常响应时间。

其次,对于数据问题,首都机场拥有的数据量在全国处于前列。首都机场运行的中心数据库实时汇总各类系统产生的信息包括机位、登机口等资源使用信息。同时为有效整合数据,提供更好的数据应用服务,首都机场启用的数据中心作为机场数据汇总、外部分发、内部分析统计的中枢。未来需要引入的新数据,也将考虑直接引入数据中心[13]。而在数据处理方面,首都机场物联网平台提供一个可视化的数据处理引擎,支持自定义脚本。基本的数据处理过程可以通过简单的拖动节点组件来构建。对于复杂的业务逻辑,也可以通过配置JavaScript脚本进行定制。此外,该引擎还支持外部调用,无论是通过平台构建应用还是独立开发应用接口,都可以最大限度地减少代码的工作量,用户可以根据业务进行定制,实现业务的快速执行。

最后,首都机场的管理者通过公司上市后十余年的不断探索和经验积累,已经意识到未来枢纽机场的竞争离不开现代化信息手段的支持。近几年来,首都机场致力于打造安全信息共享平台,利用科技手段促进管理手段上水平。进一步完善了管理信息系统功能,为科学管理、科学决策提供有力的信息支持[13]。在日常生产运营中,用数据说话,缩短与国外先进机场在经营管理水平上的差距。设立旅客满意度自动评价系统。利用信息化手段作为机场与旅客交互的纽带和桥梁,促进服务质量持续改进。收集、积累数据,建立经营管理评价模型。利用数据挖掘技术,建立管理模型,满足业务需求,促进经营管理高效运行。

4. 组织:团队建设

一个优秀的企业必须管理好自己的员工团队,在对其制定标准化操作规范和绩效考核的同时,也要给予员工足够的人文关怀。

首都机场坚持把管理与人文关怀相结合,把建设人文机场、人文物业作为和谐强企的有效途径,将员工视为企业的主人,关爱、尊重职工。首都机场紧紧围绕"我为群众办实事"活动,开展一线调研,持续改善一线员工休息、工作环境。成立了以公司主要领导为组长的专项行动领导工作小组,制定下发《持续提升一线员工工作休息环境及改善工作环境工作方案》及《指导标准》。明确要求各单位要以党史学习教育为契机,对标指导标准,开展一线员工休息、工作环境大排查,梳理存在的问题,列出任务清单,制订提升改善计划,确保专项行动如期完成[14]。从 2019 年至今,首都机场累计投入 200 多万元用于为一线员工休息、工作环境粉刷墙面,购置茶水柜、更衣柜、微波、冰箱、饮水机、健身器材,制作班组宣传栏等,经过几年的不断投入,一线员工休息、工作环境得到显著改善,受到关爱的员工也更加开心。

4.2.2 广州白云机场

近年来,广州白云机场运输生产业务量整体保持快速增长,航线网络覆盖全球 230 多个通航点,连续跻身"世界十佳服务机场"和"中国民用机场服务质量优秀奖"。

国际上,自 2020 年白云机场获得 ACI(国际机场协会)年度"全球机场服务质量满意度第一""亚太地区旅客吞吐量四千万级以上最佳机场奖"后,白云机场持续提升服务品质,在优质服务的道路上一步一个脚印行稳致远,先后荣获 2021 年"SKYTRAX 全球 3 500 万~4 500 万最佳机场第一位"、2022 年"SKYTRAX 全球 4 000 万级最佳机场第一位",并登上 2022 年"ACI 总干事级机场服务质量荣誉榜"。2023 年 3 月 15 日,全球民航运输服务质量认证权威机构 SKYTRAX 在荷兰阿姆斯特丹发布了 2023 年世界机场奖榜单,白云机场连续第三年以排名第一的优异成绩获得"中国最佳机场"荣誉,以卓越优质的旅客服务体验稳居榜首,快步迈进争创世界一流新征程。

在我国内地(大陆),2023 年 5 月 11 日,由中国民用机场协会、中国民航科学技术研究院、中国民航报社联合主办的 2022 年度民用机场服务质量评价报告发布会正式公布 2022 年度民用机场服务质量评价结果,广州白云国际机场获评 1 000 万以上量级旅客满意度优秀机场。

以下从商业模式、市场策略、文化建设、服务升级、机场信息化等方面介绍广州白云机场的服务管理特色。

1. 高效商业模式:结合互联网打造航站楼商业区

航站楼购物中心的打造是近些年来各大机场商业模式改进的热点,而广州白云机场在这个方面取得的成绩显著。针对航站楼商业服务的规划和战略使得广州白云机场在满足自身盈利的同时,也提高了旅客的消费和旅行体验。

广州白云机场采取多种形式经营模式,充分利用互联网与智能化来改变机场场地的经营模式,站在机场总体发展的高度来统一规划机场商场,站在空港经济或航空城的高度,把机场真正打造成集旅客休闲、购物、娱乐等于一身的公共场所[15]。

其中,旅客是白云机场生态环境中的重要组成部分,旅客的消费变化势必要引起机场生态环境的变化,这一变化表现在两个方面,一方面,旅客的消费习惯发生变化。在互联网＋App条件下,手机已经演变为人们的第六器官,它改变了人们消费的手段与习惯,网上消费、支付宝、扫二维码等成为旅客消费主要手段,机场提供各种商品信息供旅客选择;另一方面,由于生活水平的提高,旅客开始追求生活质量,消费出现多样性、休闲成为生活的一种重要方式,机场的特色商品体验店让旅客可以线上购物线下送货,利用互联网开设跨境电商,经营具有特色的商品,如品牌香水、时装、化妆品等高档消费品。以前这些商品通常在城市商业区的购物中心或免税店出现,但现在旅客在候机的碎片时间就可以进行线上购物,线下提货,或者直接提货,甚至送货上门[15]。

2. 市场战略布局:继续发展优势广告业务

广州白云机场的广告业务现在收入较高,发展较好。作为机场的传统黄金业务,白云机场不断改进广告投放策略,提升旅客体验,将广告业务资源高效利用。

广州白云机场合理开发工作区内广告资源。大多数机场各工作区的道路两边几乎没有广告投放,而来往工作区的各种人员很多,其中不少是来谈业务的商业人士,属于潜在的广告受众,工作区道路两旁的路灯、候车亭甚至工作区办公楼外墙空间都有不少可以投放广告的地方,都可以加以利用。广州市政府出台了白云机场室外广告管理政策,把室外广告这一重要的广告资源利用起来,增加了机场广告业务收入来源。

广州白云机场建立了全国性的客户网络。该举措可以降低地区和行业的依赖程度,增强抗风险能力,建立完善的媒体网络,最大化媒体整合的价值。

同时,白云机场还利用目前广告业务优势,盘活了集团下属其他支线机场的广告业务,并且进入其他省市机场广告业务市场,开发新的广告业务收入来源,把机场的广告业务这一优势非航空性服务业务做大做强。

广州白云机场还适当引入北京首都机场广告公司等优质公司进入机场广告业务参与竞争,控制其业务范围和经营时间,在提高广告业务收入的同时深入学习广告业务开发经验,快速提升了广告业务营销能力和管理水平[16]。

3. 人文设计:打造文化机场

广州白云机场对人文机场的建设由来已久,早在2010年广州亚运会期间就在全国机场首创"动静结合、人景结合、虚实结合"特色景观"时空隧道",集公共服务、艺术展示、广告发布于一体,已成为广州城市的一张靓丽名片。白云机场还加大文化融入,打造"丝路花城"特色长廊、"丝路之源"特色登机口、"丝路壁画"艺术涂鸦等独有文化符号,举办"春夏秋冬四季"主题活动,从文化传播、加强互动、愉悦出行多方面提升了旅客出行体验[17]。

白云机场航站楼采用高吊顶的空间感布置来扩张垂直空间,让自然光线在航站楼营造出一种舒适感受,并且也在楼内大部分地面上铺设地毯以减少机场噪音,广播系统采用细语扬声器,声音轻且只有在找人或遇到突发情况时才广播;航站楼的绿意无处不在且进行主题化的布置,带来真切的同时营造惊喜,机场周边建设了布满浓密亚热带植物的绿植高速,对接连通全球的三条跑道;航站楼内布置了浓缩最具"广州味道"的木棉和"云广府"特色牌坊骑楼等,从任意一个角度都可读出韵味十足的老广故事;白云机场在航站楼内汇集南北八方味道,植根本土的风味小吃,鳞次栉比的休息区、书店、体验店以及数量众多的国内外一线品牌、老字号手信、特产,让人满载而归[15]。

2021年,白云机场人文建设亮点纷呈,广州艺术博物馆白云机场分院在白云机场T1航站楼开张,岭南画派、名人珍品和历史佳作一一呈现,T2航站楼开创式与广州交响乐团共建打造"音乐航站楼"。白云机场持续发挥文化传播和交流窗口的重要作用,以爱国主义教育、社会公益人文关怀、弘扬传承传统艺术为精神内核,举办党史展、非遗文化及公益音乐会等文化系列活动,为旅客带来了丰富多彩的出行体验。

4. 高质量服务:打造春风服务品牌

为打造便捷机场、完善各项基础设施,白云机场系统优化了出发流程和抵达流程。拆除出发厅中庭商铺建"自助值机集中区",还旅客更开阔的视野空间,提升旅客出行效率。据统计,改建集中区后,自助值机设施的日均旅客使用量增长近20%,使用旅客占比过半[18]。白云机场还花大力气攻克A、B到达区社会车辆接客通道高峰期拥堵难题,增设"网约车专用接客区",完善指示牌和候机楼内前往停车场的标识指引。新政实施仅一个月,A、B到达区的车流即分别下降57%和40%,交通秩序明显改善。在设备设施升级方面,前后改造升级洗手间19套,累计增加厕位170个;升级改造绿化景观,使航站楼辖区绿化带植物覆盖率达到95%以上;完成国际流程改造,国际区域面积翻倍的同时,新增2 000平方米"入境查验区"便捷旅客出行;升级改造的育婴室被评为广州市首个公共母婴室示范点[17]。

此外,机场还推出"女性、男性专用安检通道""晚到旅客通道""特殊旅客电话预约停车服务""老、孕、携婴旅客免费电瓶车爱心服务"等,从服务细节彰显人文关怀。为了打造"白云机场统一订房平台",推出"白云机场计时休息室",既解决了困扰机场多年的"拉房拉客"现象,又一举多得增强雷雨季节保障能力。在航延服务区等公共区域,白云机场更增配手机充电桩,增设饮水机,提供御寒毛毯;升级航站楼免费Wi-Fi,增设多功能智能手推车;丰富机场商业餐饮服务,每逢节假日联合商家开展餐饮零售打折回馈消费者活动;建立机场微信、微博信息平台,通过举办开放办机场及聘请社会监督员等途径,倾听社会意见建议,加强与客户互动,进而更有针对性地补齐服务短板,提升服务品质。

为进一步提升服务质量,白云机场于2021年3月启动春风服务标准研究编写工作。

经过专题调研和反复修改，萃取提炼出100条服务原则、标准和规范，最终形成了机场行业第一份以春风服务标准的形式出现的发展纲要集大成者。

春风服务标准遵循《中国民航四型机场建设行动纲要（2020—2035年）》，秉承《四型机场建设导则》以人为本的真情服务理念，以旅客、航司、政府、商户的需求为导向，以服务价值塑造为目标，以组织、数字、技术、资源四大平台为支撑，从价值塑造、服务策划、服务反馈等方面详细阐述了春风服务的概念界定、原则设计和方法应用等内容，持续推动顾客服务体验升级，打造"亲切、自然、温暖"的春风服务品牌。

5. 机场服务信息化：信息化赋能机场服务水平提升

广州白云机场的信息系统从建设伊始在国内机场中就处于领先地位，白云信息科技公司又是国内首家市场化的机场信息公司，经过十多年的发展，积累了不少信息系统开发和运维的经验。白云机场在未来依然继续借助目前国内机场信息系统建设大发展的外部环境，加快推进信息系统的开发和推广。

广州白云机场利用信息技术开发智能化运行，其智能化的提高集中在三个方面：安全、运行、服务。这三个方面给白云机场增加非航空收入带来机遇。随着互联网与智能化技术的使用，传统机场值机柜台、安检通道占有机场运营面积将有所减少，这些都为机场在运行非航空性收入方面腾出场地空间。更重要的是，智能化的服务使得旅客乘机便捷，从而腾出了大量的碎片时间，而这一碎片时间正是白云机场非航空性收入的矿产，机场充分挖掘了这一得天独厚矿产来发展壮大自己[15]。

"机场通"项目作为以白云机场为起点的旅客线上综合服务平台，自2017年9月28日正式上线以来，一直围绕机场数字化转型发展要求及航空旅客实际出行需求，以平台建设为基础、以资源联动为核心、以会员体系为纽带，旨在搭建旅客全流程自助交互平台，构建旅客出行服务链新业态。2021年，"机场通"平台服务于超500万名会员与800万名用户，可提供从计划出行到抵达目的地所需的机票预订、航班动态、地面交通、停车指引、在线值机、机场指南、室内导航、行李提取、天气以及酒店、餐饮、商业、医疗娱乐等全方位个性化服务需求，在行业内外的知名度及影响力稳步提升。

2021年8月2日，白云机场正式实现了全流程刷脸出行服务（One ID）。白云机场的One ID服务严格遵循IATA的One ID理念，以旅客面部特征信息为核心，将旅客身份信息与旅行信息相结合，为每位旅客建立信息数据库。旅客的面部特征信息将作为整个旅行过程中唯一的身份识别标志的ID（识别标志）。当旅客办理自助值机、自助托运、安检、登机等服务时，系统将提取旅客的面部特征，并关联旅客的旅行信息。经过验证后，乘客将被自动放行。这种方法不仅保证了安全，而且减少了证件检查的次数，大大改善了乘客的旅行体验。

广州白云机场所属集团内的白云信息科技公司与集团公司有着密切配合，其收集集团公司和股份公司各子公司、业务部门的信息系统需求,坚持小、快、灵的原则,为他们开发一批实用的急需的信息管理系统。同时,集团公司也给予了适当政策支持,扶助白云信息科技公司从外部公司中夺取这一信息系统开发市场[16]。

广州白云机场在信息建设时也做到了与各大航空公司高效衔接。现在大多数航空公司都拥有自己独立的信息系统,为了向顾客提供无缝隙服务,航空公司的信息系统必须联网和兼容,以便办理值机手续、无票旅行和行李查询。上述系统建设和改变都与机场有关,因此白云机场在智能化信息系统建设时,还考虑了与航空公司相关系统的衔接,并考虑到航空公司已经提出或可能提出的新要求[19]。

6. 机场旅游业务:带动全市旅游业发展

广州白云机场组建和完善旅游业管理职能部门和公司,高效发展白云机场的航空旅游业,带动了空港运输、航空食品等相关产业发展。

在发展机场旅游业务时,白云机场不断扩大客户范围,把主要客户从旅客、航空公司和货主扩展到白云机场员工、航空公司员工、短途旅游者、本地购物休闲消费者等,与知名旅游公司合作打造白云机场的航空旅游业,带动了机场旅客运输业、餐饮业和商业的发展。

白云机场管理者意识到,机场和各大航空公司长期在机场范围内工作的员工加起来超过 2 万人,这些员工有超过三分之一具有较高的消费能力和消费需求,其参考樟宜机场和我国香港机场的成功经验,对机场和航空公司员工参加的机场旅游、餐饮、购物等凭证件给予一定折扣和消费奖励,鼓励这数万名潜在客户在机场范围内消费,同时不少员工由于房价的原因定居在高端消费场所稀缺的花都区,他们都是白云机场发展休闲购物产业的潜在客户资源[16]。

发展机场旅游业务需要和当地旅游景点结合,白云机场依托广州空港经济区内流溪河水体涵养区良好的自然景观环境以及白云机场东面花都人和镇的大片自然农地资源,以及周边花都区王子山、芙蓉嶂、流溪河、帽峰山、万达旅游城等旅游资源,建成了广州空港经济区有特色的休闲农业和航空旅游休闲功能区,通过"微改造"的方式将人和镇打造成集空港产业服务、公寓居住、商务办公、特色民宿、旅游度假、娱乐休闲等功能于一体的临空经济发展区。项目整体建设成为航空特色小镇,致力于宣传广府文化和航空文化,使其成为广州城市新名片。并且,机场还借鉴韩国仁川机场打造文化机场的经验。在打造岭南特色白云机场的同时,加强机场同周边白云山、王子山、万达城、美食城、番禺长隆度假村等景区的联系,开通机场通往周边景区的旅游专车,对乘坐机场旅游快线去景区的旅客在票价等方面提供优惠、套票等,还规划经营了机场周边的流溪河流域生态旅游,把白云机场打造成一个旅客和市民休闲旅游的好去处[15]。

机场还通过相关部门与港中旅、广之旅等一流旅游公司开展合作,充分利用白云机场交通便利、旅游大巴数量众多、配餐服务有保障的优势,发展航空旅游业。

7. 服务改进:健全顾客满意度评价机制

在顾客满意度评价机制建设方面,广州白云机场也走在全国前列。国内机场普遍崇尚旅客零投诉,而白云机场借鉴新加坡樟宜机场的做法,旅客投诉信息越多越能找到服务提升方向。所以机场依托各种渠道采集旅客对服务的反馈信息,如航站楼内的触摸式电子评价系统、举办神秘顾客暗访活动、成立客户委员会,通过网站、邮件、电话、短信、传真等由客户来提意见。所有搜集到的信息会进入旅客服务满意度管理系统并面向所有员工实时呈现[20]。

根据"投诉金字塔",在所有不满意的顾客中,只有5%的顾客会向服务提供方反馈投诉意见,即每一名投诉顾客的背后,至少还有19名没有将他的不满反馈给服务提供方,另外,还有70%的顾客永远不会让机场知道他对服务的不满,而只会向他的亲戚朋友去"倾诉"。机场要求各个部门的一线工作人员及各单位各层级的管理人员始终保持积极态度看待旅客意见,进而挖掘投诉案例背后的价值,以达到明确改进现有服务的目的。在制定一线工作人员旅客服务考核指标时,剔除了原有的"投诉数量",这样能减少旅客服务人员的心理压力,使得他们在实施旅客服务时能以"旅客服务诉求"和"旅客愉悦体验"为导向提供优质服务。最能体现旅客需要的考核指标,才是最行之有效的服务考核指标[21]。

4.2.3 深圳机场

深圳机场全称深圳宝安国际机场,于1991年10月通航,1993年5月成为国际机场,1996年成为中国第四大空港,2013年深圳机场转场,2016年战略升级为"国际航空枢纽",随着2018年粤港澳大湾区和2019年先行示范区建设不断推进,加上未来三跑道、卫星厅以及T4航站楼等产能释放,深圳机场在全球航空枢纽的地位也会越来越显著。

国际机场协会对外发布2021年年度全球机场服务质量(ASQ)项目获奖名单,深圳机场获得2021年年度亚太区旅客吞吐量4 000万级以上"最佳机场奖",同时在国际机场协会旅客满意度测评中,深圳机场2021年旅客满意度排名首次位居全球第一。

近年来,深圳机场以"智"提"质",通过加快智慧机场建设,打造全流程自助和"无纸化"的乘机出行环境,推进旅客自助设备规模化应用,让更多旅客享受智慧化出行的便利。目前,深圳机场已全面实现值机、行李托运、安检、登机全流程自助服务。此外,深圳机场以五星机场创建为契机,对标新加坡樟宜等国际一流机场,围绕机场环境、服务设施、人员服务、人文景观等方面,启动了100余项服务提升工作,对T3航站楼和卫星厅服务设施进行全方位升级。

深圳机场相较首都机场和广州白云机场而言是较为年轻的机场,具有很多不同之处。深圳机场依托深圳发达的互联网技术和对外开放政策,秉承特区开拓创新基因,在智慧机场建设、服务信息化等方面有着较为突出的表现。

1. 全流程爱心服务产品

深圳机场对于特殊旅客群体的服务也同样无微不至。机场地服于2018年打造了国内航班特殊旅客全流程爱心服务产品,包括爱心休息区、爱心柜台、爱心通道、爱心专车、爱心专座、优先登机等内容[22]。

特殊旅客进入航站楼后,T3航站楼四层出发大厅最显眼的位置有爱心休息区,并有一名机场服务大使为旅客提供咨询和帮扶服务,缓解旅客进入航站楼后对陌生环境以及乘机流程不熟悉而产生的焦虑感。此外,在每一个值机岛的最显眼位置设置了爱心柜台,以满足特殊旅客的需求,方便旅客咨询、办理值机、行李托运,同时,国内安检区将37—38通道设置成爱心通道,通道内设有婴儿座椅、成人座椅、爱心便箱等设施,为特殊旅客,尤其是老年人和抱婴者提供配套设施,解决了旅客通过安检时的诸多不便。特殊旅客通过安检后可享受免费爱心专车服务,乘坐电瓶车前往相应的登机口,为扩大服务受众面,自2018年4月1日起,老年旅客免费乘车年龄由70周岁下降为65周岁,使更多旅客可以享受到机场的爱心服务。另外,在T3航站楼每个登机口均设置爱心旅客专用座椅,登机口服务员将对此区域旅客重点关注并提供必要的帮扶服务,在登机时,特殊旅客可享受优先登机服务,无须排队等待[22]。

目前,T3航站楼共有48间母婴室,每间均配有独立的母婴室,涵盖出发、候机、到达等各个区域,母婴室配备了洗手池、座椅、护理台,部分候机区的母婴室还准备了温奶器。自2018年6月27日起,国内到达二楼的爱心专车服务线路已延伸至各指廊末端和地面交通中心,特殊旅客下飞机后,可搭乘电瓶车直接送至相应交通枢纽。

"最后200米,'U'爱领航"服务,是深圳机场为特殊旅客提供的一项优质服务,服务对象包括体弱多病、残障、65岁以上无人陪伴老人、行动不便等特殊旅客,由深圳机场联合义工联合会推出的义工服务。在送机服务方面,主要针对团体残障旅客,提供从团体住处至登机全程服务,实现志愿服务与民航服务的无缝衔接;接机服务方面,地面服务人员将残障旅客送至候机厅志愿服务U站后,由志愿者协助完成后续至地面交通的接驳,提供离场服务[22]。

2019年1月,深圳机场正式建成并正式对外开放一间国际一流旗舰母婴室,这座"旗舰式"母婴室位于T3航站楼三层候机区27号登机口附近,面积约92平方米,设有儿童阅读区、玩乐区、冲奶区、喂食区、婴儿睡眠区、哺乳区、多功能亲子洗手间和随行家长公共休息区,配有婴儿纸尿裤、湿纸巾、棉柔巾等用品,是一个多功能分区、服务设施齐全的母婴候机综合型服务体验区,主要服务人群为孕妇以及1~12岁的群体。每天6:30至

22:30开放,现场配有母婴服务人员,为母婴旅客提供更加优质、贴心的乘机体验[22]。

2019年8月,为践行"真情服务"理念,提升机场医疗服务品质,深圳机场专门引进了四台自助售药机,分别放置在航站楼国内出发大厅7号门旁、国内候机区26号登机口旁、国际候机区5号登机口旁和地面交通中心二楼。"四台自助售药机近日正式入驻深圳机场航站楼,并实行24小时全天候运营,可为乘机旅客提供50余款常用药品。"[23]作为国内较早推行"简化医疗服务"项目的机场,旅客在深圳机场购买出行、应急、日常非处方药将更加便利。除了新增加的自助售药机,深圳机场还配置了相对完善的医疗救护设施和医疗点。其中,2016年年底,深圳机场成为深圳首家配备AED设备的公共交通场所。目前,AED设备已增加至100台,分布在深圳机场航站楼各处。此外,深圳机场还创新开展爱心巡诊服务,每天由机场医护人员在旅客密集处停留候诊,除携带急救设备外,还配备了救心丸、感冒药、晕车药等常用药品,以及温度计、创可贴等便民器具,免费提供给有需要的旅客[23]。

2. 打造更舒适的乘机环境

在T3航站楼,深圳机场打造了20处高品质个性化旅客休息区,引入了50余款躺椅、艺术沙发、休息吧台、造型地毯,航站楼内充电接口数量增加了5 000余个,极大满足了旅客个性化充电、休息等需求。

2021年,深圳机场卫星厅正式启用,新增42座标准廊桥机位,11座为组合机位,可灵活切换机位,可保证53架飞机在廊桥停靠,更多旅客可体验到廊桥往返的便利。卫星厅设计充分考虑了旅客的感受,不仅有效解决了步行距离过长的问题,同时打破了传统建筑黑白灰的传统色调,采用钻石天花和木色天花,营造出舒适的感觉,缓解了赶飞机的焦虑。在内部环境和设施方面,卫星厅以春、夏、秋、冬四季为设计主线,候机区域设置不同款型特色沙发组合和不同颜色的座椅,配置了座椅充电、个性化沙发充电、充电吧台等不同充电设施,并在两个中心广场设置了室外观景平台,带给旅客更加人性、舒适的候机体验。

此外,深圳机场的地面交通配套服务也得到了进一步的改善。深圳机场针对高峰时段的停车难问题,新建P4远端社会停车场,提供免费接驳服务,并设置迎客车道和休息区,方便乘客与接机的车主快速、准确地对接。针对旅客在夜间等高峰时段打车排队时间较长的问题,深圳开通出租车应急上客通道,设置潮汐车道,缩短出租车和网约车排队时间,为乘客提供人性化的地面交通服务。

3. 建设"一呼百应•顺心出行"服务品牌

为提升旅客进入航站楼后的全流程服务体验,进一步整合内部资源,2021年5月,深圳机场"一呼百应•顺心出行"服务品牌正式上线,以精准服务切实提升旅客体验。自该服务上线以来,已为数万名旅客提供多样化服务保障。所谓"一呼百应"就是当旅客在深圳机场需要帮助时,只需拨打深圳机场客服热线,话务员会根据旅客不同需求,就近调派人手或联系现场相关单位,以最快速度帮助旅客解决问题。该服务由机场客服热线作为信息接收端、传递端,发动现场服务人员作为保障力量,充分发挥在岗人员快速响应优势,实现"1+1+1>3"的服务效能,有效提升了旅客乘机体验感与满意度。"一呼百应"能够解决旅客在深圳机场遇到的各种问题,诸如无陪老人的送医陪伴、随叫随到的爱心帮扶、随叫随到的口罩服务、耐心周到的外语服务等。

4. 依托深圳机场建设城市商业综合体

2019年11月28日,深圳机场集团开发运营的首个大型商业综合体——深圳机场航城里购物中心正式开业,这也是宝安区航城街道首个集购物、休闲、文教、亲子和户外活动于一体的情景体验式商业中心。航城里购物中心开业,进一步完善了空港片区的配套,为机场周边社区带来了更加完善的商业、生活服务。航城里购物中心位于宝安区西乡街道航城大道和黄田路交会处,距离机场航站楼大约6公里,项目商业建筑面积约3.3万平方米,是目前距离航站楼最近的大型商业综合体项目[24]。

依托国际航空枢纽建设城市商业中心已经成为国际重要航空枢纽建设的趋势,如同新加坡樟宜机场已经成为新加坡一个非常重要的城市商业综合体一样,深圳机场根据《粤港澳大湾区发展规划纲要》关于推进临空经济发展的要求,高标准规划建设特色航空城,力争把"城"打造成为机场集团的重要引擎和城市的靓丽名片。按照"城"战略总体部署,深圳机场航空城目前已形成"空港产业、甄选酒店、缤纷商业、写字楼资产"四大特色板块。作为深圳机场集团首个市场化商业项目,此次全新开业的深圳机场航城里购物中心将在空港新城核心区域的建设发展中扮演重要角色。未来,深圳机场集团将通过对标国际一流,全面实施产城融合战略,高标准打造临空产业特色鲜明的现代航空城,积极服务深圳先行示范区和粤港澳大湾区建设[24]。

5. 深入打造智慧机场

深圳机场依托深圳本土高科技企业的技术支持,于2018年1月与华为合作,率先全面、系统地开展了国内机场数字化转型。结合"四型机场"建设"平安、绿色、智慧、人文"等政策要求,深圳机场通过组建联合团队、抽调专业技术骨干,认真梳理分析,把机场主业总结提炼为"大服务、大运控、大安全"三大体系,将零碎的应用业务进行功能整合,构建大服务一条线、大运控一张图、大安全一张网。为了支撑这些业务,深圳机场通过云计算、大数据等新技术,构建了基于云计算、大数据等ICT基础设施,搭建了万物互联数据平台,引入世界级科技企业,搭建了与业务合作伙伴持续创新的科技生态环境。其中,"大服务"与"大安全"是机场旅客服务管理的重要组成部分[25]。

（1）数字化"大服务"体系

"大服务"系统主要是利用信息技术实现旅客出行关键触点的实时、全数字化全连接，为旅客提供快速、准确、无感式服务；打造基于人脸识别的全流程自助服务，全程可视化跟踪行李，为旅客提供自主、自助、无感的便捷出行体验；在综合交通系统中，实现航班信息与交通信息的有机交互，实现地面交通的智能调配，构建高品质的交通生态圈；探索新的机场数字化商业模式，通过全网商户的连接，营造融合共赢的商业氛围，通过线上、线下场景化的体验营销，打造主动个性化商业服务。

在传统的旅游管理过程中，多数机场缺乏系统的出行服务规划，旅客通关流程繁琐、等待时间长、体验差；服务资源不足，服务设施自助化程度低；由于缺乏系统的信息收集和准确的分析，无法为不同的旅客提供有效、准确的个性化服务。上述不足导致旅客缺乏快速、准确的服务体验。

深圳机场的"大服务"业务就是为了解决上述问题。该系统的全景图是"一条线"，即以旅客流为核心，通过"线下一张脸"和"线上小程序"，将旅客出发、中转、到达一线串联起来，实现"一条线"服务。通过智能自助设施，打造便捷的出行体验，提升旅客的快捷体验；为旅客提供个性化、多元化、全方位、精准的服务，提升旅客的幸福感。

线下，旅客只需一张脸，即可实现无感畅游。基于数字平台、融合 AI、大数据、视频云技术，通过"一张脸"为旅客提供"全流程、全流程"服务：刷脸值机、刷脸安检、刷脸安检、智慧航显、高舱精准服务、催促登机和刷脸登机等八大业务子系统。旅客服务向个性化升级、商业服务转型、改变出行方式、改善出行体验。旅客在机场的各个环节都使用人脸作为 One ID，实现无感畅游。线下一张面孔背后是八个子业务系统流程的打通，其中最大的挑战在于八个子系统数据异构以及人脸识别算法的不统一。数字平台通过数据融合来解决上述问题，支持八大业务系统通用视频能力的开发，满足不同业务子系统对人脸算法的需求。例如，机场自助登机系统采用了人脸识别技术，与安检信息系统相结合，实现刷卡、扫码登机、自助登机，率先实现了"五合一"通关（包括纸质登机牌、身份证、人脸识别、电子登机证、电子登机牌），并安装了 34 套单门双通道自助登机设备，81 套简易刷脸登机设备，国内自助登机覆盖率 100%。该系统投入使用后，旅客平均在一两秒内完成自助登机，实现了双倍的登机效率[25]。

线上，旅客可通过线上小程序精准地满足个性化需求。深圳机场通过微信小程序为旅客提供全方位服务。微信小程序根据出发、中转、到达、访客四种不同的服务需求，打通线上、线下功能，结合旅客信息和大数据，通过旅客画像，在线上服务中对不同旅客群体进行智能识别，提供交通出行、差异化安检（易安检）预约、在线值机、临时电子乘机证明、智能客服、室内定位导航等 35 个功能模块，全方位提供个性化精准服务；利用先进的 AR 室内导航技术，为旅客提供全场景精确定位服务；结合线下服务机器人，打造线上智能客服；全方位提升旅客的出行体验与人文关怀。以深圳机场为例，根据旅客安全信用记录对旅客进行分流,是一种创新的安检模式。对于有良好安全信用记录的常旅客,系统会提示进入安检通道,旅客可以享受随身携带的笔记本电脑等行李物品不再需要取出检查。近百万名信用记录良好的常旅客享受快捷安检服务,比普通旅客安检缩短近40%;快捷通道放行效率比普通安检通道提升60%,旅客过检体验提升效果显著,充分体现了从"安全性"向"高安全+高效率"的转变[25]。

(2) 数字化"大安全"体系

机场的安全水平对旅客能否轻松地享受乘机过程和机场服务有重要影响。"大安全"体系从地面到空中,从人防到技防,从被动到主动,构建立体化安全保障体系,实现安全统一管控,风险隐患精准识别,异常事件高效处置,智能联动,安全态势全局掌握,在稳定可控的前提下,提升安全处置效果和响应效率。

国内传统机场安保系统存在着诸多缺陷,如部分摄像机采用模拟标清摄像机,图像画面模糊,存在监控盲区,无法满足90天存储要求;各安防系统孤立封闭,反应迟缓,分区管理,无联动;被动安全、事后追溯难以实现有效的风险防控和异常事件的有效处置。而深圳机场"大安全"体系则是建立在智能机场新ICT基础设施基础之上,以全场景为目标,构建安全网络,实现风险隐患精准识别、异常事件处置、安全态势全局掌握[25]。

深圳机场在安全控制中心(SOC)的引导下,从地面到空中,从人防到技防,从被动到主动构建立体化的安全保障体系。根据局方《民用运输机场安全保卫设施》(MH/T 7003—2017)标准,要求机场安全管理能力达到较高标准,需要全局化、可视化地管理机场安全态势。为了实现"一张安全网",在深圳机场部署了"1+4"智能安全监控系统(1+4)。在大安全领域,按照4个主要领域进行了2个整合,首先,对视频进行改造和整合,将约20个系统的9 500多台模拟摄像机全部改造成高清数字摄像机,所有的视频监控全部集中在一个平台上。其次,整合了视频监控、门禁管理、隐秘报警、围界等相关安全子系统,实现各子系统之间的协同联动。运用智能视频分析技术,实现人员布控、人员轨迹查询等场景,实现联动、智能、精准的安防。同时,通过与公安的视频信息打通,实现机场全局安全态势的"一张网"呈现,实现全局安全管理的可视化[25]。

智能安全管控系统是构建"一张安全网"的核心系统,通过智能安防管控系统整合机场各区域的视频监控、门禁管理、围界报警等子系统,实现航站区、飞行区、公共区、货运区四大区域的整体安全态势呈现于"一张网"中,实现监控资源的全网共享、全域覆盖、全程可控。当出现异常安全报警事件时,管理人员能够根据视频画面分析,第一时间采取相应措施。

为了提高旅客在航站楼内的服务体验,智能安全监控系统的多方面功能发挥了不可忽视的作用。如通过人群密度分析功能,可以实时检测到航站楼重点区域的人群密度,超过一定阈值就会弹窗报警,后台人员根据视频画面判断是否需要采取应急措施;智能寻人服务,则是在航站楼的关键路口安装摄像头,通过人脸识别,快速找到目标。当值机人员发现旅客没有及时登机时，可以通过对旅客的行走轨迹进行精确定位，并通知旅客登机。在某些特殊情况下，可以根据旅客的衣着、形体特征、行走轨迹等进行搜索。

（3）助力智慧机场团体标准编制

2019年12月10日，由民航中南局主办，深圳机场集团、华为公司共同承办的2019年民航中南地区智慧机场建设现场会在深圳机场召开。会议现场发布了《民航中南地区管理局关于支持深圳机场建设智慧机场先行示范的指导意见》和《深圳智慧机场数字化转型白皮书》。《民航中南地区管理局关于支持深圳机场建设智慧机场先行示范的指导意见》明确了深圳机场创立"智慧机场标杆"、打造"新技术应用高地"的发展定位，提出到2030年，全面实现数字化与业务的深度融合，智能化达到世界一流水平，建成智慧机场先行示范的建设目标[26]。

2022年5月，由深圳机场集团主编的两部团体标准《民用机场机位资源智能分配系统建设指南》《民用机场基于视频分析的航班保障节点采集系统建设指南》获中国民用机场协会批准发布，于5月下旬正式实施。两项标准的出台，填补了行业智慧机场两项重要系统建设标准的空白，标志着深圳机场智慧机场建设从实践应用迈向标准化建设取得重要突破。

为推进标准建设与科技创新齐头并进，更好地通过自身实践推动行业进步，深圳机场在此前发布的《深圳智慧机场数字化转型白皮书》和民航局印发的深圳智慧机场建设经验基础上，联合华为公司，历时一年起草编制了《民用机场机位资源智能分配系统建设指南》《民用机场基于视频分析的航班保障节点采集系统建设指南》两部标准，并通过行业专家评审。标准明确了系统功能、性能和部署等建设要求，并对项目建设各阶段管理工作进行规范指导，具备引领性和指导性，将有利于推动新技术在民航领域的应用。

据了解，以人工智能、大数据、云计算等为代表的新技术应用目前在深圳机场安全、运行等领域均取得一定成效。此次两部标准相关的项目也是人工智能、大数据技术在航班运行保障中成功应用的实践。其中，深圳机场机位资源智能分配系统运用大数据和AI技术，可实现机位自动化、智能化分配，颠覆性改变了传统人工操作模式，千余架次航班机位分配仅需1分钟即可完成，该创新应用使得机场机位利用率、航班靠桥率两项指标显著提升。以深圳机场为例，该应用实施后，每年有上百万名旅客不用再乘坐摆渡车，是以科技提升出行体验的成功实践范例之一，项目获得了IATA官方网站收录、展示。深圳机场航班保障节点采集系统则主要通过人工智能技术，可自动识别、采集飞机入离位、客舱门开关等多项航班保障关键节点数据，实现航班运行精细化管理。随着运行智能化水平提升，深圳机场航班运行保障效率也显著改善，近两年航班放行正常率皆保持在92%以上。

参考文献

[1] 贝诺建筑设计公司.生而不同:樟宜机场T4航站楼——重新定义机场场所营造和旅客体验[J].世界建筑，

第 4 章 国内外优秀机场服务质量管理实践

2020(6):62-69.

[2] 朱悦.关于新加坡樟宜机场商业发展模式的启示和借鉴[J].空运商务,2020(1):42-43.

[3] Salesforce 官网.Salesforce.com 的技术工具支持帮助新加坡樟宜机场提供一流的客户体验[EB/OL]. [2022-10-20]. https://www.salesforce.com/cn/customer-success-stories/changi-airport/.

[4] Accenture 官网.Singapore Changi Airport: Managing disruption with digital[EB/OL].[2022-10-20]. https://www.accenture.com/us-en/case-studies/travel/flying-high-digital.

[5] Moodie 官网.Changi Airport unveils a raft of customer service initiatives[EB/OL].[2022-10-20]. https://www.moodiedavittreport.com/changi-airport-unveils-a-raft-of-customer-service-initiatives/.

[6] 李军会.从亚特兰大中枢看白云机场的建设与发展[J].中国民用航空,2005(7):47-49.

[7] ACI. Airport Service Quality: Airport Cleanliness report [R/OL].[2023-07-13]. https://store.aci.aero/wp-content/uploads/2018/11/ACI-Airport-Cleanliness-Report.pdf.

[8] ABM. Atlanta's Hartsfield-Jackson Airport—Creating a First Class Guest Experience at the World's Busiest Airport[R/OL].(2019-08-21)[2023-07-13]. https://www.abm.com/cptresource/creating-a-first-class-guest-experience-at-the-worlds-busiest-airport/.

[9] 王雪晴.互联网时代首都机场商业模式创新研究[D].北京:首都经济贸易大学,2016.

[10] 衡红军,任鹏.基于时间序列的机场短时段值机客流量预测[J].计算机仿真,2020,37(2):26-32.

[11] 常军,周萍,徐侥.浅谈首都机场"礼在国门,礼赞国门"文化空港服务品牌建设[J].空运商务,2020(11):42-44.

[12] 首都机场物业.细意尽心 国门匠心——城市日新月异 服务臻于至善[J].中国物业管理,2017(4):4-7.

[13] 程芳.论数字化管理在首都机场运行控制中的应用[D].北京:北京邮电大学,2009.

[14] 首都机场物业:提升服务力 谋篇十四五[J].中国物业管理,2021(9):106-109.

[15] 粤港澳大湾区国际航空枢纽白云机场的非航空性商业服务提升研究[J].广东经济,2020(9):24-33.

[16] 李春明.白云机场非航空性业务发展战略研究[D].广州:广东工业大学,2014.

[17] 罗志娟,郑海芹.白云机场被评为 2016 年年度中国民用机场服务质量评价优秀机场[J].空运商务,2017(4):22-23.

[18] 庄平江,郑凯帆.广州白云国际机场商务航空服务基地规划设计与研究[J].广东土木与建筑,2017,24(3):26-28.

[19] 黄瑞莲.白云机场战略联盟研究[D].广州:暨南大学,2002.

[20] 金建晨,高安妮.樟宜机场服务品牌建设与收益[J].中国民用航空,2013(10):12-13.

[21] 綦琦.四招全面提升旅客服务水平[N].中国民航报,2011-06-14(4).

[22] 朱晓敏.深圳宝安国际机场特殊旅客服务质量提升研究[D].南京:南京航空航天大学,2020.

[23] 深圳机场在国内机场中首创"简化医疗服务"项目[J].空运商务,2019(8):8-9.

[24] 叶丹,余萌.深圳机场集团首个大型商业综合体正式开业[J].空运商务,2019(12):9-10.

[25] 陈金祖,张立轩,黄飙,等.深圳机场实施数字化转型 打造智慧机场先行示范[C].//中国企业改革发展优秀成果2020(第四届)下卷,2020:539-570.

[26] 陈发清,石道雄,叶丹.支持深圳机场建成智慧机场先行示范[N].深圳商报,2019-12-11(A02).

第 5 章

浦东机场服务质量管理实践

5.1 服务质量管理

5.1.1 公司组织架构

上海国际机场股份有限公司(以下简称公司),隶属于上海机场集团,负责经营管理浦东国际机场。公司 1998 年上市,是国内大型机场上市公司,主要经营国内外航空运输及旅客地面保障服务以及其他与航空运输有关的业务。公司设有 13 个机关职能部门和 13 家基层单位。服务管理部是股份公司服务工作的职能部门,承接公司服务目标。

5.1.2 服务管理部部门职责

(1) 依据上海机场枢纽战略规划和发展战略规划,制定公司中长期服务规划和年度服务计划,建立浦东机场服务流程和公司服务质量管理架构,确保服务流程顺畅,管理架构合理有效。

(2) 依据公司中长期服务规划和年度服务计划,负责公司服务质量日常管理,建立浦东机场服务标准和服务监控体系,设定关键服务环节的 KPI 指标,并据此负责建立公司服务绩效考核体系,测量浦东机场各服务项目运行数据,监察业务流程和生产作业标准执行情况,定期评估服务绩效,确保公司服务绩效受控、有效。

(3) 依据公司规划和目标要求以及旅客需求,负责浦东机场服务(产品)策划和服务功能性资源管理,确定公司重点服务改进项目,编制服务投入预算并监督落实,确保资源配置满足顾客需求。

(4) 依据公司服务质量年度工作目标,负责策划与组织实施公司服务质量培训,提升员工服务意识和服务技能。

(5) 依据公司中长期服务规划,负责建立浦东机场服务品牌培育、创建、管理体系,组织品牌交流、评比和推优工作。

(6) 依据公司管理理念和管理手段,负责公司企业管理工作,推进精益运营改进项目、QC 小组、5S 管理的申报、立项、评审、验收、奖励和成果的应用推广,提高公司管理水平。

(7) 依据国际、国家及行业服务标准,负责引进、吸收、推广国内外先进的管理理念和管理办法,并负责组织参与国内外各类服务质量评比,提高服务管理水平。

(8) 依据公司业务开展需求,负责制定股份公司客户服务总体方案和管理制度,建立客户档案和沟通协调反馈机制,确保沟通渠道顺畅。

(9) 依据公司客户服务总体方案和客户关系管理制度,负责建立浦东机场客户满意度测评体系,负责旅客和承租商满意度测评工作,收集客户信息并分析,同时负责公司客户投诉管理工作,使客户投诉得到及时有效处理,最终提高客户服务水平。

(10) 依据公司中长期规划和年度服务计划,负责公司规范化管理,监督公司及下属单位规范化运行,根据管理的实际需要不断修订完善业务流程、管理制度和作业标准,监督检查制度与标准的执行情况,确保公司管理制度和作业标准充分、适宜、有效,促进规范管理的完善和提升。

(11) 依据《商标法》,负责公司商标管理,及时对商标进行登记和注册,树立商标品牌维护意识及采取有效措施,确保公司商标等无形资产的保值增值。

(12) 依据公司中长期服务规划、ISO 管理体系要求和公司管理方针,负责建立公司质量、环境管理体系,编制公司年度管理体系运行计划,组织编写一体化手册和程序文件,并适时修订完善,确保公司管理体系适宜、有效。

(13) 依据公司年度管理体系运行计划、一体化手册和程序文件,负责指导、检查和反馈公司管理体系运行,实施公司管理体系内部审核、管理评审,确定公司管理体系第三方认证机构,协助第三方认证审核及监督审核,确保公司管理体系正常运行及资质有效。

(14) 满足公司长远发展需求,负责推动企业高质量发展,策划建立具有特色的对标管理体系和工作方法,开展对标日常管理工作。

5.1.3 旅客服务质量管理体系

1. 旅客服务质量管理体系建立的目的和原则

2022 年发布的《上海浦东国际机场旅客服务质量管理体系手册》是公司旅客服务质量管理体系建设的基本准则和纲领性文件,是公司制定、完善旅客服务质量管理规章制度和标准,执行、监督旅客服务质量工作开展的重要依据,也是公司持续提高服务质量管理能力,提升旅客满意度,增强旅客获得感的承诺。

建立旅客服务质量管理体系依据以下原则:

(1) 坚持系统谋划。以提升机场服务质量管控能力和服务品质为目标,做好服务质量工作顶层设计,系统推进服务质量管理体系建设。

(2) 坚持以人为本。在服务质量管理中,把人作为本质和主体,把旅客的满意度和获得感作为评价机场服务的关键指标,把培养服务质量管理人才、全面发展人才作为推动机场服务发展的主要途径。

(3) 坚持风险防控。在建立和实施服务质量管理体系时,应识别和评价需要应对的风险和机遇,确定应对风险和机遇的措施。坚持预防为主,实施预案管理,明确预案管理的基础、重点和核心内容,以应对突发服务风险。

（4）坚持改进创新。在服务质量管理工作中，应从服务质量管理体系各方面进行持续改进和创新，以"智慧民航"建设为发展主线，推动新技术在机场服务领域的深度应用，提高服务效率，改善服务效果，增强核心竞争力，促进服务质量持续提升。

2. 旅客服务质量管理模式

上海浦东机场以《公共航空运输旅客服务质量管理体系建设指南》为指导，参照ISO9001和卓越绩效模式，以目前部门内职能的解构设计为基础，设计了浦东机场旅客服务质量管理模式（图5-1）。在领导作用的引领下，该模式以旅客需求分析为输入，通过管理模式的运作输出旅客满意和社会效益。

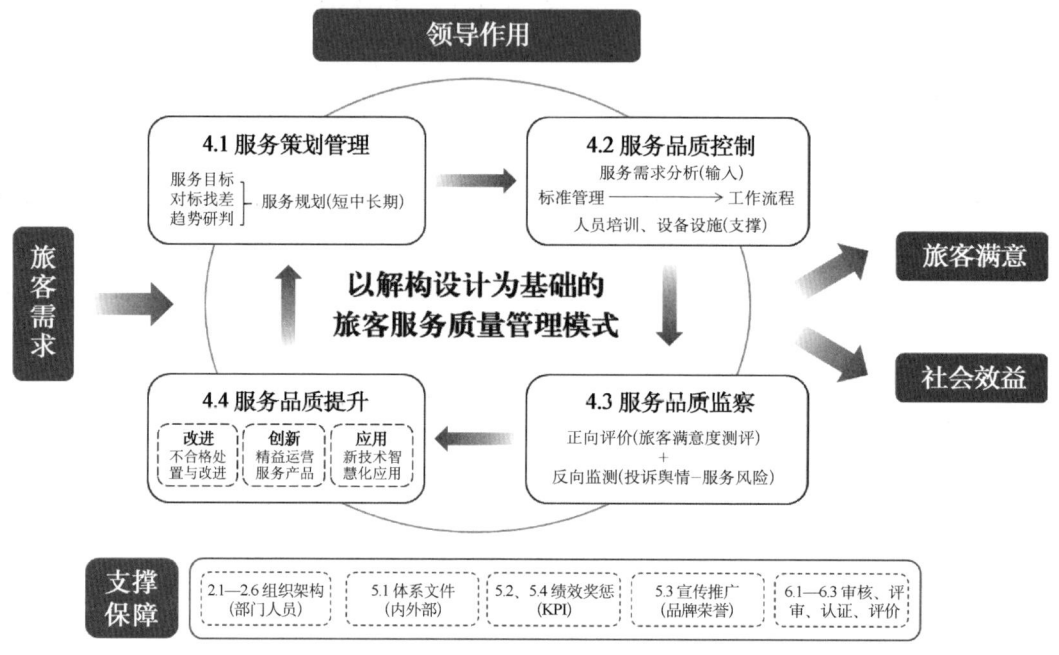

图5-1　浦东机场旅客服务质量管理体系

模式的内部结构遵循质量管理的PDCA循环理论，按照部门内部的服务策划管理（P计划）、服务品质控制（D实施）、服务品质监察（C检查）、服务品质提升（A处理）四个科室的职能模块串联。在服务策划模块，通过对标一流寻找差距，通过服务政策解读研判趋势，在服务目标的指引下制定服务的短中长期规划；在服务品控模块，落地服务规划，制定服务标准，现场检查是否按照标准规范执行。同时关注服务资源管理，包括人、财、物三个方面；在服务监察模块，是在服务过程的品质控制之后，检查服务落地的结果，正向测评旅客满意度和反向分析投诉舆情、识别服务风险；在服务提升模块，针对旅客的意见分析结果，通过群众性质量活动改进，运用精益运营和服务产品设计进行创新，应用新技术实现智慧化服务，开始新一轮的服务规划。

在模式的支撑保障部分,包括组织架构、内外部体系文件、绩效的奖惩、品牌荣誉的宣传推广和整个体系的审核、评审、认证评价,保证整个模式的正常运行,各环节通畅,通过专业机构和专家的评审认证,持续迭代、更新和提升。

3. 服务策划(目标管理)

浦东机场以"海纳百川、申情相伴"服务理念体系为精神内核,围绕六大发展方向确定服务管理目标,通过服务三年规划、年度计划、绩效考核实现管理目标,并将服务质量管理指标体系作为衡量目标的标尺,从而实现目标管理过程的闭环管控(图 5-2)。

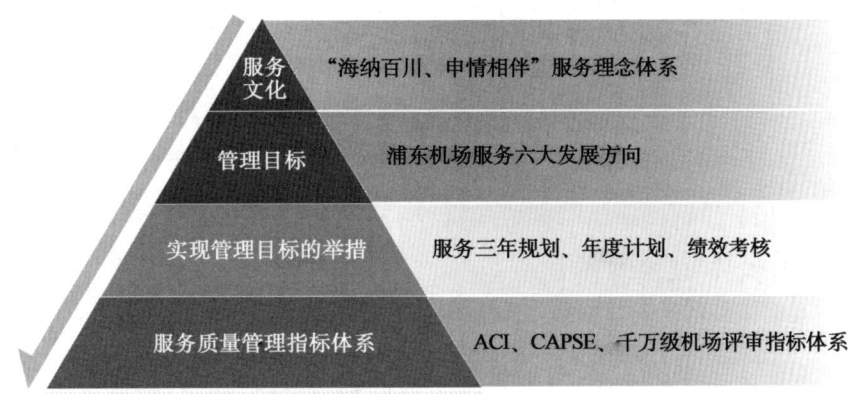

图 5-2　服务目标管理的整体架构

4. 服务品质控制(过程管理)

浦东机场的服务过程管理以旅客需求分析为需求输入,以服务设施管理为服务支撑,通过制定服务标准管理、做好服务人员培训、规范服务工作流程实现服务品质控制(图 5-3)。

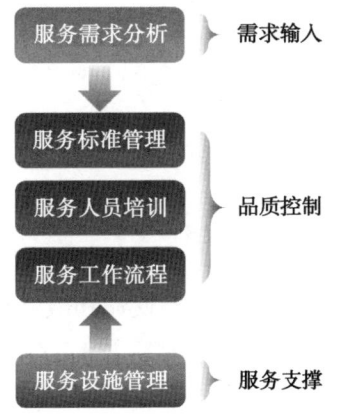

图 5-3　服务过程管理的整体架构

5. 服务品质监察（测量与分析）

浦东机场服务的测量与分析通过服务监测与评价、服务质量风险管理两方面开展（图5-4）。一方面，通过服务质量检查、旅客投诉、旅客满意度测评、舆情监测等渠道，开展服务质量的监测与评价。另一方面，开展服务质量风险管理，识别并控制服务质量风险源，实现服务品质监察过程从"事后管理"向"事前管理"的转变。

图5-4　服务品质监察

6. 服务品质提升（改进与提升）

浦东机场通过服务改进、服务创新、新技术应用三类渠道实现服务改进与提升（图5-5）。其中，服务改进主要包括服务质量不合格处理、群众性质量活动；服务创新主要包括服务理念创新、服务管理创新及服务产品创新；新技术应用主要依托于公司"智慧机场"建设，推动新技术在民航服务领域的深度应用。

图5-5　服务改进与提升

5.1.4　服务品牌建设

1. 服务品牌战略体系建设目标和规划

浦东机场品牌战略依据公司总体的愿景、使命和战略目标制定，而服务品牌战略作为品牌战略的重要组成部分，受到领导高度重视，由公司分管服务副总经理牵头，服务管理部领导与各单位服务分管领导负责组织，经由企业内外部专家多次研讨后确定。

在服务品牌战略创建的过程中，团队在理论方面进行文献研究、研判发展趋势，实践方面广泛调研国内外体量相近、有特色服务品牌的机场，建立标杆案例库，结合自身现状充分研究提出服务品牌战略体系，根据战略体系落地服务产品，打造服务品牌。图 5-6 展示了浦东机场在制定自身服务品牌战略时的总体计划任务及其实施进度。

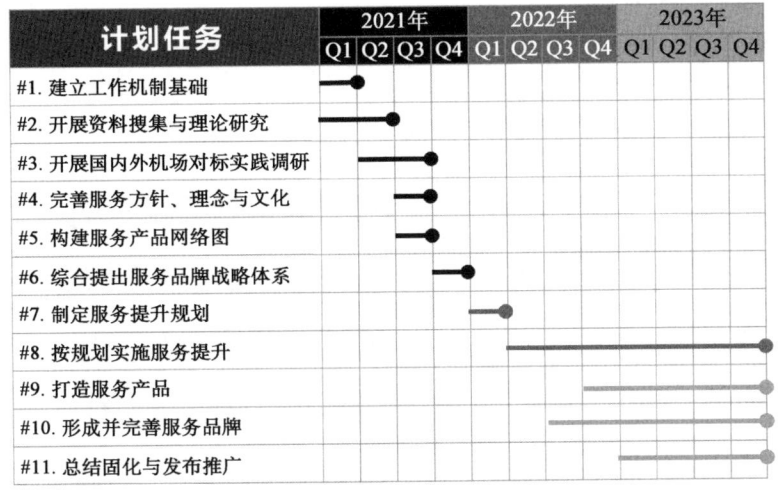

图 5-6　浦东机场服务品牌战略规划实施的计划任务

2. 服务品牌建设过程

（1）系统谋划，构建浦东机场服务品牌战略体系

① 浦东机场服务品牌战略体系架构

基于公司总体的愿景、使命和战略目标，通过明晰不同旅客需求、确定服务理念，从公司内部服务管理角度设计服务管理体系，从面向旅客体验角度设计服务网络图，最终形成系统的浦东机场服务品牌战略体系。

浦东机场服务品牌战略体系包含政策理论、服务理念、服务管理和服务产品网络四个子模块（图 5-7）。政策理论是机场服务品牌遵循的各级政策、规划要求，是机场服务提升

图 5-7　浦东机场服务品牌战略整体架构

的政策驱动力,是孕育机场服务的坚实土壤。服务理念是机场的服务品牌文化、品牌理念,是滋养服务发展的阳光和雨露。服务产品网络是机场可触达旅客、被旅客感知的所有服务范围,是树枝、树叶和果实。它以旅客体验为导向,明确了浦东机场服务品牌提升的主要方向,规划了未来要打造的服务产品。服务管理是机场服务的内部管理流程,是机场服务背后的庞大根系基础。

② 政策理论:满足人民对美好出行服务的要求

浦东机场服务品牌战略遵循来自国家层面、民航局层面、上海市层面、集团公司层面的各级政策发展要求、战略发展思路(图5-8)。

图5-8 浦东机场服务政策理论

- 国家层面:习近平新时代中国特色社会主义思想、满足人民对美好生活的向往;
- 民航局层面:"十四五"时期民航"一二三三四"总思路、"十四五"航空运输旅客服务专项规划、四型机场建设行动纲要;
- 区域发展层面:长三角一体化发展规划纲要;
- 上海市层面:上海"四大品牌"建设;
- 集团公司层面:上海机场集团"十四五"战略发展规划、上海机场集团"人文机场"建设行动计划。

③ 服务理念:建立"申情服务"品牌共识

服务品牌理念是浦东机场期望通过服务给旅客留下的独特印象。在对国内外机场调研后,发现北京大兴机场与首都机场的服务定位为"国门",广州白云机场"春风服务"定位"温暖"。结合上海国际化大都市开阔的胸怀,浦东机场占比众多的国际旅客在此形成各种文化汇聚,公司将浦东机场的服务定位为"包容",并且从多维度细分不同旅客需求,努力为不同旅客提供精细化服务,形成了以"海纳百川、申情相伴"为主题的服务品牌理念体系(图5-9)。

浦东机场的服务理念体系以"海纳百川·申情相伴"为服务宗旨,致力于为旅客提供安全、便捷、人性化的"申情"服务。其中,海纳百川是上海的城市精神,是上海机场集团

"共享·卓越"的人文精神,展现了浦东机场立足全球视野、迎接八方来客的大气、谦和与包容;"申"是上海的简称,"申情相伴"是浦东机场以真情服务、申情服务为旅客创造美好出行体验的服务承诺。

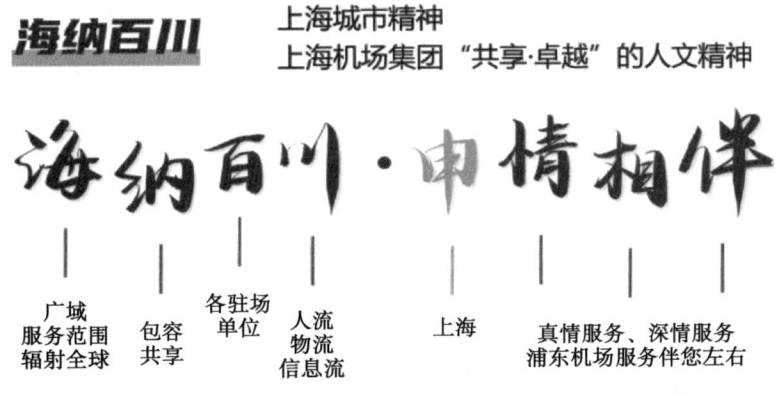

图 5-9　浦东机场服务品牌理念

以人为本,是浦东机场服务品牌战略制定的基本原则。浦东机场在服务品牌战略创新中,重视对旅客需求的调研与洞察。以旅客需求为导向,根据旅客特征将旅客分类为"超连通型旅客""豁达探索者""跟随者""时间赛跑者"等多种客群(图 5-10),分析不同客群的服务需求,绘制旅客画像。针对不同旅客群体规划设计个性化、差异化的服务产品,将服务产品贯通机场服务的各个服务环节,提升旅客全流程服务体验。

图 5-10　洞察旅客需求,构建旅客画像

④ 形象设计,打造识别体系

在建立了理念体系后,为了让人对于"申情服务"的品牌留下深刻印象,浦东机场设计视觉形象,打造了识别体系。视觉识别要素包括服务品牌标志 Logo、品牌标准色、品牌标准字体等,是浦东机场服务品牌的视觉形象基准。

品牌标志 Logo 中视觉识别要素中图形的造型比例、组合结构等,均经过专业设计和调试(图 5-11)。

图 5-11　浦东机场服务品牌 LOGO

"申情服务"品牌使用星空蓝作为标准色,以阳光橙作为辅助色,使用鸿蒙字体作为中英文标准字体,维持服务品牌形象的统一性(图 5-12)。

标志标准色:
标准色是公司精神及企业文化的重要因素,通过视觉传达产生强烈印象,达成色彩在品牌视觉识别中的作用。所有印刷材料应当严格按照标准色执行。

标志辅助色:
辅助色彩由标准色演变而来,色彩的气质与感受与标准色相辅相成,但在我们的识别体系中不占据主要位置。灵活地使用辅助色彩以起到活跃整体气氛与辅助识别的作用,可视具体情况选择辅助颜色使用。

图 5-12　浦东机场服务品牌标准色

品牌形象应用在各个方面,主要有商务识别应用(如名片、纸杯、办公用品等)、公关识别应用(如手提袋、雨伞、工作证等)、媒体识别应用(如平面海报、多媒体广告、工程围挡等)、导视识别应用(如航站楼导视、办公室导视、易拉宝等)和互动沟通识别应用(如网站、公众号、短视频平台等)。

⑤ 服务产品网络:以旅客体验塑造机场服务品牌

服务产品网络是根据浦东机场内所有旅客服务接触点、服务环节的集合形成的产品网络。浦东机场创新性地总结了机场服务产品的"六个一"网络图,分别为:一个中心、一条服务链、一个空间、一个生态圈、一张防护网、一个品牌(图 5-13)。

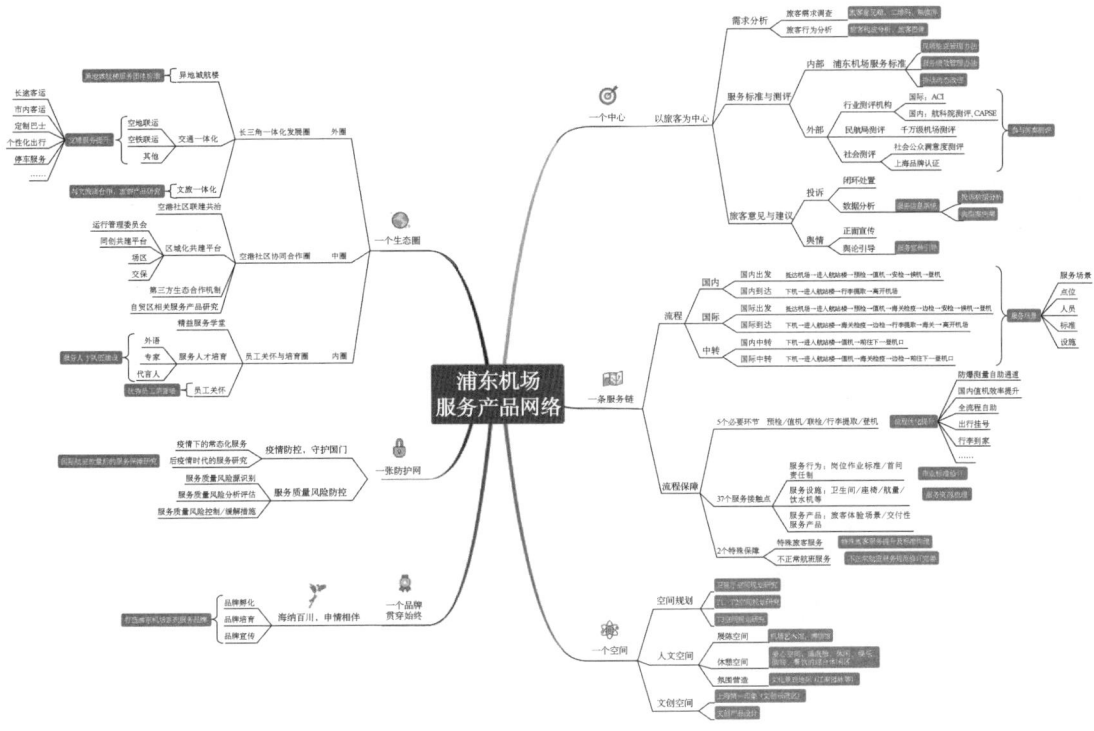

图 5-13　浦东机场服务产品"六个一"网络图

"一个中心"是指以旅客为中心,全面洞察旅客需求;塑造"一条服务链",打通各服务环节的服务接触点,优化旅客全流程体验;打造"一个空间"——最具魅力的人文空间;持续增强浦东机场服务辐射范围,构建以机场服务人员为内圈,以空港社区协同合作圈为中圈,以长三角一体化发展圈为外圈的多层级"服务生态圈"(图 5-14)。

图 5-14　打造最具魅力的人文空间

围绕浦东机场服务品牌理念,构建服务产品体系,最终推出一系列多元化、定制化的服务体验产品,实现"一个品牌"贯穿始终,将"申情服务"品牌打造为行业服务标杆。

⑥ 规范保障，制定管理机制

形成组织架构。浦东机场的服务品牌管理机构包括服务品牌管理高层领导、服务品牌管理职能部门、服务产品执行单位（图5-15）。服务品牌管理高层领导指公司服务工作分管副总，是公司服务品牌工作的最高决策人，是公司服务品牌战略决策者、服务品牌规划审核者、服务管理资源支持者。服务品牌管理职能部门常设于服务管理部，是服务品牌规划者、服务品牌理念宣贯者、服务产品审核者、服务品牌多方合作协调者。服务产品执行单位为公司各直属单位/事务中心/相关托管投资企业，负责公司服务品牌规划的具体落实，宣传弘扬服务品牌理念，打造和推广具体服务产品，是服务品牌建设者、服务产品策划者与体验创造者。

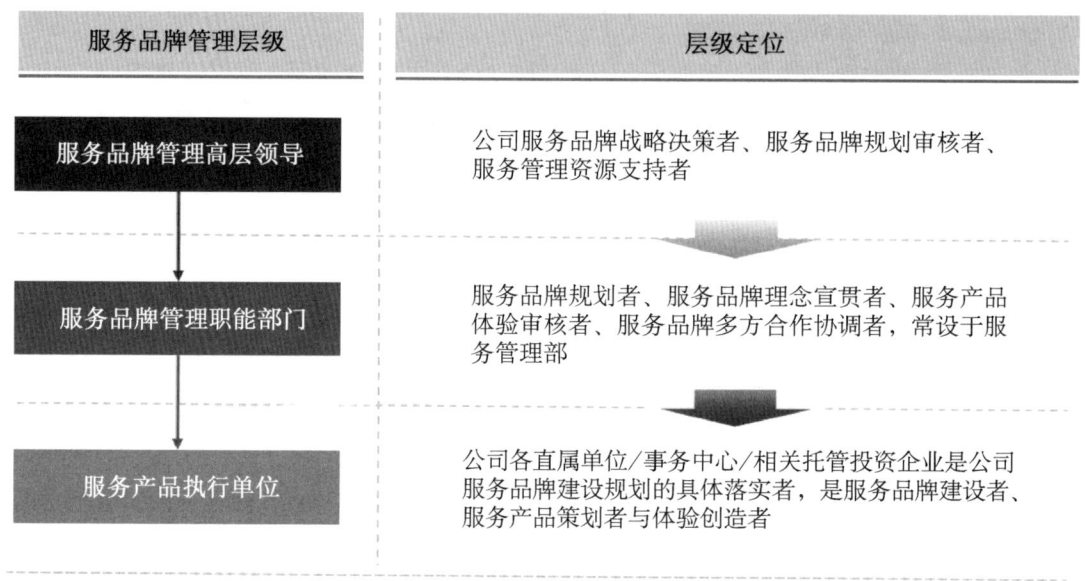

图5-15 服务品牌管理组织架构

发布管理办法。《服务品牌管理办法》是浦东机场服务品牌管理的基本准则和指南，是服务品牌管理体系化、制度化、标准化的制度支撑（图5-16）。公司在办法中明确了职能部门、现场运营单位在服务品牌建设中的责任分工及管理要求。对于职能部门，其职责为服务品牌战略管理，涵盖服务品牌理念制定、服务品牌组织架构建立、服务品牌规划管理等内容。对于现场运营单位，其职责为面向旅客体验的服务产品打造，涵盖服务产品创建管理、体验管理、传播管理等内容。《服务品牌管理办法》的应用，有效把控了机场服务品牌管理的各项流程，确保产出一系列符合标准、高质量的旅客体验服务产品，以管理制度保障浦东机场服务品质。

建设人才队伍。作为服务型企业，"人"是机场服务品牌的内核，服务人员的态度、服务素养决定了旅客对机场服务品牌的印象。公司始终注重服务人才队伍建设，构建了包

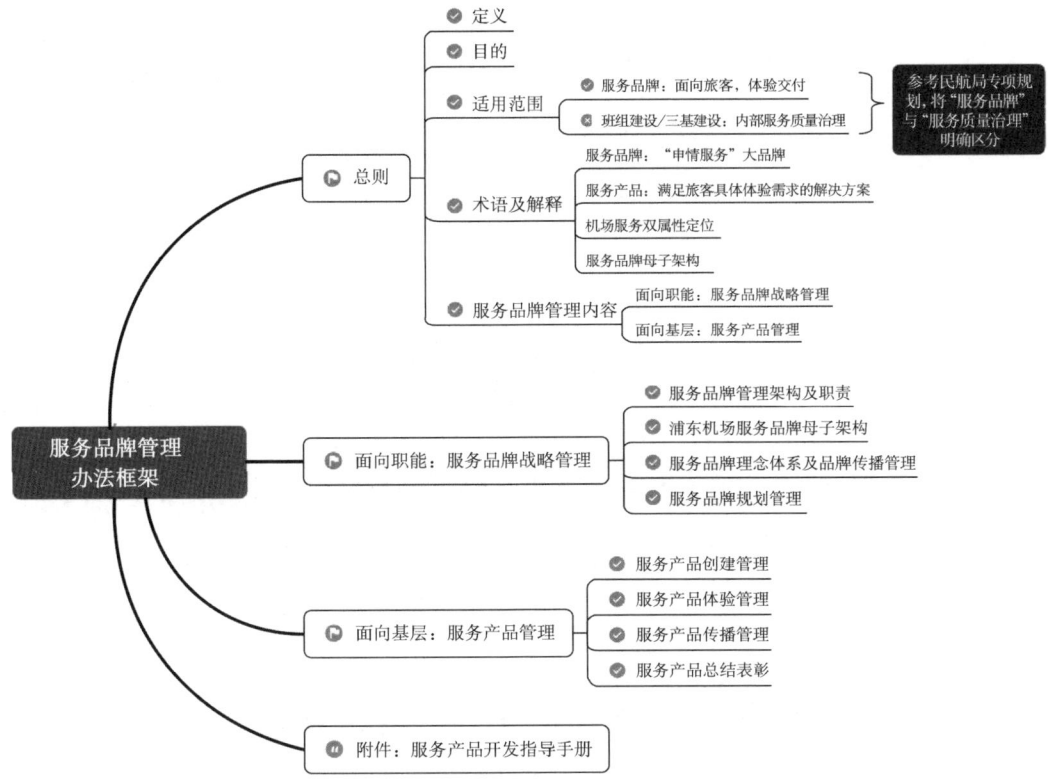

图 5-16 服务品牌管理办法框架

含服务品牌代言人、服务专家、翻译人才的三类人才队伍。公司面向服务人才队伍定期组织培训,积极创建公司内外人才交流平台。公司邀请服务专家、服务代言人站上精益服务学堂、服务品牌发布等活动的演讲台,让他们讲述浦东机场的优质品牌故事,传授服务品牌建设经验,以标杆效应带动群体成长,将"申情服务"的品牌理念根植在员工的服务基因。

(2)创新驱动,培育服务产品与品牌

① 构建浦东机场服务品牌母子架构

在浦东机场服务产品网络图的指导下,浦东机场从交通属性、延伸属性两个方面出发,根据旅客的不同客群制定服务产品规划,构建服务产品体系(图 5-17)。一方面,浦东机场基于现有的优秀服务岗位班组品牌升级转型,从旅客需求出发优化服务功能、串联服务链条,推出标杆服务产品;另一方面,浦东机场积极创新开发服务新产品,针对轮椅旅客推出"无障·爱随行",实现旅客从"车门"到"舱门"的全流程服务。

在服务产品体系基础上,浦东机场构建了以"申情服务"品牌为核心,以七大服务产品系列为支撑的服务品牌母子架构,每个产品系列都包含一个或多个该类型的服务产品品牌(图 5-18、图 5-19)。

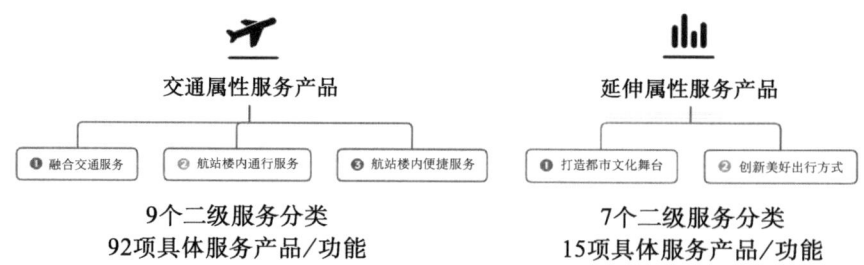

图 5-17 浦东机场服务产品体系

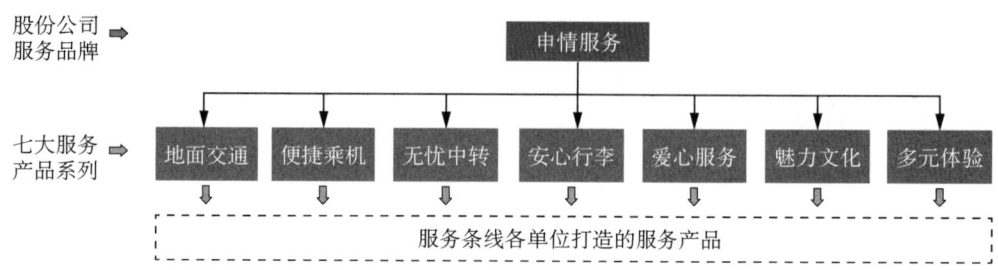

图 5-18 浦东机场服务品牌母子架构

图 5-19 "申情"系列服务产品

② 新推出机场服务产品打造方法论

旅客在不同服务环节、服务场景中体验到的多样化服务产品,共同构成了旅客对于浦东机场的服务品牌印象。为了使机场的服务产品开发更加规范、高效,浦东机场参与机场协会这一行业协会平台搭建的专业研究项目,创新性地总结、率先在行业内推出了《浦东机场服务产品开发指导手册》,通过"旅客需求挖掘分析""服务产品全景规划""蓝图规划与组织实施"三大步骤,运用头脑风暴、客户访谈、网络信息抓取、绘制服务流程图、峰终定律模型等实用工具,推动形成更多满足旅客差异化需求的多元服务产品(图 5-20)。

(3) 多方支撑,保证服务品牌战略可行性

① 制定并实施浦东机场服务规划

2022 年 1 月,公司以浦东机场服务品牌战略为指导,制定并发布了《浦东机场服务三年规划(2022—2024 年)》(图 5-21)、《浦东机场服务品牌提升规划》(图 5-22),围绕服务品牌的"六个一"发展方向,制定了 40 项主要任务、63 项细化任务,明确了各项任务的责任单位、责任人、推进计划、时间节点与预期成效,按月督办各项任务的推进情况。

第 5 章 浦东机场服务质量管理实践

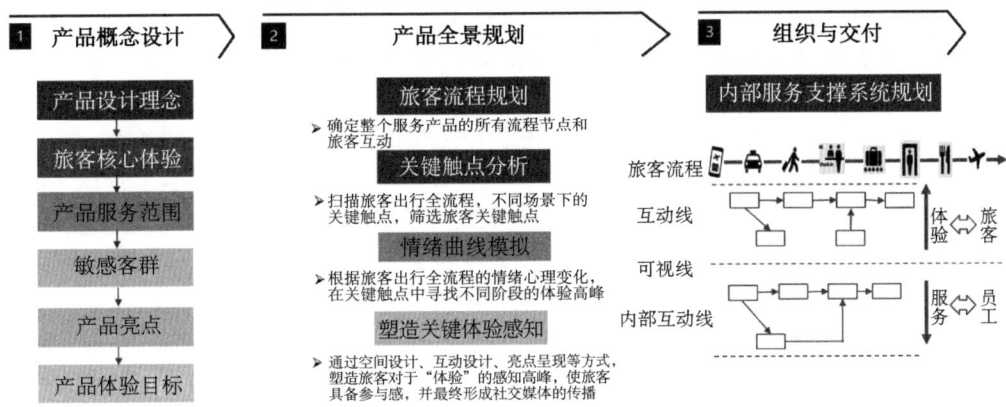

图 5-20 浦东机场服务产品开发流程

浦东机场服务提升三年规划（2022-2024年）重点任务分工

	主要任务	牵头单位	2022年(规划起步年)	2023年(中期评估年)	2024年(规划目标年)
（一）全面洞察旅客需求					
1	旅客需求调查	服务管理部	通过旅客意见箱、二维码、触摸屏等形式拓宽旅客需求调查渠道（项目：航站楼旅客需求调查项目）	将安检数据、航司数据、常旅客数据纳入旅客需求分析数据来源	联合航旅纵横、携程等第三方平台，结合网络爬虫等方法，广泛获取互联网渠道的旅客需求
2	旅客行为分析	服务管理部	基于旅客意见、旅客行为及特征数据，初步构建浦东机场旅客画像，为不同旅客群体制定个性化、差异化的服务方案（项目：旅客行为分析项目）	持续完善浦东机场旅客画像，面向不同旅客群体逐步推出差异化服务方案	依托大数据分析旅客的生物和经济技术指标，持续完善浦东机场旅客画像，面向不同旅客群体逐步推出差异化服务方案
3	浦东机场服务标准建立	服务管理部	滚动修编，建立四级检查机制	滚动修编，建立四级检查机制	建立行业领先、高于行标的浦东机场服务标准
4	服务管理信息系统	服务管理部	开发现场服务监控、投诉管理分析、服务资料文件知识库等模块（项目：服务信息化）	优化系统在数据信息共享、知识管理、统计分析等方面的功能，开发移动端系统，实现服务信息的动态、实时录入	全面应用
5	服务宣传策划	服务管理部	研究制定浦东机场整体服务宣传策略及服务宣规划，初步构建服务啄木鸟、航程体验官机制（项目：服务宣传引导）	落实浦东机场服务宣传规划，构建服务啄木鸟、航程体验官机制，组织新型传媒宣传形式的技术培训	建立啄木鸟、航程体验官队伍，每月形成航程体验及建议报告

图 5-21 浦东机场服务提升三年规划(2022—2024 年)

② 保障服务管理配套资源

为规范战略体系中服务管理体系的运作，公司编制形成了《浦东机场服务质量管理体

上海浦东国际机场“申情服务”品牌提升5年行动方案							
任务类型	序号	项目目标	具体工作任务	是否需要外部资源协助	推进进度		
					近期(2022—2023)	中期(2024—2025)	远期(2025以后)
战略执行——巩固提升品牌形象	1	推动“申情服务”品牌内部落地,树立“申情服务”大品牌意识	2022年第3季度开展不少于2期服务品牌内部宣贯解读活动,重点传导“申情服务”品牌的战略发展规划、定位和理念、重要任务、建设成果等内容	自主完成	√		
	2		2022年第4季度组织2~3期“打造品牌标杆”相关的主题研讨会或沙龙,邀请浦东机场各下属单位就“如何打造行业品牌标杆”展开研讨,形成的建设性结论,纳入未来服务品牌建设工作计划	自主完成	√		
	3		将现行服务代言人体系升级为服务品牌代言人工程,筛选公司服务品牌形象代表2~3人。同时以重点服务产品为单位,每个产品确定1~2名产品代言人,参与品牌、产品宣传的海报拍摄、视频录制、内部宣讲等活动	自主完成	√		
	4		细化及明确七大产品系列下设的具体产品清单,并明确产品推广的优先级,实现产品分级管理	自主完成	√		
	5	构筑“申情服务”品牌形象基础,推动“申情服务”品牌行业知名度	2022年3季度组织召开“申情服务”品牌全行业发布会,邀请局方、协会、知名媒体等单位参加,打响“申情服务”行业知名度的第一枪	自主完成	√		
	6		基于“申情服务”品牌理念体系内容,在官网、公众号等平台开辟浦东机场服务品牌专栏,更新相应的文字内容	自主完成	√		
	7		基于“申情服务”品牌VI元素,设计系列品牌海报,并在公共区、航站楼内规划品牌宣传海报点位,提高品牌形象的认知度,平面海报的更新频率建议为季度一换。	需第三方支持	√		
	8		基于“申情服务”品牌VI元素,筛选应用载体,如办公用品、工作服饰、物品外包装等,提升品牌质量	需第三方支持	√		
	9		基于“申情服务”品牌VI元素,优化机场的导视系统视觉观感,形成具有品牌系列感的航站楼导航标识	需第三方支持		√	
合作赋能——提升品牌价值	10	丰富“申情服务”品牌朋友圈,建立出行服务合作同盟	建立“申情服务”航空出行品牌生态,联合上海市文旅相关部门、驻场单位、第三方OTA平台达成服务品牌体验标准,推动建立“申情服务”品牌星级认证体系	自主完成	√	√	
	11		将现有的会员体系升级为“申情相伴”会员,对内丰富产品类权益,对外联合上海市主要文化景点、机场驻场单位开发文化类会员权益	自主完成	√	√	
	12		选择机场内1~2家最有名餐饮开发跨界联名产品,例如与知名连锁咖啡品牌联合开发一款“机场味道/浦东机场咖啡/申情咖啡”的饮品,并做联合营销	需第三方支持	√	√	

图 5-22　浦东机场服务品牌提升规划

系手册》,界定了服务质量相关方的职责划分,明确了各方需要提供的服务资源,对服务人员管理(含合约方)与培训、服务投入管理、服务设备设施管理、服务信息管理等相关资源的管理要求进行了清晰规定,保障服务品牌战略有序实施。

(4) 宣传推广,产品落地改善旅客感受

服务品牌提升规划实施后,浦东机场服务质量显著提升。现场问询服务的“申情翔音”品牌,整洁的制服、亲和的笑容,大方亮丽的红色风景线背后,是日复一日用专业化解疑问、用耐心抚平焦虑;出租车站点服务的“申情畅行”品牌,通过完善出租车站点服务、到港旅客疏散、航班延误应急保障,为旅客提供优质、快捷、高效的乘车体验,实现旅客畅意出行;安检服务的“申情云鹰”品牌打造易安检通道,彰显专业高效、洞悉风险、不畏险峻的智勇精神和对旅客温情友爱、包容万物的和谐融洽(图 5-23)。

2021 年 11 月,浦东机场首次面向中国民用机场协会发布了浦东机场服务品牌战略体系及服务品牌建设成果,获得了中国民用机场协会的充分肯定,形成了良好的示范作用。未来,浦东机场将持续加强机场服务管理经验的总结与推广,为行业整体的服务水平提升贡献力量。

3. 服务品牌建设效果

(1) 指标提升,服务品牌显实效

在服务链流程上,从服务流程通畅性出发提升值机、安检、行李提取、出租车排队四个关键节点服务水平,通过打造“申情翔音”现场运行品牌、“申情云鹰”安检服务品牌等服务产品,在各点旅客动线的服务效率方面均有不同程度的提升(表 5-1)。

图 5-23 "申情翔音""申情畅行""申情云鹰"服务品牌

表 5-1 浦东机场服务效率指标提升情况

服务效率评价指标	项目实施前水平	项目实施后水平
值机排队时间	5～30 分钟	3～20 分钟
安检排队时间	5～20 分钟	3～15 分钟
行李提取时间	10～45 分钟	5～30 分钟
出租车等候时间	15～40 分钟	8～20 分钟

在旅客体验关键点上,以"申情净星"服务品牌为例,通过聚焦旅客关心的防疫消毒、厕所气味、排队问题、配套用品等服务需求,通过从软件和硬件两方面出发提升旅客卫生间满意度,实现了 ACI 测评"洗手间方便充足""洗手间清洁度"两项指标分别从排名从十几、二十几位提升至第八、第九位(图 5-24)。

(2) 首推首创,参与制定行业服务标准

浦东机场积极参与行业新标准、新规范等成果制定。2022 年,公司结合既有服务品牌建设成果,参与编制中国民用机场协会《中国民用机场服务品牌评价》团体标准,探索构建机场服务品牌评价指标体系。同时,总结浦东机场现场服务中的先进管理经验,立项编制《运输机场空侧捷运系统运营服务指南》《大型交通枢纽无障碍服务与管理要求》《城市航站楼服务》等团体标准,争当机场服务管理先行标杆。

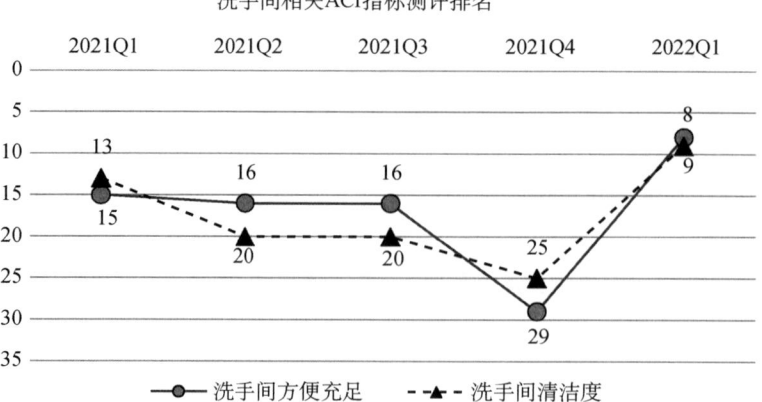

图 5-24　浦东机场洗手间 ACI 指标排名变化

(3) 社会美誉,持续提升服务品牌影响力

在过程中,公司将运用对标一流提出服务品牌战略体系的方法与经验总结形成案例,"卓越服务·对标一流——服务质量对标提升项目",参加"中国质量"首届全国对标管理项目大赛并现场发布,荣获最高等级"示范级"奖项(图 5-25)。在成果上,根据国际机场协会旅客满意度测评结果,浦东机场在已连续 12 年位列全球机场前 10 位的基础上再创新高,荣获"2021 年年度亚太地区 4 000 万以上级最佳机场"奖项。在国内民航资源网(CAPSE)旅客满意度测评中,浦东机场也荣获"2021 年年度 CAPSE 最佳机场奖"。在品牌建设方面,公司服务品牌获得了上海品牌建设促进会授予的"2021 年年度品牌建设先进单位",品牌影响力不断提升。

图 5-25　中质协对标管理项目及 ACI 航空服务相关获评荣誉

未来,浦东机场将继续坚持贯彻服务品牌发展战略,以创新驱动服务品牌提质升级,以旅客体验为导向,推出更多优质的服务产品,将"海纳百川、申情相伴"的服务品牌传递给每一位旅客。

5.1.5 浦东机场十大服务举措

近年来,浦东机场通过每年制定并践行"十大服务举措",使得自身的服务管理和服务质量得到持续不断的改进。以下以 2017 年浦东机场十大服务举措为例,对这种持续改进活动简要说明。

1. 双"馆"齐下,艺术让旅途更精彩

浦东机场与政府部门合作,陆续推出国内首个机场博物馆和机场艺术馆,双"馆"齐下,将更多的艺术精品植根到公共空间,让艺术的美在文化空港流动,让进出浦东机场的旅客能充分体验文化魅力、感悟艺术熏陶。

(1)浦东机场博物馆——国内首个机场博物馆

浦东机场博物馆始创于 2014 年 6 月,坐落于 T2 航站楼国际出发 90 号登机口旁,占地面积约 200 平方米,免费向中外旅客开放,据不完全统计,年参观人次约 100 万。博物馆每半年换展一次,先后推出"欧洲瓷器展""瓶中船展""海派工艺美术作品展"等七个展览,向旅客讲述不同文化艺术的创新、发展、传播和融合。

2017 年 4 月,浦东机场与上海汽车博物馆联合举办"悦行之路"展览,再现 20 世纪 30 年代流行的旅行箱包、化妆箱、餐具和汽车灯具等,让旅客品味"在路上"的移动之美和自由体验。

2017 年 10 月,浦东机场携手上海玻璃博物馆推出《天才玻璃梦想家》主题巡展。展品是由美国塔科马玻璃博物馆专业团队将孩子们的画作变身成为立体鲜活的玻璃艺术品。现场招募活动的部分报名费将投入公益事业,履行社会责任。

(2)浦东机场艺术馆——国内首个拥有固定展出场地的机场艺术馆

2016 年 12 月,浦东机场与市文广局再次深度合作,推出浦东机场艺术馆,位于 T1 航站楼国内出发候机厅北端,占地面积 100 余平方米,年参观人次约 140 万。

2016 年 12 月 29 日,上海市文广局主要领导、机场集团副总裁出席浦东机场艺术馆开幕仪式,首秀推出上海油画雕塑院系列展之"瑞华——肖谷油画展",东方卫视、中国民航报、文汇报等十余家媒体予以宣传报道。

2017 年,浦东机场艺术馆推出"情系八方""秋色风华"两次展览,集中反映了海派艺术家对于传统文化中人与自然的诠释。2018 年,艺术馆引入雕塑等艺术品展览,将更多的艺术品资源引入公共空间,让高雅走进大众。

与"双馆"相映成趣的是,浦东机场与中国航海博物馆在浦东机场航海馆联合推出"向海而兴——上海国际航运中心建设成果展""十八、十九世纪的中国外销艺术品"等展览,丰富机场文化内涵。

2. 空地联动，守护平安

为最大程度争取危重伤、病员抢救的黄金时间，浦东机场联合东航、春秋、吉祥航空公司、地方医院、塔台、联检单位等多家资源，经充分沟通和探讨，签订《上海浦东国际机场"空地联动，守护平安"服务举措实施方案》，"生命急救通道"挂牌启用。

2017年11月24日，浦东机场举行了危急病重旅客急救演练，实践数据表明医疗急救用时整体上缩短10%，这标志着浦东机场正式打通"生命绿色通道"，实现空中-地面-医院无缝衔接。下一步，浦东机场将统筹考虑造血干细胞跨国转运等各类急救保障需求，为生命保驾护航。

3. 行李大使，转盘守望者

行李是旅客最亲密的出行伙伴。2017年3月26日，浦东机场首推"行李大使"服务，每年投入约570万元，配置员工约70人。行李转盘处安排行李大使，协助旅客快速提取行李，并主动为老弱病残孕群体提供行李识别、提取、搬运等工作。

"行李大使"在旅客到达的第一刻传递机场服务正能量。服务自推出以来，每月服务航班约1.9万架次，搬运行李约197万件，受到各界媒体的广泛关注与旅客好评。

4. 你问我答，咨询服务一步到位

浦东机场在T1、T2航站楼到达区域设置集中式旅客服务中心，系统整合原有的酒店、旅游、汽车租赁等服务柜台资源，由旅客服务中心的"1+2"员工为旅客提供现场问询（航班信息查询、方位指引、疑难问题解答、便民特色服务）、酒店信息咨询及汽车租赁等实用资讯导航。

集中式旅客服务中心引入了自助查询系统，旅客可通过查询机快速获取方位指引、航班查询、酒店信息、天气预报等信息，可直接参与满意度调查活动，为机场提供改进方向。

5. 快乐互动，带你玩出花样年华

浦东机场开展"汉服华章"巡游活动，并设立"汉主题园""乡愁小栈"民俗馆，沿途美景相伴心灵，展示上海风貌、江南情怀和中国特色。

（1）"汉服华章"旅客互动体验活动

2017年1月22日，浦东机场航站楼内正式拉开"汉服华章"旅客互动体验活动的序幕，表演者们穿着历代汉服向旅客行揖礼，让人瞬间穿越到"礼乐诗书、汉唐雄风"的中国古代。

每逢春节、七夕、中秋等重大节庆日，浦东机场将举办大型巡游活动。同年8月28

日,"飞越爱的距离,约定爱的浪漫"七夕汉服巡游活动惊艳登场,丽人赠送七夕巧果与月老红线,画师教授旅客画扇技巧等。2018年,浦东机场在春节、元宵节、女儿节开展大型巡游活动。

(2)"汉文化"主题园

2017年5月1日,浦东机场"汉文化"主题园正式开幕,古朴雅致的氛围能帮助旅客放下疲惫,享受匆匆旅途中的静谧时刻。这是继江南园林为主题建造的"寓淞园"及欧洲文化为背景搭建的"欧罗巴花园"之后,为中外旅客呈现的又一大型文化景观,每年投入约40余万元。

2017年10月27日,汉文化园中举办"岁月静好,雅聚重阳"活动,有古筝合奏、汉舞、色空鼓与茶艺等表演及互动体验活动,让旅客拥有快乐好心情踏上旅途。

6. 观景休闲区,旅途深处有桃源

在文化机场建设方面,浦东机场注重"静态与互动相结合,传统与时尚相结合、娱乐与科技相结合"。

T2航站楼C61、C65号登机口附近为旅客提供园林式多功能旅客休闲区。水景绿植的生态休闲空间,给眼睛放个假,都市中的小清新;儿童活动区,给孩子们一方乐土,尽情玩耍,释放天性。

7. 快速过检,效率提升更便捷

(1)海关征税系统

2017年4月,海关启用征税系统,实现扫护照、录品名、自动生成税率,为每一名带有应税物品的旅客提供快速的应税物品税率生成服务,规范办理手续,海关申报速度进入提速时代。

(2)出境边检自助通关通道

去年,浦东机场全面实现入境自助通关,入境旅客最快可在12秒内办结手续。2017年12月,浦东机场17条出境边检自助通关通道正式启用(T1航站楼8条、T2航站楼9条)。出境旅客中半数以上的内地(大陆)和港澳台旅客能享受到通关便利,按照"扫登机牌、刷护照、按指纹拍照片"三个步骤,平均10多秒钟即可完成出境边检查验手续。

(3)自动红外测温通道

2017年12月,浦东机场在T2国际到达区域增设8条"自动红外测温通道",丰富测温手段和准确度,打造没有"热度"只有"温度"的检查通道。

8. 贴心承诺，风雨无阻回家路

（1）出租车站点自主管理

2017年3月16日，浦东机场改变原有的委托管理模式，全面接手出租车站点管理工作。队伍整合，加强员工培训及管理力度；科技手段助力，加装人流密集度统计设备与出租车智能管理系统，提高发车效率，旅客原来等候时间约40分钟，现在基本20分钟内可上车。

（2）主动化解航班延误离场难题

浦东机场主动化解大面积航班延误离场难题，履行社会责任，提升陆侧交通保障能力。如节假日期间增设高峰巴士，覆盖机场周边热点区域，满足短途出行需求；轨道交通与磁浮列车在常态末班车运营结束后，加开班次；大面积旅客积压时，调配应急大巴入场疏散，方便旅客出行，畅通无阻回家的路。

（3）出租车站点环境改造

公司制定了T1、T2航站楼出租车候车排队区环境提升调整设计方案，分步实施，2018年春节前完成部分设施的改造。

9. 智慧有心意，无线出行不用愁

（1）Wi-Fi升级

浦东机场Wi-Fi已实现对所有区域全覆盖，无线总带宽升级至1G。不仅是控制区内，值机区、机场交通中心、停车楼等其他区域的旅客，都可快速接入机场Wi-Fi信号。

（2）优化Wi-Fi取号流程

新增Wi-Fi取号机，旅客持有身份证、护照或港澳台通行证中的任意一种证件，就能迅速地获取到上网账号，实名认证轻松上网。

（3）登机口预知目的地天气

浦东机场联通A-CDM、飞常准及航显三方数据，在登机口为旅客提供目的地的天气情况，为旅客提供出行便利。

10. 美食新体验，舌尖上的浦东机场

浦东机场推出"舌尖上的浦东机场"主题活动，目的是在整合候机楼美食资源、丰富品牌种类，将活动同传承和弘扬海派文化、中华优秀传统文化等有机结合，进一步加深旅客对机场美食印象。

2017年11月，浦东机场"上海年代美食文化馆"正式对旅客开放，为主题活动拉开了序幕。文化馆位于T2国内到达附近，陈列了诸多代表中华以及上海饮食文化特色的展品。

2017年12月20日,浦东机场"舌尖上的浦东机场"美食文化主题活动正式拉开帷幕,陆续推出"上海传统美食秀""中华节气美食文化节""中西咖啡节""火腿节""茶文化节"等系列活动,并结合文化展览、现场才艺展示、美食评选、旅客情景互动等丰富形式,为旅客呈现出一场"视、听、味觉"的饕餮盛宴。

表5-2至表5-4分别展示了2018年、2019年和2020年的公司十大服务举措。

表5-2 2018年公司十大服务举措

十大服务	内容
1. 文化长廊,海派之旅	以海派文化为主题,打造文化长廊,加强固定场馆的文化建设,并建设特色的文化地标
2. 最快Wi-Fi,无限上网	分区逐步提升免费Wi-Fi速度,实现高速上网,达到全球领先
3. 新标准,"馨"亮度	对照新标准,继续做好技术改造,精细化控制
4. 全自助,全流程	推广全自助全流程,特别是自助行李托运设备
	实现航站楼内主要旅客动线区域无缝导航功能
	优化改进国内安检验证,不断推进便利通行,实现智能化安检通道试点,提升旅客过检效率
5. 交通保障,快速响应	改善站点环境,引入非法营运智能识别预警系统。节假日高峰期,通过各类交通资源,及时快速疏散旅客
	停车库增加反向寻车系统
6. 主题卫生间,内外兼修	候机楼主题卫生间采用"海纳百川"主题设计,功能提升,设施升级
	停车楼启动主题卫生间设计改造工作
7. 亲子关怀,精致愉悦	打造100平方米综合旗舰母婴室,儿童乐园提供丰富多彩的游乐设施
8. 全方资讯,有问必答	"旅客服务中心"T1、T2出发到达流程全覆盖,推出信息快速打印机及爱心通道服务延伸等服务举措,人文与科技互联,提供全方位资讯
9. 食住无忧,休闲驿站	"候机楼宾馆",计时宾馆由禁区内转为禁区外经营
	开展"舌尖上的浦东机场"美食文化活动
10. 清洁机场,绿色环保	推出绿色航站楼绿色指标考核体系和绿色航站楼标准,规范楼内餐车等保障车辆的运送标准

表5-3 2019年公司十大服务举措

服务举措	项目名称	项目内容
一、全程无纸,扫码通关	国内无纸化	配合卫星厅启用,T2国内新增12条安检通道,配备人脸识别闸机,支持民航局"无纸化"功能
		选择合作航司,试点T2国内"无纸化"流程
	国际无纸化	研究登机口边防核验功能,8月边防上线"旅客出境信息预报系统iAPI"后,进一步扩展国际无纸化流程范围

续表

服务举措	项目名称	项目内容
二、自助乘机，便利出行	自助值机	开通T1北岛自助值机区域
		打造T1集中式、两站式全自助值机和行李托运，整合调整现有值机岛头自助值机设备，集中有序摆放，方便旅客使用
	值机预约	值机区域设立预约值机专用柜台，方便旅客预约值机，使旅客有更多时间能够在机场休闲购物
	远程问询	提供远程视频问询服务。设立旅客视频问询机，可以实现旅客远程面对面视频问询
	反向寻车	实现P1、P2停车库反向寻车功能，并延伸推广
三、快速过检，安全便捷	智能安检	智能安检通道推广，T2南区增设安检通道自助传筐系统，实现人包对应、流程自助，提升旅客过检效率
	差异化安检	增设无行李、小行李专用通道，减少对应旅客排队等候时间
	安检宣传屏	通过宣传屏的设置，让旅客更好地了解安检政策，帮助提升过检效率
四、行李跟踪，知情无忧	行李追踪	选取T1北岛新增的早到行李线(8个自助行李柜台和10个高端旅客人工柜台)及一个到达转盘作为试点，部署RFID信息读取设备，通过行李跟踪系统读取东航离港及部分到港航班的RFID信息
五、直播搬运，一目了然	行李转盘叠加预警	行李转盘分配系统开通转盘叠加动态预警功能，实时动态调整转盘资源，实现均衡分配，减少旅客等候提取行李时间
	行李装卸双向监控	为提升装卸区行李装卸工的搬运服务意识和服务品质，在2018年实现T1国内5号行李转盘和T2国内38号行李转盘监控试点的基础上，实现T1、T2行李装卸双向监控全覆盖
	T2增加转盘资源	增加T2航站楼0米层行李转盘资源，启用T2航站楼0米层的6条行李转盘，供国内到达行李提取使用，6米层国内调整2条转盘至国际，提升T2行李转盘保障力
六、中转联运，高效衔接	T1中转厅	开通T1中转厅(6米层)国内国际互转流程。协调联检单位，开通T1中转厅的国内转国际流程，实现6米层国内国际互转流程，缩短旅客MCT时间(3月27日开通)
七、地面交通，机上预约	陆侧交通机上预约	建立旅客陆侧交通实时查询系统，实现旅客预约定制交通出行服务。与东航信息部门合作共建，利用东航的机上系统为旅客提供浦东机场陆侧交通地面的信息服务和推送，让旅客在飞机上就能知晓浦东机场地面交通的实时状况
八、特殊关爱，暖心升级	特殊旅客爱心服务延伸	拓展特殊旅客服务范围，将爱心服务延伸至接送机等非乘机的特殊旅客
	安检爱心通道	爱心通道服务改进，更换、增配部分设施配备，提升通道形象，明确服务流程，提升旅客过检感受

第 5 章 浦东机场服务质量管理实践

续表

服务举措	项目名称	项目内容
八、特殊关爱，暖心升级	出租车站点爱心服务	出租车站点爱心畅行服务，完善无障碍设施，与地服、航站区的爱心通道全面对接，打造一站式爱心服务，通过新增站点视觉辅助引导系统，使旅客体验从下机到乘坐出租车全流程的一通到底
	母婴室环境提升	提升楼内母婴室现场质量，为旅客带来更舒适的客户体验
九、文化国粹，快乐互动	文化主题活动	基于浦东机场现有文化艺术景点（艺术馆、博物馆、航海馆等），结合海派文化、新中国成立 70 周年，引入瓷器等中华民族特色文化，开展文化主题活动，加强航站楼海派文化氛围，拓宽旅客文化体验
十、购物餐饮，乐享旅途	日上收银引导	通过增加引导标识使旅客按引导标识有序排队，并清楚每个收银台的排队情况，自由选择收银台，减少摩擦
	商业智能多媒体	构建商业智能多媒体系统，实现航站楼内商业餐饮等综合服务互动功能
	P2 停车楼美食广场	为满足旅客多元化多用餐选择，打造 P2 停车楼美食广场，融入简约时尚元素，为旅客提供美食体验专属空间

表 5-4　2020 年公司十大服务举措

十大举措	项目名称	内容
一、便捷出行，优化旅客自助体验	新增行李自助托运设备	T1 国际南岛新增 8 台行李自助托运设备，逐步将浦东机场自助值机、自助托运打造成集中式服务，提升旅客自助服务便捷程度
二、智能问询，精准答复旅客需求	视频远程手语翻译服务	使用伴你无碍 App（上海残联无障碍建设合作伙伴），为听障人士提供视频远程翻译，实现无障碍沟通。增加到达旅服中心 2 个点位
	旅客现场服务辅助系统	开发语音识别系统，通过后台自动收集旅客问询信息，进行大数据分析，判断旅客需求，为前端服务人员提供现场服务的最新信息，精准推出有针对性的服务举措，提升旅客体验
三、智慧安检，推进安检便捷化服务	新增安检毫米波人体检查仪	对标国际一流，积极推进新设备、新技术在安检过程的应用，配合差异化安检业务需求，提升安全裕度，计划新增安检毫米波人体检查仪
四、推进安检宣传和物品暂存的信息化管理	旅检区域增设电子宣传屏	使用电子宣传屏取代现有纸质宣传立牌，实现宣传内容随意切换、人机互动自助查询
	旅客暂存物品电子台账	使用暂存台账，实现电子信息录入、快速查询旅客暂存信息、电子凭单领取暂存物品
五、客流预警，保障旅客值机体验	T1 值机岛客流信息监控	通过布设值机岛智能硬件设施，采集 T1 国内区域的值机岛客流数据，分析值机岛及自助值机区域的客流数据情况，实现排队队伍溢出预警、通道堵塞预警、值机岛岛头和岛尾人员扎堆聚集预警，便于及时处置调度

续表

十大举措	项目名称	内容
六、打造卫生间智慧管理，提升旅客服务满意度	卫生间智能运管系统建设	为提升保洁服务质量，提升旅客卫生服务满意度，计划2020年建设卫生间智能运管系统。依托智能传感器数据采集技术，结合保洁业务管理流程，实现监测卫生间温湿度、照度、排风、异味等数据，保洁服务实时智能指挥调度，卫生设施使用情况统计分析等，在航站楼主流程约20套繁忙卫生间内进行试点
七、人文地图，整合机场文化景观	推出浦东机场人文地图	规划浦东机场人文地图，将航站区楼内人文景观、艺术表演系统地串联起来，制定全年文化展示规划，绘制人文地图，充分展示浦东机场的文化内涵
八、智能交通，保障旅客陆侧交通出行	推进建设三维可视化系统	持续推进建设三维可视化系统，整合陆侧交通所有监控、运行系统，形成三维立体可视化画面，达到实时监控浦东机场陆侧交通情况，对有问题的点位，及时发现问题，并作出提示报警，为闭环工作和服务提升工作提供有力支撑
九、停车无忧，帮助旅客寻车引导	P2大巴层新增车位引导及反向寻车系统	针对P2停车场大巴层600多个地面车位，计划采用视频车位引导系统和地磁引导系统结合的方式，将对车位状态及数量进行实时监控，同时采用反向车系统，提升车场管理效率和旅客通行效率
十、商业主题宣传活动，打造商业新模式	商业主题宣传活动	为助力打响上海"四大品牌"，浦东机场将通过系列宣传和活动让往来的世界各地旅客了解上海这座城市特有的城市精神，使旅客在浦东机场不仅感受到实惠的价格、舒适的环境、人性化的服务、更能切身投入感受上海的海派特色文化。进一步促进浦东机场商业消费、传播机场商业品牌，使旅客感受互动体验式购物，开启"焕星旅程"
	商业模块智能显示屏	进一步推进标准化店铺管理，上线商业模块智能显示屏，在符合监管要求的前提下，通过后台信息管理系统的建设发布店铺相关证照、服务承诺等，优化店铺墙面展示，将浦东机场商业打造成为"上海购物"最佳体验区，营造更优更好的旅客购物环境
	商业经营新模式	与机场国旅开展线上合作模式，发挥线上消费引导作用，形成线上、线下联动商业经营新模式，为旅客提供更为便捷的个性化消费购物新体验

5.2 服务亮点

5.2.1 全球最大单体远距离卫星厅

2019年9月16日，浦东机场卫星厅正式启用，随着卫星厅正式启用，浦东机场可满足年旅客吞吐量8 000万人次的运行需求，进一步改善机场运营环境，持续提升服务品质，更好服务航空公司高效枢纽运作，更好服务旅客便捷出行将进一步提高浦东机场旅客吞吐能力,为上海加快建设国际航运中心和亚太航空枢纽、提升城市能级和核心竞争力提供有力支撑[1]。

(1) 坐"地铁"进出卫星厅

旅客通过捷运系统往返航站楼与卫星厅,浦东机场是全球首家将城市轨道交通钢轮钢轨制式列车运用于机场空侧交通的机场,也是国内首个实现 24 小时不间断运营的捷运系统,旅客从安检到卫星厅不同位置的登机口的时间大约在 4~15 分钟。

(2) 枢纽运营更为高效便捷

① 卫星厅新增 90 个登机桥位,航班靠桥率将从 50% 提高到 90% 以上,其中环绕中央核心区有 35 座三层可转换登机桥,同一架靠桥飞机在原地可完成国际、国内航班切换[1]。

② S1 卫星厅的中央中转大厅集中设置了国际转国内、国际转国际、国内转国际 3 种中转流程,国内转国内可在国内混流层同层中转,将极大缩短航班最短衔接时间。

③ S1 卫星厅的全自动行李处理系统,每小时处理行李高达 5 000 件,全面支持航空公司通程航班"一票到底、行李直挂"的业务需求。

④ 与卫星厅配套建设的飞行区下穿通道,实现了飞机滑行与车辆行驶的立体分层通行,提升了航站楼与卫星厅之间的运输效能。

(3) 多样化商业餐饮

卫星厅中心商业区的餐饮购物品牌与现有航站楼的差异化达到 85% 以上,营业面积超过 2.8 万平方米,免税店面积近 1 万平方米,是现有航站楼的 1.7 倍。浦东机场也因此成为单机场免税规模境内第一、世界前列。受旅客欢迎的免税香化商品,在卫星厅免税店将实现品类全覆盖,价格力争实现"亚太机场免税店最佳价格"[2]。卫星厅里的餐饮囊括了中西各地美食,既有连锁餐饮品牌,又有网红品牌,可以满足各层次消费需求。新雅茶室、老正兴、德兴馆等上海老字号餐饮品牌也入驻卫星厅,展现上海海派餐饮特色,而且餐饮商户将 100% 兑现"同城同质同价"的服务承诺[3]。

5.2.2 地面交通

浦东机场的陆侧交通服务始终以旅客为中心,通过管理创新、服务创新、科技创新,打通航班、人、车数据交互的壁垒,实现车行顺畅、人流畅通,确保每一位旅客畅行到达。

(1) 实现出租车站点自主管理:依托智能科技,提高发车频率。行业内第一家推出出租车短途 GPS 智能化管理,站点采用 GPS 判别旅客乘车路线,替代人工短途票,旅客平均等候出租车时间 5.5 分钟,高峰时段平均等候时间 20 分钟,极端不超 30 分钟。站点首创"非法营运智能识别预警系统":针对"黄牛""黑车""非法营运",站点事先从执法部门获得被监控人员数据,然后通过人工智能、识别、大数据三种技术结合进行面部识别,对布控范围内的非法客运人员进行全程视频记录取证,建立数据库配合执法部门定向管控,有效改善运营秩序和提升运行效率。为提高旅客候车感受,浦东机场对出租车站点现场旅客排队时间进行实时监控,排队区域根据客流密度监控,实现"人多了,开闸道;人少了,变直道"的自动道闸模式,非常智能和贴心,并在站点设置动态电子提示设施,提示旅客等候时间,在智能化的同时,使旅客有更多人性化、目视化的体验。

(2) 反向寻车:浦东机场的 P1、P2 停车库目前停车位超过 5 000 个,为破解寻车难点,改善旅客体验,浦东机场停车楼车辆"反向寻车"服务已经开始试运行,该服务采用当前主流的视频技术,在 P1、P2 两座停车库布设了近 2 000 个摄像头,覆盖所有小车位,通过系统软件进行整合,让旅客可以在短时间内即可查找到自己的车辆,有效破解了停车库寻车难、追溯难等问题。在 P1、P2 停车楼 B1、B2 层停车的旅客,可以通过两个停车楼内的共 30 台终端查询车辆停放位置,并根据终端界面上提供的路线前往停车点。

(3) 无感停车:在停车支付方面,浦东机场是全国首个实现融合无感支付的机场。目前 P1、P2 两座停车楼已经实现了支付宝、微信、银联云闪付等多种支付方式的自动扣款。只要旅客绑定支付宝、微信、银联卡,在浦东机场停车缴费时都可以使用这些无感支付方式。

5.2.3 值机与安检服务

(1) 优化安检待检区蛇形排队。通过动态调整队形,提升旅客排队感受蛇形排队栏杆管理结合现场实际和旅客服务需求,进行精细化管理,完善相关制度,实行专人负责,确保栏杆的摆放在高峰时段和平峰时段进行动态调整,以适应不同时段旅客排队的需求。

(2) 实行分类安检,提升旅客过检体验度。增设儿童通道、无行李、小行李等专用安检通道。2019 年 5 月 24 日,浦东机场开始试行儿童优先通道,1 名 1.3 米以下的儿童可以有两名随行人员陪同,带小朋友出行更便捷。目前 T1、T2 航站楼的 4 个安检区域均设有儿童优先通道。

此外,浦东机场还在 T1 航站楼国内安检区开设 1 条无行李、小行李专用通道试点。

5.2.4 行李服务

(1) "直播"行李搬运,行李装卸透明可视。为了让旅客放心,浦东机场于近期试行推出行李装卸透明作业,在 T1 航站楼的 5 号行李提取转盘和 T2 航站楼的 38 号行李提取转盘安装了直播大屏,实时为大家呈现行李搬运过程,同时在行李装卸区域新增显示屏,实现行李装卸双向监控。既让旅客实时了解行李装卸的情况,也能让员工在工作区的显示屏上看到旅客提取行李的情况,进一步规范员工操作,真正做到"旅客知情,员工自律"。

(2) 细节入手,优化行李大使服务。浦东机场境内首推行李大使服务,行李大使主要负责在行李转盘旁帮旅客整理、提取行李。2017 年,行李大使们再一次从细节上入手优化服务,试行用增加了硅胶层的"黑手套"替换原有的"白手套",防止在提供服务的过程中出现行李箱脱手的情况;又增配专用抹布,帮助旅客擦拭淋湿的行李箱,最大程度地保护旅客的行李,让旅客感受到诚意满满的浦东机场。

(3) 行李查询,微信"信查询"。行李查询推出新举措,尝试结合用微信"扫一扫"功能,为旅客制作"行李查询服务提示"。行李查询将阿联酋航空、卡塔尔航空等 7 家航空公司官网的查询行李页面,通过网页插件转化为二维码,与不正常行李延误处置流程、二维码扫描说明一同打印在 A4 纸上,在为旅客填写行李事故报告时一并发放。让旅客在家中通过微信扫描,也能够实时查询到行李的进展,减少旅客不安和焦虑。

(4) "互联网 +"失物招领。"互联网 +"将"失物招领"服务从"被动"等候变为"主动"提示,旅客在浦东机场不慎被遗失的证件,在被交至失物招领处后,只要后台系统内与 App 注册用户匹配成功,App 将第一时间向旅客推送信息,提醒旅客前来领回证件。

5.2.5 环境与设施

(1) 打造综合旗舰母婴室、推出"海纳百川"主题卫生间。

在浦东机场的客流密集区,打造集综合旗舰母婴室和主题卫生间,都引入了第三卫生间和家庭卫生间的概念,突出了亲子空间的位置,充分考虑二孩的社会情况,避免了爸爸或妈妈单独带着孩子外出时,不知道该进男卫生间还是女卫生间的尴尬,充分体现"智能化"与"特殊旅客关怀"。

(2) "动静结合"打造文化机场。浦东机场作为上海城市文化传播的第一窗口,始终致力于文化机场建设,为不断提升旅客的获得感,浦东机场力求形式多样,充分展现机场的文化温度。

通过固定场馆的展览展示。公司与市文广局政企合作,成为首个机场博物馆、机场艺术馆以固定场馆形式落地的国内机场。同时,相继推出了航海展、航站楼内主题公园、"乡愁小栈"民俗馆,为广大旅客营造轻松愉悦、有内涵的乘机候机环境。

开展精彩多样的文化主题活动。"舌尖上的浦东机场"系列活动、"汉服华章""海派旗袍"互动巡游、"我在浦东机场学非遗"旅客互动,将非遗大师、民间达人请到机场,进行技艺制作展演,现场教授技艺,让旅客在旅途中体验传统文化韵味和节日的温馨,把海派文化、江南文化以趣味的现代方式呈现在旅客眼前。目前,浦东机场已经基本形成人文景观交融、行走其间人文气息与旅客体验交互成趣的文化机场格局。

5.2.6 离港与到港服务

(1) 充分发挥区域化管理作用。

公司发挥浦东机场管理当局主体作用，依托"区域化管理＋专业化支持＋OC (Operation Center)运营平台"的管理模式，与各驻场单位紧密协作，为旅客提供最佳的服务体验。公司在飞行区、航站区、场区三大区域分别成立了"飞行区联席协调平台""航站区同创共建平台"和"场区管理平台"，按照"信息共享、运营共商、难题共解、责任共担、成果共享"的五大原则，建立了多层面的沟通协调机制，帮助航空公司解决运行服务保障实际困难。飞行区联席协调管理平台围绕航班正常开展工作协同，效果明显。2018年浦东机场航班放行正常率82.73%，比2017年的67.91%提升了15%。

(2) 实现两楼进、出港"一站式"问询旅客服务中心。

公司整合航班、酒店、汽车租赁等服务柜台资源，在T1、T2航站楼的出发和到达层完成旅客服务中心建设，为旅客提供"一站式"实用资讯导航，推出"里加外"创新服务，即在客流高峰期间，当问询旅客超过2人时，柜台内问询为前端旅客提供问询服务，外围问询将主动跨前为旅客提供问询服务，避免旅客等候较长时间。通过"里加外"服务，实现了主动跨前、快速分流，全力打造高效、便捷、亲和的问询服务。

5.2.7 航延服务

(1) 配备航站区旅客关顾组(Passenger Care Team，PCT)

在浦东机场发生大面积航班延误时，为滞留在航站楼内的旅客提供信息咨询、情绪安抚、了解旅客需求、增加现场监控、帮助联络航空公司，提供有针对性的旅客关顾服务，体现浦东机场人性化服务的理念。

① 为现场旅客提供信息咨询、情绪安抚。
② 关注大面积航班延误区域航空公司人员是否到位、是否按要求发放物品。
③ 关注旅客聚集区域是否有聚众闹事等情况。
④ 关注并优先为"老、弱、病、残、孕"等特需人群提供帮助。
⑤ 协助现场发放毛毯、饮用水。
⑥ 特殊情况及时报TOC。

(2) 创新推出航班延误旅客保障航显举措

2017年11月28日起，根据航空公司航班延误时具体情况和航显的个性化页面功能，为国泰港龙航空实现航班延误候补乘客叫号页面。此举有利于维护航班延误时候补旅客值机秩序，避免旅客因信息不对称造成的误解。

(3) 提供航空公司国内航班禁区内退改签柜台

进一步提升浦东机场乘机旅客服务体验，并共同提高机场资源使用效率，减少及避免旅客因误机和改签造成的来回奔波，2016 年 1 月起浦东机场分别向国航、吉祥、春秋航空提供了国内航班禁区内退改签柜台。

(4) 开通国际航班返流流程

2017 年 11 月 28 日起，浦东机场两楼航空公司已正式开始执行国际航班返流流程，当发生航班取消，旅客需返流时，航空公司将按流程规范进行返流申请，由 TOC 统筹安排各联检单位，为航空公司提供一条龙服务，既减少返流旅客与正向旅客的交叉干扰，也极大地方便航空公司操作。

(5) 陆侧交通托底保障

浦东机场与新世纪运输、空港巴士、空港国际、顺祥电巴 4 家企业签订托底保障协议，预案启动后配备充足数量的应急大巴，免费将旅客疏散至人民广场、龙阳路等交通枢纽（调配能力：30 分钟配备 8~10 辆大巴、60 分钟配备 15~20 辆大巴、90 分钟配备 50 辆以上大巴）。

5.2.8 特殊旅客服务

(1) 爱心通道五方联动：上海浦东国际机场为行动不便的旅客提供轮椅等服务，同时为他们安排陪同人员与优先通行的通道。负责机场航站楼的航站区管理部、负责机场出租车站点的交通保障部、机场最主要的主基地航司东航地服浦东旅客服务中心，以及负责陆侧交通的磁浮公司、上海地铁第二运营有限公司，都建立了接待特殊旅客、开展爱心服务的机制[4]。随着浦东机场推进"人文机场"建设，进一步完善爱心通道成为各单位的共同期望。在 2019 年春运开始前，由浦东机场运营方上海国际机场股份有限公司牵头，通过上海空港社区党建联建文明共治机制，各家单位相约共同签署了实现"五方联动"、延伸爱心通道的合作协议[4]。

根据协议，这些具备爱心通道的签约单位，建立了合作机制和信息沟通渠道，只要有其中一家收到旅客求助、开启爱心服务，就会同时向旅客询问在其他各环节有否需求、并告知相应负责单位，让旅客不用再一一求助。而上海机场服务热线的负责单位浦东机场"翔音组"则成为最主要的求助入口和信息分享枢纽。

即使没有提前收到预约，如果某一家签约联动单位的工作人员发现行动不便的旅客，也能够协助其联系申请各环节的爱心通道。

(2) 全国机场首创远程视频手语在线翻译服务：2019 年 8 月，浦东机场在旅客服务中心推出了全国机场首创的专为听障旅客服务的远程视频手语在线翻译服务，大大提升了为听障旅客服务的效率，优化了旅客体验。浦东机场在两楼出发到达的旅客服务中心安装了"伴你无碍"App,当听障旅客前来问询时,问询员只需点击App上的"一键使用视频手语翻译"按钮,便能连接到后台专业翻译团队,协助听障旅客与问询员之间的沟通,快速解决这一类特殊旅客的各类问题[5]。

5.2.9　不断探索智慧安检新模式

（1）在T2南区6条通道和卫星厅国际转国内6条通道上配备智能回筐设备,和卫星厅同步正式启用,通过与X射线检查设备协同运行,做到旅客人身和手提行李的一一对应,提高过检效率。

（2）试点3台毫米波人体检查设备改善旅客安检体验,该设备能够快速探查人体表面携带嫌疑物,降低机场安检人员的工作强度,提高违禁品查验能力,且检查中不需要接触旅客,不需要旅客脱掉衣物及原地转身,下一步,将以该设备的测试数据为依据,结合安检业务实际需求,探究其在安检业务链中的应用和推广。

（3）2019年起,浦东机场T2航站楼在国内开辟一条通道,开展试点差异化安检工作。截至同年7月底,约21万名优选旅客参与体验,好评率100%,优选旅客对安检法规的掌握度、对安全检查的配合度都较高,专用通道过检较普通通道最高可得到近20%的效率提升。

5.2.10　推进行李全流程跟踪系统建设

2019年9月26日,浦东机场T1北岛东航高舱位柜台已投入使用RFID行李条,行李跟踪系统正式上线试运行。

浦东机场T1航站楼的RFID行李跟踪系统具有以下几点优势:一是跟踪环节最全面,覆盖9个行李处理节点(托运—开包—安检拍照—离开分拣系统—辅助人工分拣—装车—装机—卸载—到达);二是首创可视化辅助人工分拣;三是首创更换侧板及部署底部天线扫描,实现了对原有的分拣系统进行硬件改造,最大限度地减少对行李处理区域的人员工作影响;四是已经实现读取数据共享给分拣系统,分拣系统具备后续升级为RFID读取依赖的可能;五是数据读取率,可达99.98%(IATA要求,读取率的行业准入标准不低于99.7%);六是数据格式符合全国行李跟踪数据平台互通的格式标准,浦东机场行李跟踪数据按照"航易行"云平台标准建设,未来与中国航信搭建的作为全国行李数据交互的平台对接,可以实现各个机场、航司的行李跟踪数据互通。

5.2.11 提升旅客中转服务体验

（1）通程联运

早在2009年，东航就在上海机场集团的支持下，在浦东机场推出全国首家"通程航班"业务，2018年6月1日，经海关总署正式批复，东航与达美航空代码共享航班的"通程航班"项目在浦东机场开始试行，浦东机场再次成为我国内地（大陆）首家外航获批开通"通程航班"业务的机场。东航在浦东的通程航班中转旅客吞吐量，从2009年业务开通之初的全年14.6万人次，大幅增加到2018年的141万人次，年均增长达28.66%。到2019年9月，浦东机场所有东航航班全部开通通程服务，通达的中外航点可达163处。在"通程航班"业务模式下，中转进出境旅客将享受在始发站一次办理乘机手续，托运行李交运，经中转地海关对旅客手提及托运行李实施一次监管，行李至目的站直接提取的"一票到底，行李直达"的高效、便捷通关服务[6]。

（2）跨航司中转服务

通过浦东机场中转，凡当日搭乘东航国际航班进港的旅客，只要下一段是在浦东机场T1航站楼后续转机达美航、法荷航、华航的国际或地区航班出港，并且在始发站已经打印了中转前后各段的登机牌、办理了联程值机手续，均可享受自助通道的便利。在浦东机场转机，旅客只要带好随身行李、顺着航站楼的指示牌，使用自助过境通道，在闸机前阅读安全须知、确认同意，再扫描护照、自助拍照、扫描登机牌；自助通道则会通过人像留存技术，完成快速确认后开闸放行。整个自助过闸的5个步骤，通常只需要耗时20秒。

（3）T1中转厅启用

随着T1航站楼6米层中转厅的全面启用，旅客转机不用再像过去那样自己拿行李、重新办托运，而是可以通过浦东国际机场T1航站楼6米层中转厅，体验行李直挂通程的便利。

在浦东机场目前全面启用的T1中转厅区域可以实现全部四种旅客中转模式，并极大地缩短了经由上海转机的旅客中转时间。6米层中转厅未启用之前，已办理联程值机手续的转机旅客在抵达后需要先至0米层出口出去，再至12米出发层办理联检手续，行经路线长，步行时间长，耗时耗力。6米层中转厅全面启用后，此类旅客在抵达后可以直接前往6米层中转厅，行经路线大大缩短，节省了步行时间。据测算，使用6米层中转厅新通道，国内转国际旅客步行时间可以节省50%；国际转国内旅客步行时间可以节省60%。

5.2.12 全力打造智慧机场

（1）积极推进"无纸化"便捷出行，响应民航局"无纸化"便捷出行号召，在按照民航局要求开展国内航线"无纸化"工作的同时,自我加压,与国际航协、联检单位、航空公司携手努力,解决了国际、港澳台航线"无纸化"难点问题,形成浦东机场国际、港澳台航线"无纸化"业务流程标准,共同助推中国民航旅客便捷"无纸化"进程。2018年10月29日,浦东机场举行了国际、港澳台航线"无纸化"便捷出行流程启用仪式,成为中国境内首家具有国际、港澳台航线"无纸化"便捷出行功能的机场。

这一有益的尝试不仅为行业"无纸化"的整体推进,填补了国际、港澳台业务板块的空白,同时积累了实际操作经验,为行业树立了示范样板。目前,民航局在《关于促进民航"无纸化"服务提质升级的通知》中,将浦东机场国际港澳台航线无纸化成果作为典型案例在行业内进行推广。

（2）大力推广全流程自助项目,设置值机、行李托运自助设备,增加边防、检验检疫自助通关通道,提升流程效率,让更多旅客感受便捷、精致、无感的出行体验。浦东机场在2018年5月获得IATA"白金机场"认证,这是IATA"便携旅行"项目的最高级别认证,该认证意味着旅客可以在浦东机场体验到更高效、更便捷的航空出行方式。目前,航站楼内设有188台自助值机和自助行李托运终端设备、126条边检出入境自助通道,实现了自助值机、自助通关服务,以及东航、南航等航空公司自助行李托运功能。

（3）在智慧应用上,浦东机场不仅大力推进无纸化上线运行、持续改进中转流程、优化陆侧交通、获得IATA"白金机场"认证,还从新时期旅客需求出发,紧扣互联网生活特点,提出改进提升目标。

无限上网:目前全球大型枢纽机场基本都提供无线上网功能,但是旅客上网体验不佳,普遍存在上网速度、掉线、上不去、连接步骤繁琐等问题。浦东机场的免费Wi-Fi,旅客一次认证后即可在浦东机场享有3个月一键上网。新升级打造的Wi-Fi网络总带宽由1G提升至8G,采用了国内行业最先进的技术方案,支持5万人同时在线使用,速度从原有的平均下载带宽2.4 Mbps提速至50 Mbps,（较2017年初）平均网速提升20倍,经现场测试,在5G频段下单用户下载带宽最高可达120 Mbps,达到百兆下载目标,并通过增加AP数量,保证网络的稳定性,实现了Wi-Fi信号全覆盖,旅客在浦东机场全流程高速顺畅上网无盲区。

无障碍支付:浦东机场积极建设移动支付平台,充分引入多种移动支付方式,努力把浦东机场打造成拥有移动支付方式最全的机场。国内外旅客只要开通移动支付功能,均可在浦东机场体验无障碍支付。

参考文献

[1] 上海发布.浦东机场启用全球最大单体新卫星厅[J].空运商务,2019(9):31-33.

[2] 李晔.卫星厅候机新"姿势":走路少用时短,告别摆渡车[N].解放日报,2019-09-17(5).

[3] 钱擘,东子.精雕旅客体验 打造品质枢纽——浦东国际机场三期扩建工程侧记[J].航空港,2019(5):10-15.
[4] 钱擘.上海浦东国际机场"五方联动"爱心通道实现常态化服务[N].中国民航报,2019-06-07(3).
[5] 李晶,史志瑛,蒋巍.浦东国际机场一站式旅客服务中心转型发展实践:上海空港论文集[C].上海:上海世纪出版股份有限公司,科学技术出版社,2020.
[6] 陈洁恩,朱海峰.浦东机场获ACI评选"全球最佳机场"分项奖第二名[J].航空港,2018(5):18-19.

第 6 章

浦东机场服务对标管理和持续改进

6.1 浦东机场对标管理体系建设

6.1.1 对标项目管理

2019 年以来，上海国际机场股份有限公司(以下简称公司)领导高度重视对标管理工作，公司建立对标一流领导小组、对标一流推进办公室和对标一流工作组三层组织架构(图 6-1)。

领导层 对标一流领导小组	组长：**总经理、党委书记** 成员：公司领导班子其他成员
推进层 对标一流推进办公室	主任：**服务分管副总** 副主任：服务管理部主要负责人 成员：各相关职能部门主要负责人
实施层 对标一流工作组	组长：**各单位行政主要负责人** 副组长：各单位分管对标负责人 成员：各单位对标专职工作人员

图 6-1　组织架构

领导小组由公司总经理与党委书记共同担任双组长，各分管副总为组员，全体领导班子共同参与构成，负责公司对标一流的战略指导及关键决策，全面统领公司对标一流工作。推进办公室和工作组全面覆盖了公司各职能部门、基层单位、投资公司的主要领导和分管对标领导。

公司以“美好生活的最佳航空保障”为企业使命，以“品质领先的国际航空枢纽、世界一流的机场产业集团”为企业愿景，营造对标氛围，培育“比、学、赶、超、创”的赶超世界一流对标文化，将对标项目推进情况纳入绩效考核。

6.1.2 组织保障

组织架构符合要素驱动、系统推进、项目实施的对标工作机制要求，领导小组引导组织开展对标一流，推进办公室由公司全体职能部门组建，按照“牵头条线 + 业务模块 + 资源保障”形式推进，主要负责系统推进对标项目；工作组由所有基层单位和投资企业组成，主要负责实施对标项目(图 6-2)。

公司服务管理部既是公司整体对标工作的统筹组织部门，又是服务条线对标的牵头部门，制定了《上海国际机场股份有限公司对标一流管理办法》，树立当前和未来两种视角、国内和国际两个维度，按照立标、追标、达标、创标步骤持续提升(图 6-3)。

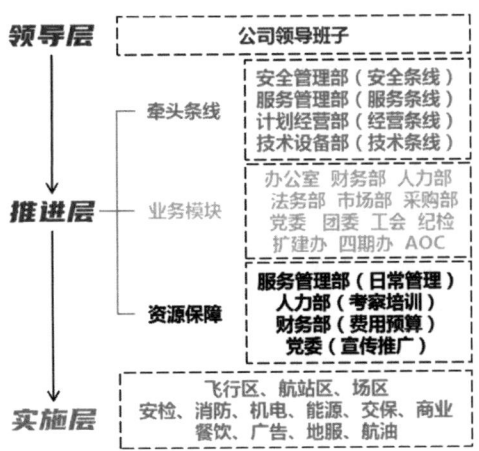

图 6-2　推进形式

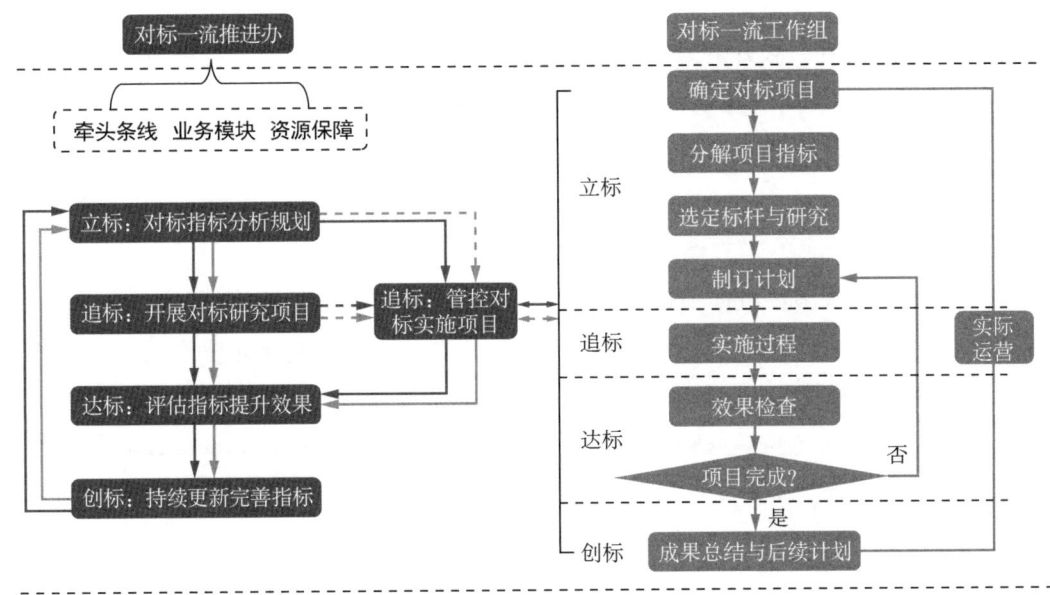

图 6-3　工作流程

6.1.3　增强员工的对标意识和技能

在《上海国际机场股份有限公司对标一流管理办法》发布之后,公司邀请多位专家教授举办对标一流系列培训,内容包括对管理办法的宣贯解读、对标管理的理论与实践、基于大数据的对标信息采集与分析方法、对标方法工具辅导及案例分析等,大大提高了员工的对标意识,提升了相关方法和技能的应用能力。

6.1.4　公司层面系统推进对标工作

1. 总体策划

公司策划并制定了对标发展规划：2019—2020 年是策划准备阶段，主要建立机制、夯实基础；2020—2022 年是全面推进阶段，完成构建体系、系统实施的任务；2022 年以后为深化提升阶段，努力形成标杆，实现管理输出。

同时，公司建立了全面、可量化的对标指标体系，从枢纽建设、卓越运营、经济效益、内部管理、改革发展和未来机场六大领域中细化关键指标，全面覆盖了公司各项运营与管理职能，明确了各指标的负责部门。

2. 推进落实

在对标推进层中，"牵头条线"部门不仅需要进行对标研究，同时按照安全、服务、经营、技术四条线推进公司对标项目，量化指标的计算方式，评估指标现状、研究标杆实践情况并制定指标提升目标，各条线按照指标目标形成对标提升规划。"业务模块"部门进行本部门业务的对标研究、协同管理对标项目。"资源保障"部门在对标各阶段过程中协调与配置财务、人力等资源、考核激励、宣传推广等工作。

为了更好地推进落实对标项目，公司构建了对标方法和工具库，包括定性研究方法、战略分析方法、决策支持方法、项目管理方法、人工智能方法、质量管理工具六大类别约 50 种方法工具，分析其在各阶段中的适用性（图 6-4）。

类别		方法工具名称	页码	立标阶段	追标阶段	达标阶段	创标阶段
方法	定性研究方法	文献研究法	4	•			
		专家访谈法	4	•	•	•	•
		问卷调查法	4	•			
		头脑风暴法	4	•	•		
		比较分析法	5	•	•		
		经济总结法	5				•
	战略分析方法	价值连分析	5	•			
		SWOT分析	6	•			
		KANO分析	7	•	•		
		价值树模型	7	•	•		•
		平衡计分卡	8	•			•
		战略地图	8	•			•
	决策支持方法	AHP法	9	•	•	•	
		解释结构模型ISM	10	•	•		
		数据包络分析DEA	10	•	•		
		TOPSIS方法	10	•	•		
		DEMATEL方法	10	•	•		
		质量功能展开	11	•	•		
		模糊综合评价法	11	•	•		
		因果树分析	13	•	•		
		不良质量成本分析	14	•	•	•	
	项目管理理论方法	挣值甘特图方法	14		•	•	
		价值分析法	15		•	•	
		里程碑计划	15		•	•	
		蒙特卡罗模拟	16		•	•	
		精益管理方法	16		•	•	
		网络图	16		•		
		系统工程	17		•	•	•
		范围管理	17		•	•	
	人工智能方法	网络舆情分析方法	18	•			
		其他AI分析方法	19	•	•	•	
工具	质量管理工具	流程图	19	•	•		
		检查表	20	•	•	•	
		直方图	21	•	•	•	
		散点图	21	•	•		
		因果图	22	•	•		
		控制图	23	•	•	•	
		排列图	23	•	•	•	
		亲和图	24	•	•		
		关联图	25	•	•		
		过程决策图	27		•		

对标方法与工具库

图 6-4　对标方法与工具库

3. 评价与改进

公司"牵头条线"部门定期对对标项目进展进行监督管理,不定期检查或抽查,评估项目效果,发现偏差及时纠正,保证项目按计划进行,在项目结束后明确不同阶段下的重点指标和重点任务。

4. 成果推广

公司每年年底对本年度对标项目进行成果总结,组织召开项目总结汇报会,打造成为内部对标"样板间",搭建平台供相互学习,特别优异的对标项目通过行业平台等渠道对外分享成果。

6.2 基于 PDCA 的对标工作流程

6.2.1 对标管理的定义

对标管理是指企业以行业内或行业外的一流企业作为标杆,从各个方面与标杆企业进行比较、分析、判断,通过学习其先进经验及最佳管理实践来改善自身的不足和短板,从而赶超标杆企业,不断追求优秀业绩的良性循环过程。

对标管理工作主要解决对标什么,跟谁对标和怎么对标这三个关键问题。

6.2.2 部门对标工作流程

浦东机场各个部门对标管理工作可以划分为四个步骤,包括对标机场选择和短板确定、对标改进项目提出和评价、对标改进项目立项实施和效果评估、创立标杆(图6-5)。整个对标流程遵循 PDCA 循环和持续改进的思想。

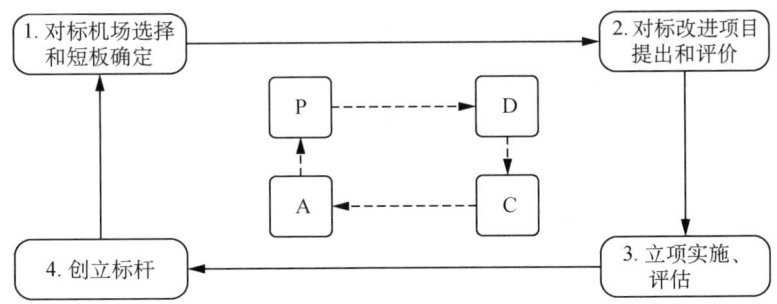

图 6-5　部门对标流程和 PDCA 循环

1. 对标机场选择和短板确定

本阶段主要解决的是"对标什么"与"和谁对标"这两个问题。

一般而言，对标目标机场或企业的确定可以基于以下两种标准：①由外部压力带来的目标，例如第三方评价结果或政府评价成绩；②企业内部的自我持续改进中的对标目标（如优化目标）或基于机场未来发展方向的未来机场模式。

可以通过如下渠道获得潜在对标机场的信息：

（1）国际评价或排名中获取标杆机场，如 ACI 及 CAPSE 测评结果；

（2）通过公开媒体报道信息获取潜在的对标对象；

（3）通过竞争情报获取；

（4）通过爬虫等手段获取真正的旅客和其他利益相关者评价信息，选择标杆企业。

在以上资料收集的基础上可以利用文献研究法、专家访谈法、头脑风暴法、比较分析法等方法进一步缩小潜在对标机场的范围。

进一步通过将浦东机场的各个职能部门、运营流程、绩效评价标准等方面与潜在标杆机场（企业）进行比较，细化对标中的关键流程、部门或关键因素，最终明确浦东机场目前存在的主要问题、不足或短板。

短板分析过程中可以采用的主要方法和工具包括：专家访谈法、问卷调查法、头脑风暴法、价值链分析、SWOT 分析、FMEA 方法、故障树分析、COPQ 分析、KANO 分析、网络舆情分析方法、平衡计分卡和战略地图、价值树模型等。

浦东机场对标机场选择和短板分析的基本流程如图 6-6 所示。

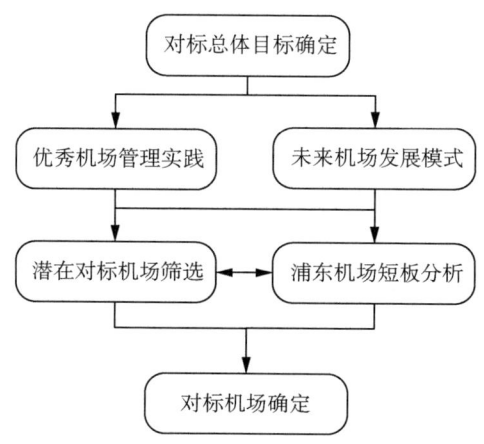

图 6-6 对标机场选择和短板分析流程

各个部门的对标总体目标往往通过在股份公司层面的机场关键评价指标体系进行体

现。而潜在机场筛选和浦东机场短板分析是一个紧密相关的过程,对标机场应该在浦东机场的短板方面有比较明显的优势,该领域的管理实践也应该是世界领先的,且是未来机场发展的方向。

2. 对标改进项目提出和评价

本阶段主要解决的是"如何对标"的问题。

结合浦东机场各个部门自身短板分析,以及对标的标杆机场或企业的最佳管理实践,找到导致标杆机场成功的关键影响因素,并将其作为对标的关键指标(KPI)。在后续的改进活动中围绕这些关键指标设立改进项目。通过统一的评审,确定特定周期内(如一年)实施的改进项目。改进项目一旦确立,浦东机场需要确保投入相应的资源以支撑该改进项目的顺利实施,以期最终达到甚至赶超标杆机场该方面指标的目的。

在这个阶段,可以采用的主要方法和工具包括:文献研究法、专家访谈法、头脑风暴法、比较分析法、FMEA 分析、优先级别判别矩阵等。

3. 对标改进项目立项实施和效果评估

项目实施过程中设立专门的对标改进实施小组,责任到人,从组织、人员以及投入、实施流程优化等方面助力重点对标项目落地。

项目实施后,需要进行必要的评审,以及时总结经验,评估项目实施效果,必要时提出进一步的改进建议。

项目实施过程中可以采用 FMEA 方法、故障树分析、检查表、直方图、散点图、控制图、因果图、帕累托分析等方法进行过程管理;项目效果评估中可以采用专家访谈法、问卷调查法、比较分析法、网络舆情分析等方法。

4. 持续改进及创立标杆

基于 PDCA 循环思想在组织内部实施持续改进,并最终实现对标杆机场的赶超。通过管理创新形成自身特色的管理模式,树立标杆。

6.2.3　各阶段可用方法和工具一览表

表 6-1 列示了各阶段可能用到的对标工具和方法。

表 6-1 各部门对标工具和方法

		方法或工具	1. 对标机场选择和短板确定	2. 对标改进项目提出和评价	3. 立项实施和效果评价	4. 创立标杆
方法	定性研究方法	文献研究法	√			
		专家访谈法	√	√	√	√
		问卷调查法	√			
		头脑风暴法	√	√		
		比较分析法	√			
	战略分析方法	价值链分析	√			
		SWOT 分析	√			
		KANO 分析	√			
		价值树模型	√	√		
		平衡计分卡	√			
		战略地图	√			
	决策理论方法	AHP 和 ANP 法	√	√	√	
		解释结构模型 ISM	√	√		
		数据包络分析 DEA	√	√		
		TOPSIS 方法	√	√		
		DEMATEL 方法	√	√		
		质量功能展开	√	√		
		模糊综合评价法	√	√		
		FMEA 方法	√	√	√	
		故障树分析	√	√		
		因果树分析	√	√		
		不良质量成本分析	√	√	√	
	项目管理	挣值甘特图方法		√	√	
		价值分析法		√	√	
		里程碑计划		√	√	
		蒙特卡罗模拟		√	√	
		精益管理方法		√	√	
		目标与关键成果法		√	√	
		系统工程		√	√	
		闭环管理		√	√	
		集成管理		√	√	
		范围管理		√	√	

续表

		方法或工具	1. 对标机场选择和短板确定	2. 对标改进项目提出和评价	3. 立项实施和效果评价	4. 创立标杆
方法	AI方法	网络舆情分析方法	√			
		其他人工智能方法	√	√	√	
工具	旧七种工具	流程图		√	√	
		检查表		√	√	
		直方图		√	√	
		散点图		√	√	
		控制图		√	√	
		因果图		√	√	
		排列图		√	√	√
	新七种工具	亲和图		√		
		关联图		√		
		树形图		√		
		优先级判别矩阵		√		
		矩阵图		√		
		过程决策图		√		
		网络图		√		

6.3 浦东机场餐饮服务对标管理示例

6.3.1 对标机场选择和短板确定

如前所述，本阶段主要解决的是"对标什么"与"和谁对标"这两个问题。

本阶段首先通过文献研究法对机场、餐饮等相关领域的学术和专业研究、报道进行系统的检索、整理和分析，初步明确在餐饮经营领域表现优秀的潜在对标机场、机场餐饮的关键评价标准（表6-2）。

表6-2 文献研究内容

文献来源	主要输出
学术期刊	理解顾客忠诚、顾客满意、感知服务质量、感知价值等的关系，初步确定提升顾客对餐饮评价的一些主要影响因素
行业标准	了解行业内各种现行标准对机场餐饮服务的要求和关键评价标准

续表

文献来源	主要输出
专业评价(ACI、CAPSE等)	理解行业内容对餐饮服务评价的主要维度
公共网络报道	收集行业内餐饮服务评价较好的各个机场的相关报道,挖掘其中有价值的服务流程设计、管理方法等
机场内部文件	了解浦东机场餐饮管理的基本方法、流程和各种评价指标及结果;加深对被研究主题和主体的了解,为后续调研和分析积累更多原始素材

在文献研究的基础上,可以邀请行业内专家、机场相关部门的管理者等专家开展访谈,结合文献研究阶段所得,收集行业专家对潜在对标机场和未来机场餐饮最佳管理实践的看法。必要时可以扩大被访者数量和覆盖面,如加入一线服务员工,甚至邀请代表性的顾客,开展头脑风暴。通过专家访谈和头脑风暴的方式,加深对机场餐饮最佳管理实践和未来机场餐饮经营的认识。在专家访谈、头脑风暴过程中,可以采用的数据整理、分析工具包括亲和图、关联图、直方图、因果图等。必要时可以通过问卷调查的方式,在更大的范围内收集相关看法。

以下以浦东机场在商业经营领域,选择新加坡樟宜机场作为服务对标工作的主要国外对标机场的分析过程为例说明本阶段的分析过程和思路。

1. 对标机场选择

(1) 区位、功能和规模相似性

浦东机场和新加坡樟宜机场都属于沿海城市的世界级超大型航空枢纽,具有很强的相似性:

一是地理位置较为接近,同属亚太地区,且都是处于沿海地区,是重要的中转机场;

二是都是集航空设施、住宿餐饮、购物休闲等多功能于一身的综合型机场;

三是规模的相似性,2018年樟宜机场共运送旅客6 560万人次,每周飞行7 400架次,连接世界400多个城市,超过100家定期航班[1],中转率27.6%,机场内有超过820家零售和餐饮店;与之对应,浦东机场2019年运转旅客吞吐量7 615万人次,商业经营的餐饮和零售门店共计539个,中转率12.2%。

(2) 文化的相似性

截至2019年6月,新加坡总人口570万人[2],其中74.4%为华人,在25岁以上常住居民中31.6%以上拥有大学学历,2018年居民平均受教育年限为11.1年,人口素质较高。新加坡人均GDP在2019年达到6.52万美元,与卡塔尔并列亚洲第一。尽管新加坡是一个非常国际化的城市国家,但由于主体民族为华人,因此其文化深受中华文化的影响。上海是中国改革开放的最前沿,是中国最早进行中西融合的一座开放型城市之一,中西文化在这里碰撞,中外管理理念和方法在这里交融。

(3)樟宜机场在商业上的优势正是浦东机场的短板

ACI 和 CAPSE 是国内外最重要的两个机场评价指标体系,对浦东机场和新加坡樟宜机场与商业经营相关的得分比较如下:

浦东机场和主要对标机场在 ACI 评价中的商业经营相关得分如表 6-3 所示。

表 6-3　2019 年年度浦东机场与关键比较机场 ACI 分值比较

分项内容	浦东机场	樟宜机场	仁川机场	北京机场	广州机场
机场职员有礼貌且乐于助人	4.92	4.98	4.97	4.98	4.92
餐饮设施	4.89	4.94	4.88	4.92	4.82
餐饮收费物有所值	4.85	4.91	4.80	4.89	4.77
银行/取款机/货币兑换方便充足	4.94	4.96	4.92	4.94	4.88
购物设施	4.92	4.97	4.92	4.93	4.85
购物收费物有所值	4.91	4.93	4.88	4.90	4.80
互联网/Wi-Fi	4.91	4.95	4.95	4.91	4.86
商务/贵宾候机室	4.95	4.97	4.97	4.95	4.92

来源:服务管理部提供的《2015—2019 年 ACI 各项数据》

在 CAPSE 评价的机场商贸测评中,浦东机场 2019 年各个季度得分如表 6-4 所示。对国内外各重要机场该项指标比较见图 6-7,其中新加坡樟宜国际机场高居榜首。

表 6-4　2019 年浦东机场 CAPSE 各季度得分情况

各季度二级分项得分	第一季度得分	第二季度得分	第三季度得分	第四季度得分
机场餐饮种类	3.89	3.87	3.89	3.89
机场餐饮价格	3.37	3.30	3.35	3.37
机场餐饮口味	3.64	3.57	3.65	3.62
机场商品种类	3.94	3.86	3.91	3.89
机场商品价格	3.43	3.37	3.40	3.41

来源:CAPSE《2019Q3 浦东机场季度分析报告》

进一步看,浦东机场(PVG)与樟宜机场商贸二级指标得分和商贸航站楼得分对比见图 6-8 和图 6-9。

从以上对比不难看出,在商业经营领域,新加坡樟宜机场各项指标均大幅领先于浦东机场,是浦东机场最好的对标机场。

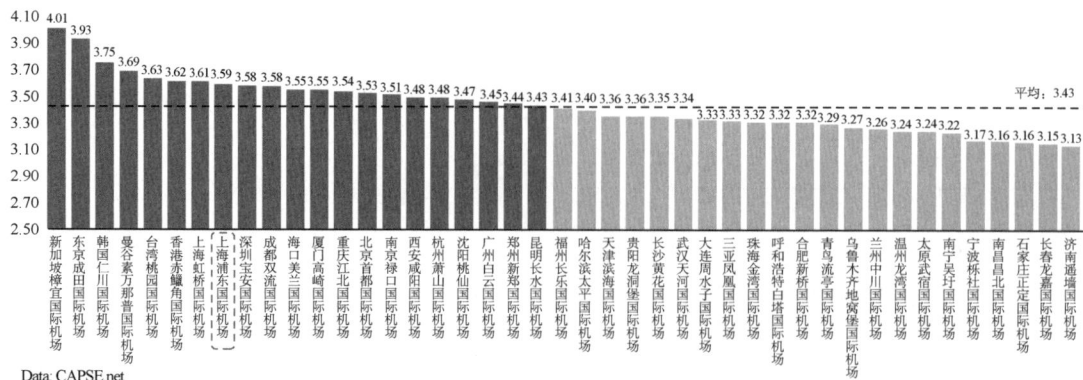

Data: CAPSE.net

◆浦东机场在CAPSE2019Q3机场商贸综合得分为3.59分,环比提升0.04分且高于平均分,在43家入选的机场中排名第8名,内地千万级机场中排名第2名。

图6-7 CAPSE 2019年第三季度主要机场商贸综合得分
来源:CAPSE《2019Q3浦东机场季度分析报告》

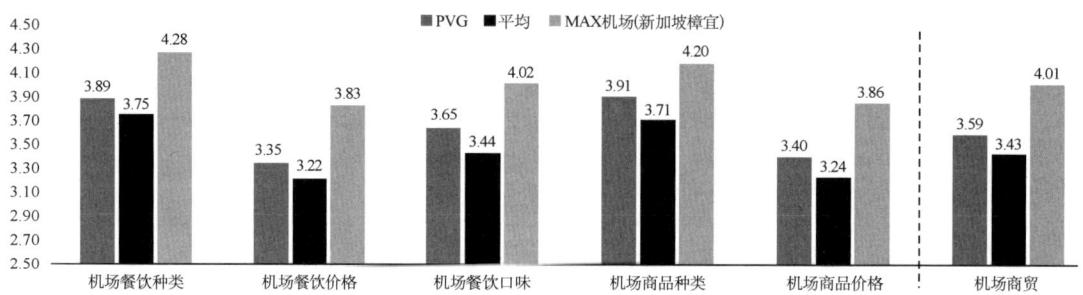

Data: CAPSE.net

◆浦东机场机场商贸各二级指标旅客满意度得分均高于行业平均得分,但与机场商贸得分最高的新加坡樟宜国际机场相应指标得分仍存在较大差距。

图6-8 CAPSE 2019年第三季度浦东机场与樟宜机场商贸二级指标得分比较
来源:CAPSE《2019Q3浦东机场季度分析报告》

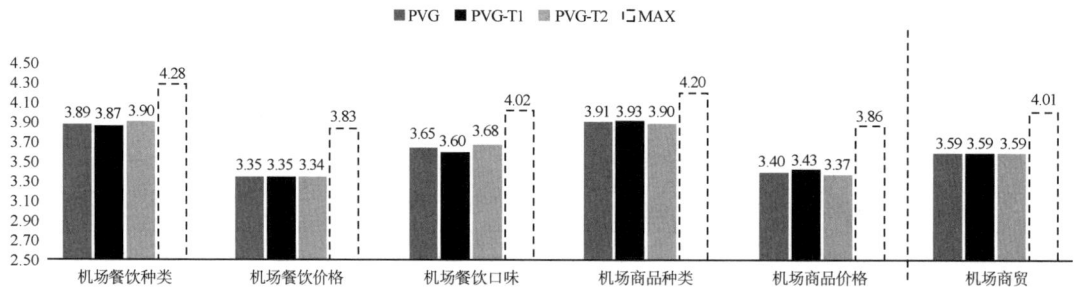

Data: CAPSE.net

◆ 2019Q3浦东机场T1航站楼与T2航站楼在机场商贸明细指标上:
➢ T1航站楼机场餐饮价格、机场商品种类、机场商品价格3项指标得分均高于T2航站楼;
➢ T2航站楼机场餐饮种类、机场餐饮口味2项指标得分高于T1航站楼。

图6-9 CAPSE 2019年第三季度浦东机场与樟宜机场商贸航站楼得分对比
来源:CAPSE《2019Q3浦东机场季度分析报告》

第 6 章　浦东机场服务对标管理和持续改进

（4）新加坡樟宜机场的商业和服务代表了国际最佳实践

2020年，新加坡樟宜机场再次摘得Skytrax"全球最佳机场"桂冠，这是樟宜机场连续第八年，总共第十次获得该殊荣，刷新蝉联该项大奖的最长年限纪录。

综合考虑以上因素，浦东机场餐饮和商业经营领域以新加坡樟宜机场为对标机场。

2. 浦东机场与对标机场的比较分析

在以上基础工作完成后，需要通过短板分析，比较分析等方法最终确定浦东机场餐饮经营方面与对标机场餐饮服务比较的不足和自身短板。

首先，可以利用专家访谈法、头脑风暴法、比较分析法进行定性分析研究，也可以借助于SWOT分析将浦东机场和潜在对标机场的优势、劣势、机会、威胁分析出来；平衡计分卡和战略地图可以利用战略分解的方式自上而下地对特定的对标主题（如机场餐饮服务）相关的所有潜在机场进行各个层面的分析。例如机场的总体战略是如何一步步分解到机场餐饮服务上的，需要哪些资源的支撑，机场餐饮服务与机场的其他服务之间的关系是怎样的，它们之间是如何相互影响的，等等。

其次，在前期工作的基础上，已经可以回答浦东机场对标工作要对标什么的问题。例如：商业餐饮经营领域，要对餐饮经营进行对标，也获得了一些初步的评价维度（餐饮设施、餐饮物有所值、餐饮口味、员工服务态度、服务响应等）。本阶段就是要在上述工作的基础上，进一步明确自身短板。除可以通过专家访谈法、头脑风暴法、问卷调查法对自身不足进行深入收集、讨论外，还可以通过比较分析法，选取一些潜在的优秀机场进行比较分析。此外，通过网络舆情大数据的收集，利用人工智能中的文本处理技术获取顾客关切和抱怨，也是机场发掘自身短板的重要方式。

自身短板的识别不仅仅在于将显性的结果——短板识别出来，例如ACI的测评会显示"机场职员有礼貌且乐于助人"指标低。更重要的是要将引起该结果的前述影响因素挖掘出来。这个过程中可以通过价值链分析法、流程图工具等分析并绘制关键运营流程图，结合因果分析方法、FMEA分析、故障树分析、不良质量成本分析等方法识别引起特定评价指标低的关键影响因素。这些影响因素是短板识别的关键，也是选择未来改进项目的依据。

以下依然以浦东机场与樟宜机场在餐饮服务领域的对标为例具体说明。

首先，可以对浦东机场商业经营领域的优势劣势，通过SWOT分析方法加以深度分析，并提出相应对策（表6-5）。

按照传统思路进行服务质量持续改进的边际效用递减后，已经不足以支撑商业经营的高速发展，基于电子商务、大数据和人工智能的新商业模式不断涌现，已经为商业的未来指明了方向，只有充分利用新技术才能从根本上突破传统商业经营的瓶颈。

表 6-5　浦东机场商业经营 SWOT 分析

		机会 O	威胁 T
	外部环境 自身条件	1. AI 技术发展成熟度越来越高； 2. 上海的国际化进一步深化，对浦东机场角色的更高要求	1. 周边机场对旅客的分流； 2. 新技术在竞争机场的应用
优势 S	1. 区位优势和自然垄断； 2. 资金优势（盈利能力强）； 3. 大股东和政府支持； 4. 规模（客流）优势	1. 利用资金优势借助优势 AI 企业能力实现机场 IT 系统整体升级； 2. 将流量优势转换为新零售模式下的盈利能力	紧密跟踪机场最新信息技术和 AI 发展趋势，优先布局，稳步推进
劣势 W	1. 一线服务人员综合能力弱（如外语水平低）； 2. T1、T2 航站楼设备陈旧； 3. 旧信息系统和设备的沉淀成本高，更新换代不易	1. 利用 AI 开发自动问答系统； 2. 利用 AI 技术的自助翻译系统； 3. 基于机场信息系统升级换代的机会，全面更新陈旧设备	商业流程服务的数字化、标准化

其次，在梳理新加坡樟宜机场各主要最佳实践的基础上，我们从以下方面对比了樟宜机场和浦东机场（表 6-6）。

表 6-6　樟宜机场和浦东机场的对比

项目	樟宜机场	浦东机场
非航收入	48%（2018—2019 报告） 机场特许经营权和租金收入	62.28% （其中零售餐饮 49.91%）2019 年年报
设计规划	理念超前，整体设计，商业与其他功能融为一体；商业设施集中于旅客主要的动线，布局合理	功能完备；卫星厅国内的客流动线和商业的布局分离；部分餐饮和零售的布局不合理
战略定位	机场城市化、与狮城共生；以人为本、科技创新的世界级超前场所	零售："上海购物"品牌建设；餐饮：机场客厅、文化地标
服务文化	个性化、积极惊喜、无压力	暂时无法提供个性化服务；无超出旅客预期的"惊喜"服务；由于设计和布局不合理，造成旅客压力
旅客关注	通过 SWIFT 系统实时收集旅客反馈信息，及时作出应对；管理粒度细，能引导管理改进的具体内容；无差异服务	缺乏及时顾客反馈机制，忽视旅客的"小抱怨""小不满"；传统顾客调查时间跨度长，粒度粗，缺乏对改进的直接引导作用；缺少对外籍旅客需求分析和响应
运营管理	世界级的专业管理团队	重招标、日常管理
智慧机场	OneChangi、CRM、樟宜在线购物网站；SWIFT 系统；Data-Driven 的管理和营销	缺乏统一的信息系统支撑，只有特定功能的独立系统支撑；信息孤岛；数据缺乏发掘；
人文机场	新加坡文化融入餐饮零售；不断升级	海派文化在机场餐饮和零售中的体现；国际候机大厅民族商业零售对于旅客的吸引力日渐下降

总的来看，新加坡樟宜机场的餐饮和零售突出体现了"以人为本、科技创新"这两个重

要的理念。

以人为本方面，新加坡樟宜机场除去通过 SWIFT 系统实时收集旅客对服务的反馈信息，通过 OneChangi 搭建旅客大数据及相应的服务应用外，樟宜机场还通过不定期的市场调查、旅客满意度调查等形式，收集旅客需求信息，改善商品设置，增加服务项目，提升服务质量。在具体的商业布局上，也充分体现了以旅客为本的原则，总体商业布局与旅客登机流程紧密结合，在航站楼商业流程的设计上，通过设计最短登机路径和最便捷操作流程，最大限度地缩小旅客停留等待时间，以保证旅客充足的购物时间，同时商业店铺均设置在旅客流动必经之路，做到与登机流程紧密结合，最大限度方便旅客的购买行为[3]。同时零售商场多采用开放式设计，从主要旅客流动的路线上就能清楚看到商品，加上清晰易见的商业导购标识，可以轻易发现购买目标。樟宜机场通过营造"惊喜、无压力"的机场生态，让旅客从容、愉悦地享受在樟宜机场候机时的就餐和购物。

在科技创新方面，樟宜机场通过各种信息系统和大数据平台的搭建，将复杂的管理和旅客服务问题通过系统、集成和数据驱动式决策的方式解决，使得旅客、机场、员工、供应商等各个利益相关方都能获益，实现了多方共赢的局面。

通过以上分析，可以绘制浦东机场和樟宜机场商业经营关键差距矩阵，如图 6-10 所示。

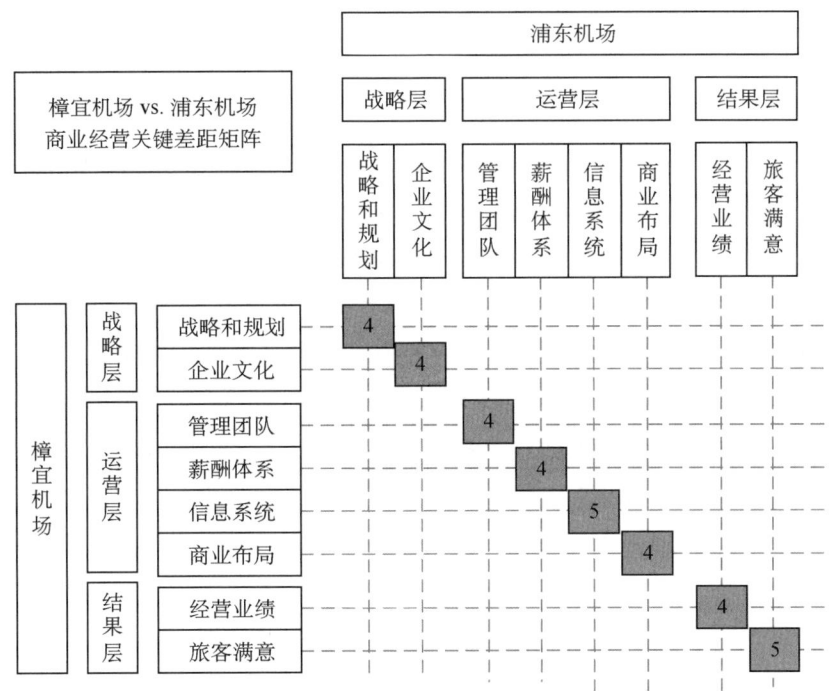

说明：5表示优势很大，4表示优势明显，3表示基本相同，2表示劣势明显，1表示劣势很大。

图 6-10　浦东机场和樟宜机场关键差距矩阵

6.3.2 对标改进项目提出和评价

1. 评价指标和关键影响因素的确定

在明确了对标机场(和谁对标)、对标评价标准(对标什么)之后,下一步就是确定评价指标目标值以及影响这些评价指标的关键影响因素、关键管理流程等。例如"机场职员有礼貌且乐于助人"是一个重要的 ACI 标准,通过因果分析等方法,可以确定引起"机场职员有礼貌且乐于助人"评分较低的因素包括:用户及时评价反馈系统的缺失、员工敬业度指标低等。那么设定的对标指标就可以是:是否建立了用户及时评价反馈系统、员工敬业度评估值达到 90 分(比如上年度是 86 分)等。

这个阶段,通过专家访谈、头脑风暴法、比较分析依然是比较常用的方法,当然也可以参考对标机场的最佳管理实践形成对标指标和目标值。这个阶段还可以采用控制图对服务流程的关键指标进行分析研究,确定优化的服务指标;可以采用不良质量成本分析帮助确定可能的成本降低目标值。

2. 对标改进项目的提出和评价

本阶段的另外一个主要任务就是筛选合适的对标改进项目,以期在特定时间点后达到对标指标所规定的目标值。

潜在改进项目的选择,既可以通过专家访谈、头脑风暴法等方法;又可以参考精益管理、6 Sigma 管理中项目确定的方法。例如结合对不良质量成本的分析,寻找优先改进的项目;利用因果树分析的结果,针对导致短板的原因依照重要程度和紧迫程度筛选合适的改进项目。

改进项目一旦设立,就可以按照拟定的计划投入相应的资源,在项目完成日期前努力完成,并最终进行评价,总结项目实施的经验、教训,并对优秀的项目实施奖励。

浦东机场商业经营中最大的不足就是旅客满意度水平有待进一步提升,具体表现为 ACI 和 CAPSE 测评中,与对标机场——樟宜机场相比较还有很大的提升空间。

图 6-11 中对影响顾客满意度的相关指标及各指标之间的关系进行了分析。从中可以看出,顾客感知服务质量和顾客期望是最关键的前置因素。

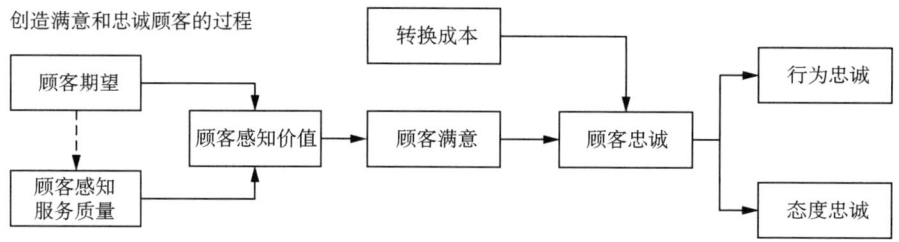

图 6-11 顾客满意提升的基本原理

图 6-12 对浦东机场影响顾客感知服务质量的诸多因素进行了分类分析,并给出了初步的解决方法。

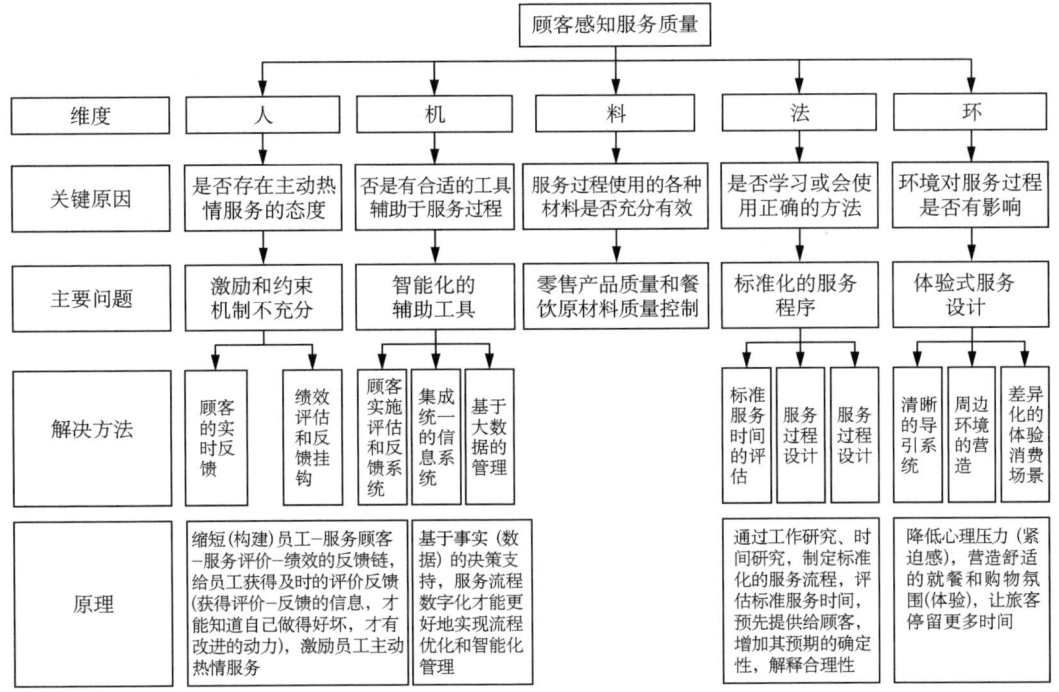

图 6-12　浦东机场顾客感知服务质量的因果树分析

其中,对服务流程进行数字化、标准化的基本目的是对服务流程进行科学评估,帮助进行服务预测(如点餐后上餐的时间),从而在服务之初即给予顾客以科学的预期,降低其不合理的"顾客期望"。

此外,提升顾客满意度的关键方法是提供给顾客超出预期的服务体验,利用 KANO 模型分析可以将机场零售和餐饮服务中顾客的基本需求、期望需求和激励需求进行分析(图 6-13)。在保证顾客基本需求得到满足的前提下,给予顾客更多的激励型需求的产

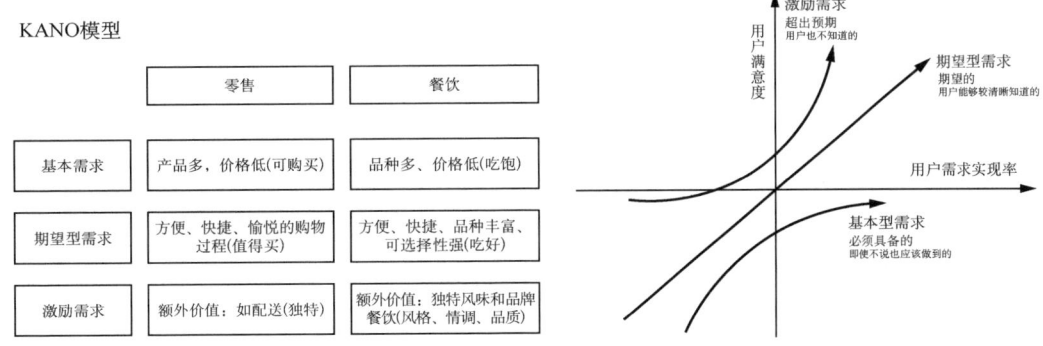

图 6-13　基于 KANO 分析的顾客激励需求实现

品,才能更有效地提升顾客的满意度评价。

在具体服务提供方面的行动矩阵如表6-7所示。

表6-7 行动矩阵

消除	新增
1. 服务中的消极态度 2. 与市区购物就餐的价格差异	1. 旅客及时反馈系统 2. 在线购物和在线订餐服务 3. 更多特色餐饮和零售产品
减少	强化
1. 顾客反馈(抱怨)成本 2. 简化顾客抱怨的处理流程 3. 减少旅客就餐的等待时间	1. 旅客评价与绩效考核的关系 2. 对外籍旅客的需求调查 3. 工作标准化研究和实施 4. 神秘旅客的定期走访 5. 基于新技术的管理创新 6. 新技术的应用

基于以上分析,对标改进项目组提出如下对标管理行动路线图(图6-14)。

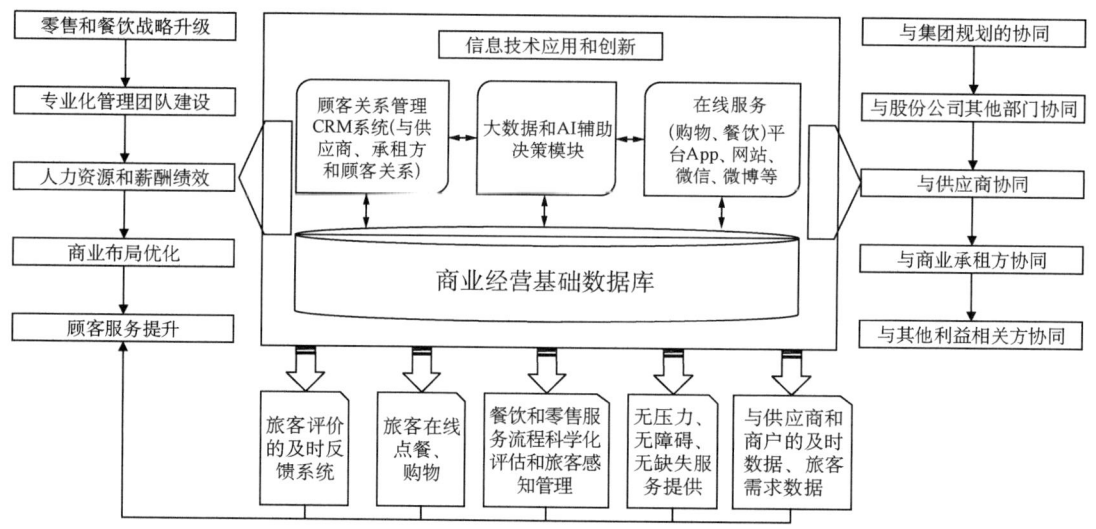

图6-14 浦东机场对标管理提升基本行动路线图

(1)零售和餐饮战略升级

打通线上和线下渠道是最近几年基于新技术应用的商业创新的最大特点,如樟宜机场的在线购物平台和樟宜机场实体店互动的运营模式,不仅便利了旅客(消费者),而且通过线上方式的引流作用,使得周边的非旅行顾客也被吸引到樟宜机场来;线上商业的发展也更容易实现商业数字化,通过大数据的积累,可以实现一对一营销方式的变革,从而形成良性的循环。

因此浦东机场商业经营创新的最主要方向就是将传统商业零售过多依赖于线下实

体店经营的模式,转变为线上和线下协同的商业模式。这就需要构建基础的商业经营数据库,并以此为基础逐步利用 CRM、AI 等实现商业流程的数字化、旅客信息的数字化等。

(2) 专业化管理团队建设

适应于商业经营战略和运营模式的转变,商业管理团队需要熟悉线上、线下协同运营的新商业模式下的管理人才和相关知识储备。

(3) 人力资源和薪酬体系

缩短管理层次,实现对一线员工的直接管理、考核和薪酬激励是伴随着逐步实施的旅客实时反馈系统需要进行的配套改革,只有实现有据可查、及时评价和反馈才能通过薪酬体系设计,起到激励员工主动热情服务的作用,才能从根本上转变一线服务质量,切实提升旅客感知服务质量。

(4) 商业布局优化

在浦东机场硬件设施的基础上,应该建立"无压力、无障碍、无缺失"的商业服务体系。无压力是指旅客在机场办理各项业务时,不感觉紧张和局促,这样才能有充分的时间就餐与购物,才能将就餐与购物变成一种旅行中的享受;无障碍是指旅客不会因为商业服务设施布局不合理而走多余的路,跨越多余的障碍;无缺失是指旅客需要的各项服务应该"触手可及"而不是"遥不可及"。

(5) 信息技术应用和创新

SWIFT 系统、OneChangi 等都是樟宜机场利用现代信息技术实现管理创新和商业提升的重要手段。中国早有"工欲善其事必先利其器"的至理名言,"没有金刚钻"怎么"揽瓷器活"。因此,实现流程信息化、数字化,构建商业经营基础数据平台,并在其基础上搭建顾客关系管理(CRM)应用,基于大数据和 AI 的商业辅助决策管理应用等都是未来应该尽快实施的项目。

(6) 旅客服务提升

通过顾客关系管理(CRM)软件可以实现旅客及时反馈评价;实现与供应商、商户的旅客抱怨和需求信息共享;通过在线购物平台的建立,实现浦东商业经营中的线上和线下协同;通过"无压力、无障碍、无缺失"的商业服务体系的构建,实现旅客对期望型需求和激励需求的满足;通过服务流程的标准化,进行旅客预期管理。最终实现旅客满意度的持续提升。

6.3.3 对标改进项目立项实施和效果评估

改进项目一旦设立,就可以按照拟定的计划投入相应的资源,在项目完成日期前努力完成,并最终进行评价,总结项目实施的经验、教训,并对优秀的项目实施奖励。

项目实施过程中可以利用项目管理的各种工具和方法实施进度控制；也可以利用质量管理中的一些过程控制工具对质量改进项目实施及时的反馈控制，例如控制图、排列图、直方图等。

6.3.4 创立标杆

在对标过程中确定的很多标杆机场及其最佳管理实践，并不能仅仅通过一轮质量改进活动就能够达成，这往往是一个需要消耗大量资源和时间的任务。因此对标管理一定是一个持续改进的过程。在动态的项目改进、评价之后，当浦东机场的餐饮服务达到或超过标杆机场的餐饮服务水平后，就可能创立为行业标杆。

6.4 服务对标管理 PVG-DAIP 戴普流程示例

在对标管理的初期，需要明确对标对象、制定对标指标提升规划，为此，浦东机场结合自身特点，提出了"定义（Define）—分析（Analyze）—识别（Identify）—规划（Plan）"的基本流程，被称为 PVG-DAIP 戴普流程（图 6-15）。

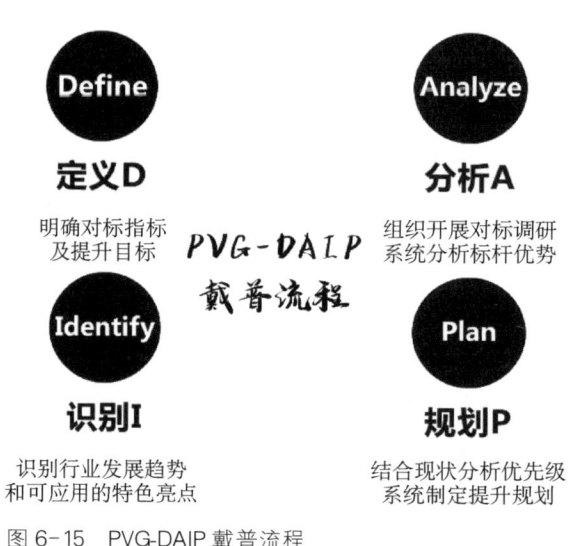

图 6-15　PVG-DAIP 戴普流程

6.4.1 D——定义目标（Define）

通过与国内外标杆机场的对比分析，结合浦东机场管理体系现状，提出了"安全、服务、运行、枢纽、经营、管理、建设"的对标指标体系。并在此基础上提出具体的定量目标

(图6-16),这些定量目标是对标改进工作评估的度量标尺,为定量评估公司发展现状、提出未来的提升路径等提供了依据。

从对标指标体系出发,明确各部门业务相关指标,根据对标指标进行自身业务的现状评估、确定各对标指标的权重并制定短期和中长期的发展目标值(表6-8、表6-9)。在设置指标的提升目标时,可根据实际情况调整、分解子目标。

图6-16 对标管理"七大领域"

值得注意的是,这里的提升目标并不是绩效考核指标,而是长期努力的方向,最终实现达到并超越这些一流标杆机场或企业的目的。

表6-8 服务对标指标和提升目标

牵头部门	领域	维度	一级指标	二级指标	量化指标计算方式	对标对象	标杆的指标值	指标现状	提升目标
服务管理部	服务	旅客服务	服务水平	国际标杆(交通往来、办理乘机手续、护照及身份证检查、安检、方向提示、机场服务/设施、机场环境、入境服务)	ACI排名/分值	新加坡樟宜机场	总分第一名	总分第一名	保持第一名
				国内竞争(机场交通、机场服务与设施、机场商贸、机场安检、行李服务、航班不正常保障服务)	CAPSE排名/分值	上海虹桥机场	总体第一名	总体第五名	冲击第一名
			服务功能	服务管理能力(旅客安全保障服务、地面交通服务、信息服务、引导服务、行李手推车、办理乘机手续服务、联检服务、安全检查服务、两舱及商务旅客服务、离港和到港服务、中转服务行李运输、特殊旅客、航班正常保障和延误后服务、航站楼环境与设施、卫生间服务、饮水服务、商业服务、节能环保、其他服务、工作人员基本服务规范、旅客意见建议、服务质量管理体系)	千万级机场测评不合格项数量(项)	广州白云机场	测评第一名	测评第六名	冲击第一名

表6-9 工具举例:文献研究法分析国际旅客服务现状定义目标

文献来源	文献名称	主要结论输出
学术期刊	PITCHFORTH J, et al. Processing passengers efficiently: an analysis of airport processing times for international passengers[J]. Journal of Air Transport Management, 2015(49): 35-45. 朱新华,于剑. 基于时空视角的中国国际客运航空网络演化研究[J]. 综合运输,2019(5):7-12. 王升. 旅行社国际游客感知服务质量评价研究[J]. 生产力研究,2009(8):89-90. 李军,杨洋. 基于智慧旅游理论的服务提升——以南航白云枢纽国际中转旅客为例[J]. 中国民用航空,2015(5):87-89.	理解国际顾客满意、感知服务质量、感知价值等的关系,通过学术期刊的研究初步确定提升国际旅客服务满意度的一些主要影响因素
行业标准	《浅谈如何提高空乘对国际旅客服务需求的把握》——民航资源网 《公共航空运输旅客服务管理规定》——中国民用航空局	了解行业内各种现行标准对国际旅客服务的要求和关键评价标准
公共网络报道	新加坡樟宜机场启用新航站楼,推出中国旅客专设服务 日本成田机场新设游客服务中心,一站式旅行服务方便外国游客 日本羽田机场机器人Pepper上岗,为国际旅客提供服务 韩国仁川机场让国际旅客体验当地风土人情	收集行业内国际旅客评价较好的各个机场的相关报道,挖掘其中有价值的服务流程设计、管理方法等
旅客满意度问卷	基于ACI和CAPSE相关指标文件	区分国内旅客和国际旅客填写的满意度问卷,从国际旅客填写的服务满意度问卷入手,了解国际旅客满意度评价得分情况
机场内部文件	浦东机场对国际航线旅客服务现状要求文件	了解浦东机场国际旅客服务的基本措施、流程和各种评价指标及结果;加深对被研究主题和主体的了解,为后续调研和分析积累更多原始素材

6.4.2 A——分析差距(Analyze)

根据定义阶段制定的目标进行初步分析,选定标杆,需要注意的是对标是对照标杆企业的最佳管理实践，而不是对标准。标杆企业的选择可以不限数量，选择的参考原则如下：

- 对于可选择标杆样本较多的指标，选取不少于 3 个机场或企业进行多样本对标分析；
- 对于标杆样本较少的指标，可暂选择 1 家优秀机场或企业开展精准对标分析；
- 对于党建工作评价指标、选人用人等我国国企特有指标，可采用相关主管部门评价进行分析；
- 对于已经处于全球领先水平或数据获取困难的对标指标，可采用与自身去年或过去三年平均水平进行纵向对标；

可以通过如下渠道获取潜在标杆的信息，在获取相关数据后，可用对比分析法、雷达图等方法分析差距。

- 国际评价或排名中获取；
- 通过公开媒体报道信息获取；
- 通过竞争情报获取；
- 通过爬虫等手段获取利益相关者评价信息；
- 通过实地访谈和调查收集一手资料，将收集到的信息进行整理与对比研究分析，明确目标差距。

浦东机场通过对首都机场、广州白云机场、深圳宝安国际机场、成都天府机场等（图 6-17）的调研，分析了各个机场的服务亮点，并对浦东机场、首都机场、白云机场、仁川机场和樟宜机场的 ACI 服务类指标进行了比较分析（图 6-18）。

6.4.3 I——识别改进（Identify）

1. 找到改进机会

可以通过以下三种方式寻找服务对标项目改进的机会。

（1）基于目标出发确定改进机会

通过与国内外该领域最佳管理实践的比较，可以帮助确定潜在的对标方向。

（2）基于发展趋势确定改进机会

通过趋势研判、政策解读等，可以获得未来业务的发展方向，可以帮助确定潜在的对标方向。

（3）基于访谈等方法确定改进机会

可以在机场内部通过对员工和管理人员访谈，或对机场行业内专家访谈的方法确定改进机会。

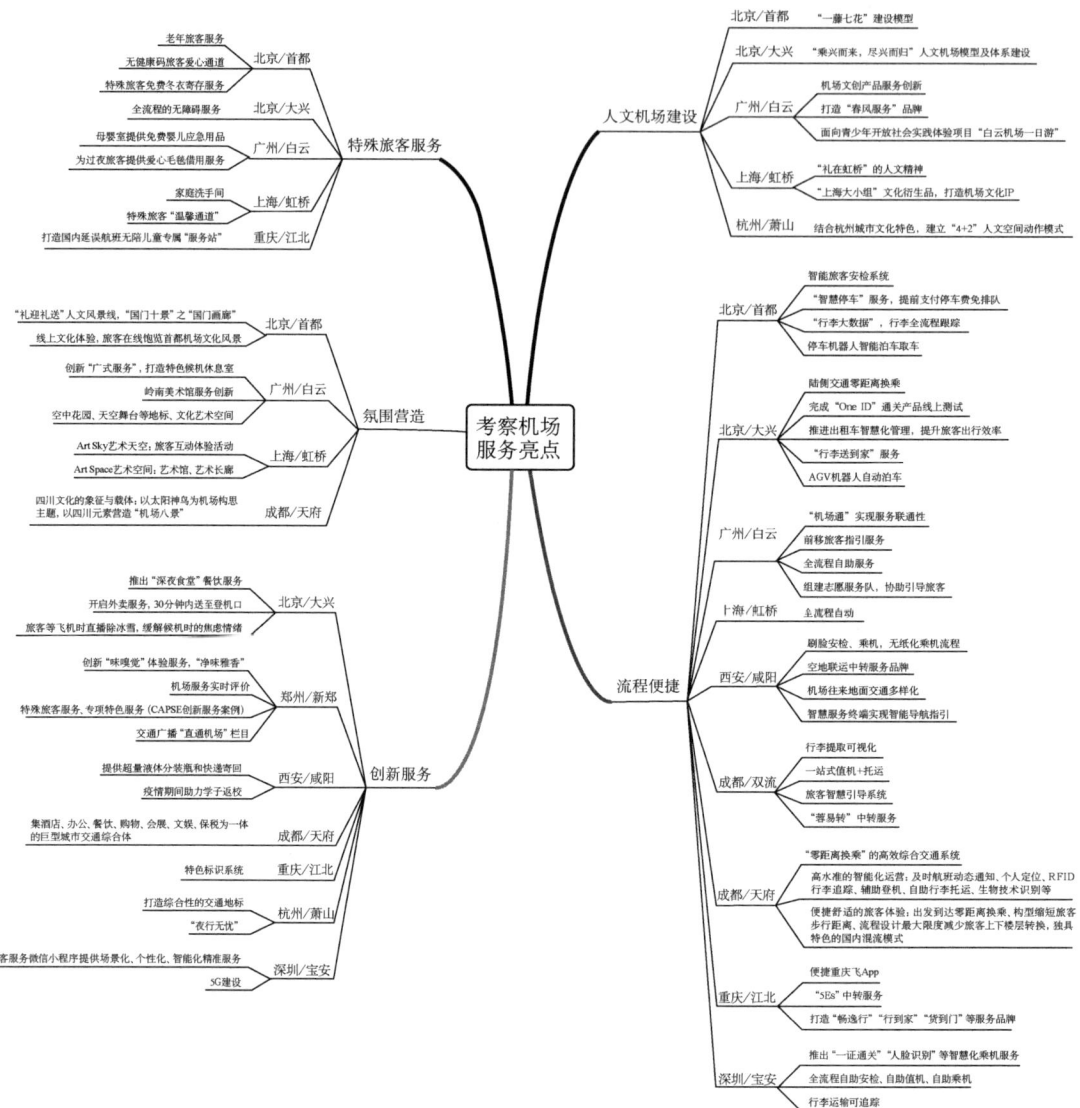

图 6-17 国内考察机场服务亮点

第 6 章 浦东机场服务对标管理和持续改进

序号	分项内容	浦东机场	首都机场	白云机场	仁川机场	樟宜机场
1	往来机场的地面交通工具	14	17	34	6	1
2	停车场设施	16	6	13	5	2
3	停车收费物有所值	13	8	12	11	3
4	手推行李车方便充足	10	14	13	8	1
5	办理乘机手续等候时间	15	11	23	8	1
6	办票人员工作效率	15	13	28	2	6
7	办票人员有礼貌且乐于助人	19	16	8	2	4
8	护照/身份证检查的等候时间	9		12	2	1
9	检查人员有礼貌且乐于助人	10		24	3	2
10	安检员有礼貌且乐于助人	17	10	18	2	4
11	安检彻底	14	7	20	5	2
12	安检的等候时间	13	6	19	2	3
13	感到安全和安心	21	8	13	2	4
14	机场内容易找到要去的地方	13	12	20	2	1
15	航班信息屏	8	11	20	4	1
16	航站楼内的步行距离	13	24	17	3	1
17	转机方便容易	24	17	20	13	2
18	机场职员有礼貌且乐于助人	9	10	32	2	3
19	餐饮设施	13	8	18	1	9
20	餐饮收费物有所值	14	9	7	1	2
21	银行/取款机/货币兑换方便充足	8	6	19	4	5
22	购物设施	8	13	20	2	3
23	购物收费物有所值	6	12	8	2	7
24	互联网/Wi-Fi	6	11	8	2	1
25	商务/贵宾候机室	8	10	20	1	3
26	洗手间方便充足	7	10	15	2	3
27	洗手间清洁度	11	7	15	2	3
28	候机处/登机口舒适度	9	11	17	1	3
29	航站楼清洁度	9	11	25	2	1
30	机场环境	9	11	25	1	5
31	护照/身份证检查	1	6	33	10	8
32	行李提取速度	5	14	25	19	7
33	海关检查	2	1	10	23	9

 首都机场　　 白云机场　　 仁川机场　　 樟宜机场

- 位置相邻,存在一定竞争关系
- 规模接近,都在六千万级以上
- 文化同源,均属东亚儒学文明

全球前10名(A类)、全球前10—20名(B类)、全球前20名后(C类)

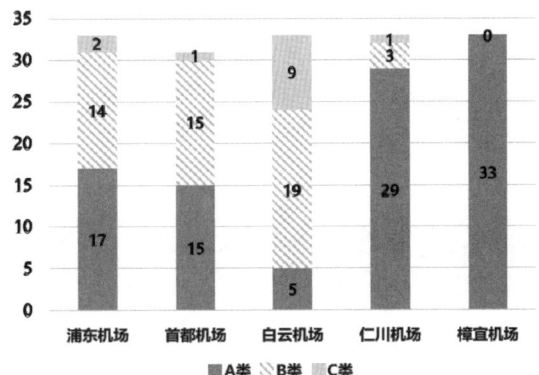

图 6-18　对比分析法分析 ACI 旅客满意度差距

2. 确定对标项目

在确定对标项目的过程中,可以对潜在的多个改进项目进行量化评估(图 6-19),例如采用从风险角度运用失效模式与影响分析 FMEA、从降本增效角度运用质量成本分析(图 6-20、表 6-10)等方法确定最佳对标改进项目。

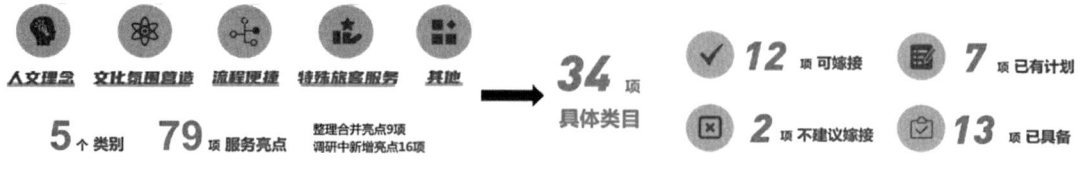

图 6-19 服务对标项目分析

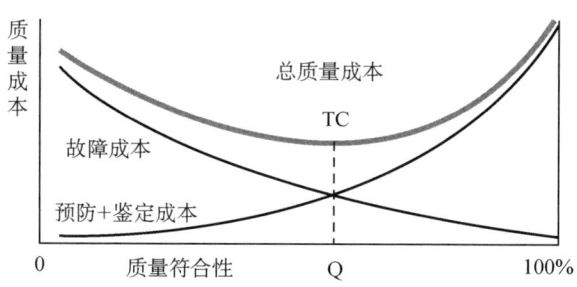

图 6-20 运用质量成本分析服务成本调整项目

将服务质量成本进行分类统计,并计算对比历年服务成本费用总值,在完成各项服务质量目标的前提下,通过控制各类成本进而调整服务项目,达到总成本最小值点。

表 6-10 质量成本费用统计

服务质量成本费用统计		直接提升旅客体验的投入	提升公司服务管理水平的投入	总体服务投入
预防成本	服务人员人工费	√	√	
	服务宣传费		√	

续表

	服务质量成本费用统计	直接提升旅客体验的投入	提升公司服务管理水平的投入	总体服务投入
预防成本	服务水平评审费		√	
	服务培训费		√	
	服务奖励费		√	
	旅客活动与礼品	√		
	环境展陈	√		
鉴定成本	服务设施设备检验费	√		
	旅客满意度测评费	√		
	神秘旅客与第三方暗访费	√		
故障成本	服务设施设备缺陷维修	√		
	旅客投诉赔偿	√		
	服务管理系统的维护维修		√	
总体质量成本				

6.4.4 P——制订计划(Plan)

可以通过对标方法与工具如质量屋(HOQ)确定各个对标项目的重要程度,进行项目顺序的优先级排序,确定重点项目和一般项目,根据公司实际资源情况和时间安排最终形成的对标提升计划(图6-21),后续每个对标项目开展的过程、管控、评价可参照《上海国际机场股份有限公司对标一流管理办法》中的附件《对标一流工作实施细则》要求。

浦东机场服务提升三年规划（2022-2024年）重点任务分工

6大发展目标

28个主要任务

制定下发服务三年规划 全面对标提升

	（一）全面洞察旅客需求				
	主要任务	牵头单位	2022年(规划起步年)	2023年(中期评估年)	2024年(规划目标年)
1	旅客需求调查	服务管理部	通过旅客意见箱、二维码、触摸屏等形式拓宽旅客需求调查渠道（项目：航站楼旅客需求调查项目）	将安检数据、航司数据、常旅客数据纳入旅客需求分析数据来源	联合航旅纵横、携程等第三方平台,结合网络爬虫等方法,广泛获取互联网渠道的旅客需求
2	旅客行为分析	服务管理部	基于旅客意见、旅客行为及特征数据,初步构建浦东机场旅客画像,对不同的旅客群体制定个性化、差异化的服务方案（项目：旅客行为分析项目）	持续完善浦东机场旅客画像,面向不同旅客群体逐步推出差异化服务方案	依托大数据分析旅客的生物和经济技术指标,持续完善浦东机场旅客画像,面向不同旅客群体逐步推出差异化服务方案
3	浦东机场服务标准建立	服务管理部	滚动修编,建立四级检查机制	滚动修编,建立四级检查机制	建立行业领先、高于行标的浦东机场服务标准
4	服务管理信息系统	服务管理部	开发现场监控、投诉管理分析、服务资料文件知识库等模块（项目：服务信息系统）	优化系统在数据共享、知识管理、统计分析等方面的功能,开发移动端系统,实现服务信息的动态、实时录入	全面应用
5	服务宣传策划	服务管理部	研究制定浦东机场整体服务宣传策略及服务宣传规划,初步构建服务啄木鸟、航程体验官机制（项目：服务宣传引导）	落实浦东机场服务宣传规划,构建服务啄木鸟、航程体验官机制,组织新型传媒宣传形式的技术培训	建立啄木鸟、航程体验官队伍,每月形成航程体验及建议报告

图6-21 对标提升三年规划

对标项目要素包括但不限于：
- 项目目标：明确项目完成的量化指标与目标
- 项目标杆：标杆机场该项目的最佳指标与实践
- 时间计划：可以利用甘特图等方式呈现
- 项目团队：责任科室、人员和协调机制
- 资源约束：明确项目实施所需要的财务、空间等资源
- 预期成效：项目指标的前后水平
- 监控反馈：明确项目实施的监管机制
- 测量评价：明确评价方法和奖惩方式

质量屋(HOQ)是质量功能展开(QFD)的核心，通过分析对标指标和对标项目之间的关联，得出对标项目的优先级(图6-22)。

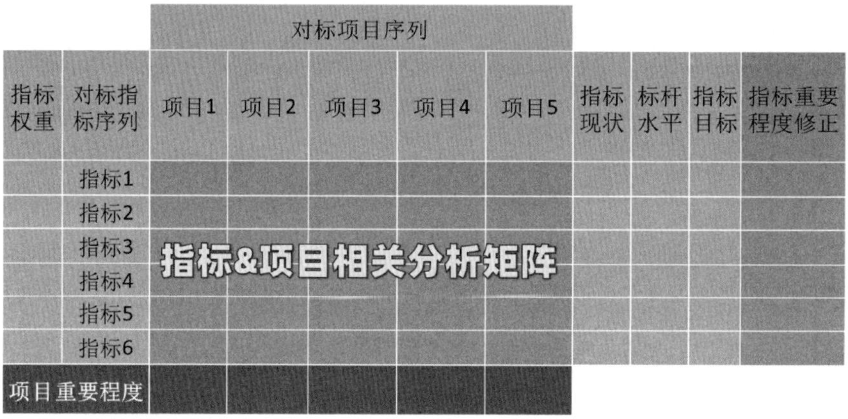

图6-22 质量屋(HOQ)分析对标项目优先级制定规划

第一步（信息填入）：填入对标指标序列，并按总权重为1设置各指标权重；将指标现状、标杆水平与指标目标填入；将确定的对标项目填入对标项目序列；

第二步（指标修正）：通过与标杆的差距修正指标重要程度，指标重要程度修正＝指标权重×标杆水平/指标现状；

第三步（分析关联）：分析各项对标项目对提升各项对标指标的贡献度，填入指标&项目关联分析矩阵，普遍用1、3、5、7、9来表示微弱、较弱、一般、密切、非常密切关系；

第四步（得出结论）：项目 X 重要程度 $=\sum$（项目 X 对指标 Y 贡献度×Y 指标重要程度修正），填入最后一行，排序后得出各对标项目的优先级。

参考文献

[1] 樟宜机场集团(新加坡)有限公司.CAG-Corporate-Brochure-2019[R/OL].[2023-07-13].https://www.cai.

sg/zJuDfP/wp-content/uploads/2019/06/CAI-Corporate-Brochure-2019.pdf.
[2] 新加坡总理公署属下的国家人口及人才署. 2019 年人口简报[R/OL]. [2023-07-13]. https://www.population.gov.sg/media-centre/publications/population-in-brief/.
[3] 高松. 香港、新加坡机场商业运营浅谈[J]. 空运商务,2006(36):41-43.

第 7 章

浦东机场服务质量
管理对标案例

7.1 服务流程优化项目

7.1.1 选择对标项目

公司将旅客服务满意度指标分解为服务流程通畅、服务设备设施、服务人员态度、人文环境体验四个部分,运用卡诺模型进行正反向旅客需求调研,得出旅客满意度各指标的属性(图7-1),验证了服务流程通畅是机场作为交通枢纽定位的便捷性体现,属于旅客的基本型需求,公司决定首先对此开展对标提升[①]。

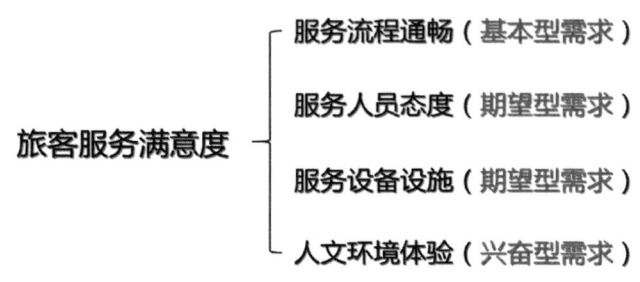

图 7-1　旅客满意度属性

从机场的关键流程触点(值机、安检、行李提取、出租车排队)入手分析对旅客出行效率的影响,将服务流程通畅指标分解为四个可衡量、可量化的指标,通过提升各点旅客动线的服务效率来提升旅客动线的顺畅程度。

为了便于衡量指标水平,采用国际机场协会的旅客满意度测评(ACI测评),该测评在世界范围内具有权威性和公平性,便于进行信息采集与水平衡量。ACI测评指标与服务效率评价指标对应如图7-2所示。

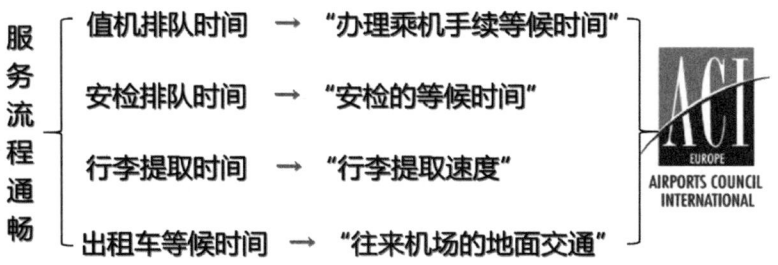

图 7-2　服务效率与 ACI 指标

---

① 本案例引用自:张敏求,朱建军,袁涛,等.浦东机场:以对标提升枢纽运营服务质量[J].中国质量,2022,(4):61-65.

7.1.2 组建对标项目小组

职能部门和基层单位跨部门共同组建了项目团队,明确了分工(表7-1),积极协作完成任务。

表 7-1　团队分工

职能部门职责分工		基层单位职责分工	
安全管理部	安全运行水平评估	航站区管理部	值机排队指标
服务管理部	服务体验水平评估	安检护卫保障部	安检排队指标
计划经营部	计划可行性评估	飞行区管理部 机电信息保障部	行李提取指标
技术设备部	技术可操作性评估	交通保障部	出租车等候指标

7.1.3 制订对标项目计划

制订了项目实施计划,按照如图7-3所示步骤逐步进行。

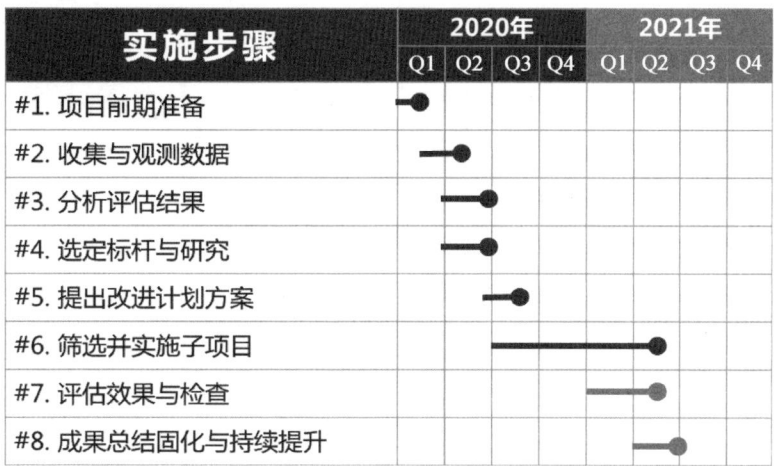

图 7-3　实施计划

7.1.4 选择对标对象

通过初步分析,选择同等量级、行业内普遍认同、旅客服务满意度较高的新加坡樟宜机场、韩国仁川机场作为国际标杆机场,北京首都机场、广州白云机场作为国内竞争机场。

根据以往与标杆和竞争对手的 ACI 数据对比（图 7-4），其中"行李提取速度"和"往来机场的地面交通"水平处于国内领先地位，但距离标杆仍有差距；"办理乘机手续等候时间"和"安检的等候时间"水平有待提升。

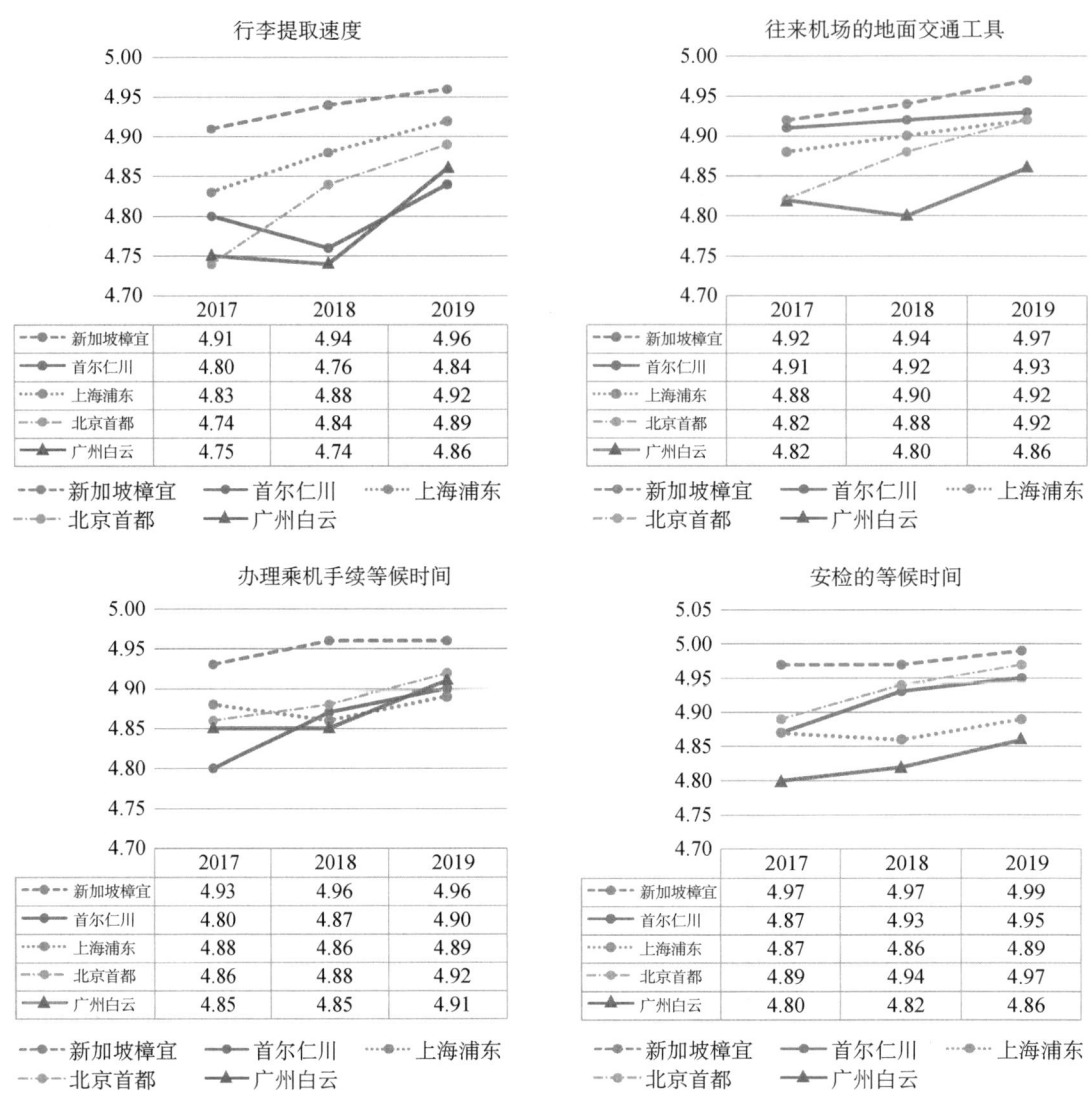

图 7-4　ACI 现状对比

7.1.5　收集与分析数据信息

公司通过行业评价、公开媒体报道、竞争情报、文本挖掘、实地访谈和调查收集一手资料等手段获取标杆信息与利益相关者评价。在服务对标中主要针对舆情进行大数据文本挖掘，根据旅客评论内容，分析服务流程中的具体痛点，同时通过公开的实践文章了解标杆与竞争对手,进一步通过对标考察交流等方式深入学习。公司将信息整理构建了标杆案例库,梳理了国内外各机场的服务最佳实践,全面评估可嫁接性。

新加坡樟宜机场提供全球首个大型机场出行全套"畅快通行"流程服务。机场采用面部识别科技与全套自助"畅快通行"流程重新定义了旅行体验,也提升了航站楼运行效率和运作能力,节省大约 20% 的人力。旅客可体验全套自助离境"畅快通行"流程包括自助值机、自助行李托运、自助通关闸门以及自助登机口,安检验证则将通过面部和生物识别技术完成,进一步节省了登机手续办理时间,也为旅客留出了更多时间以享受购物、休闲等精彩的"樟宜体验"。

韩国仁川机场推广应用的"U-Airport"概念实现关键流程无纸化。这一概念以电子和生物技术为基础,通过自助通关审查服务,旅客将电子护照放在扫描器上,同时通过指纹或面相识别技术验证身份,边检环节可以在 20 秒以内完成,中转旅客可以在 9 秒以内完成,实现了平均 16 分钟的出港时间和 12 分钟的到港时间。正在引进的人体识别系统服务,出境旅客不需要任何身份证件,仅通过指纹或静脉识别系统便可实现快速通关,旅客须事先登记指纹或手掌静脉等人体信息,然后将身份证与手掌静脉特征绑定,便可以直接刷手掌进入出境大厅。

北京首都机场出租车智慧化管理识别车辆数据。首都机场通过引入先进的智能交通控制系统,实现自动车牌识别和系统自动收发号,形成信息化、自动化、智能化的出租车管理模式。为了提升出租车管理的安全性,系统增置黑名单报警功能,一旦问题车辆进场系统会拒绝通过并报警提示工作人员。出租车排队业务的数字化可以杜绝人为干预加塞的问题、提升出租车的正规可信度,同时让管理者实时掌握机场区域的出租车情况,为旅客提供更优质的服务。

广州白云机场构建安检大平台统一管理。白云机场提出了大安防的理念,在新形势下的机场安防模式应该做到全程可控、全域覆盖、全员保障,构建一张地图(三维地理信息系统)、两只眼睛(面向地面的视频监控系统和面向空中的无人机侦测系统)、三道防线(机场外围防线、航站楼外围防线、核心区防线)、三种机制(公安武警联勤机制、指挥联动机制、网格化管理机制),统一管理的整体安防模式。安检可视化大平台采用大数据分析加可视化技术,与多个数据源对接,每个数据量达到了百万级,为应急救援、反恐处突的决策提供科学依据。

7.1.6 制定并实施改进措施

按照高峰时段与非高峰时段,公司全面测量了各关键流程节点上的服务效率水平,制定提升目标,借鉴对标对象的最佳实践,分解多个子项目落地,包括智慧交通三维可视化系统、值机排队客流分析预警、行李全流程跟踪技术、智能化安检通道试点自动回框等子项目,并取得了显著成果(表7-2)。

表7-2 项目实施效果对比

服务效率评价指标	项目实施前水平	项目实施后水平
值机排队时间	5~30分钟	3~20分钟
安检排队时间	5~20分钟	3~15分钟
行李提取时间	10~45分钟	5~30分钟
出租车等候时间	15~40分钟	8~20分钟

智慧交通三维可视化系统借鉴北京首都机场出租车管理思路,实现了航班信息、旅客数量和出租车资源调配的"空地协同",根据航班运行动态推算出租车站点需要配备的供车数量和频次,实现智能化调配出租车至站点,使旅客与车辆数量形成较为精准的关联,成为大型枢纽机场出租车站点服务的典范。

智能化安检通道自动回框借鉴广州白云机场安检打破信息壁垒思路,率先试点人脸识别信息采集比对系统,实现"自助验证、人脸通关、自动回筐、人包对应",成为"集中验证,候检再确"和具有"自动复检"功能的自助验证通道,后台人包对应功能,使旅客过检效率大幅提升,进一步提升机场安检排队放行效率。

行李全流程跟踪技术借鉴新加坡樟宜机场"全流程"服务思路,覆盖东航国内航班,并实现行李装卸"全流程"可视化,装卸透明作业管理部分,在行李装卸区通过信息系统的数据交互提供后台实时画面,向等待提取行李的旅客视频实况直播行李装卸情况和搬运过程,以透明的作业方式改善旅客服务体验,让旅客安心等待,减少焦虑感。

值机排队客流分析预警借鉴韩国仁川机场流量分析思路,通过布设智能硬件设施采集客流数据,分析值机岛及自助值机区域的客流数据情况,实现排队队伍溢出预警、通道堵塞预警、值机岛头和岛尾人员扎堆聚集预警。为了在航班密集时段提高值机效率,形成了跨岛值机方案,利用空余值机岛柜台办理值机,有效地消化了溢出旅客。

7.1.7 项目总结与成果固化

公司在各子项目完成后对内及时总结分享项目经验,根据优化后的结果完善出租车、安检、值机、行李等流程管理的制度规范,持续监控服务效率水平。服务质量对标提升项目实施后,"办理乘机手续等候时间""行李提取速度"稳步提升,"安检等候时间""往来地面的交通工具"与标杆差距显著缩小,提升效果显著(图7-5)。

在社会效益和示范推广方面,2020年在艰巨的考验下,公司紧抓现场服务管控,ACI总体排名首次位列全球第一,并荣获"中国民用机场服务质量优秀奖"奖项,社会美誉度显著提升。在取得优异成果后,公司不仅总结服务质量对标提升项目的实施经验,获得陆侧

第 7 章　浦东机场服务质量管理对标案例

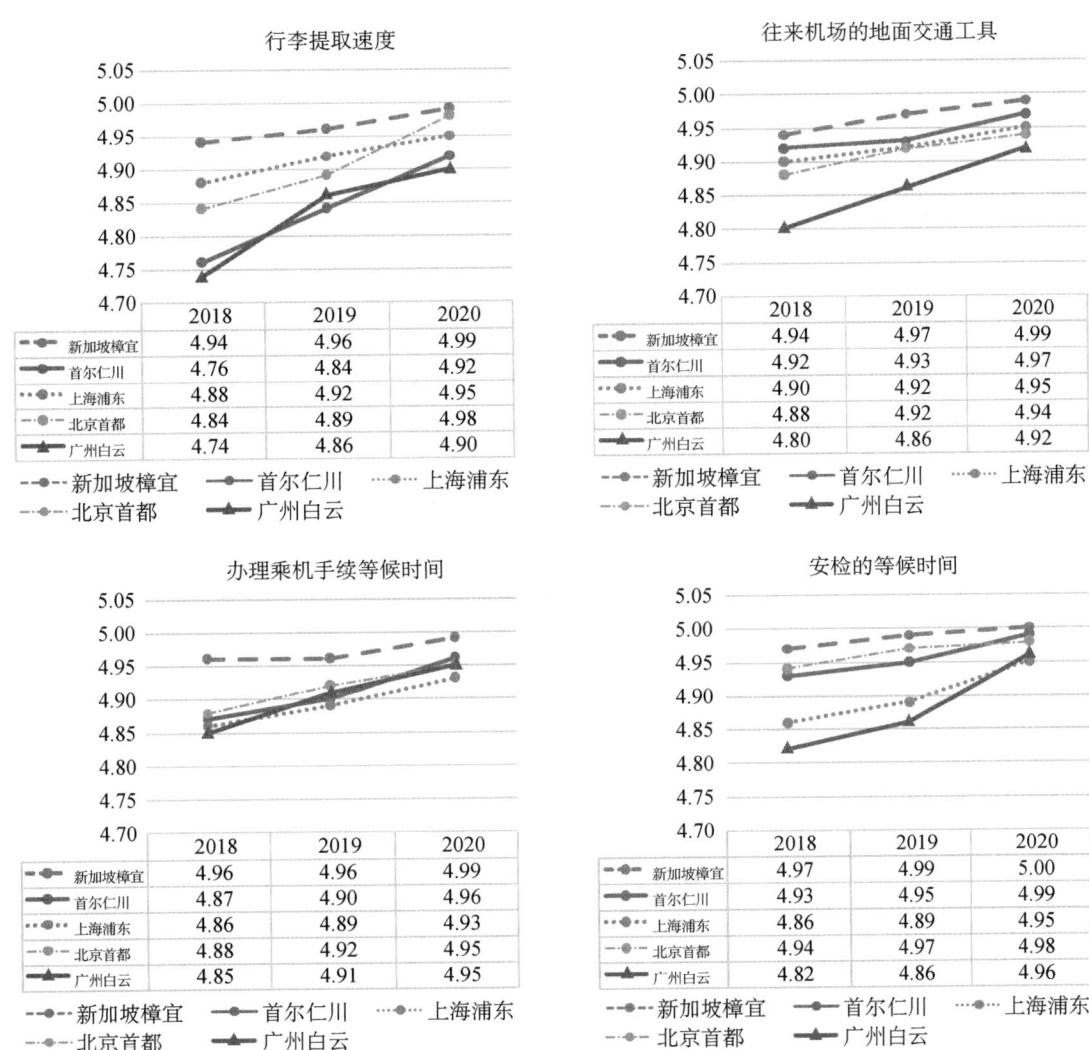

图 7-5　ACI 提升效果对比

交通"全国质量标杆"、安检"全国五星级现场",也在中国质量协会等行业平台宣传推广,共享对标成果。

下阶段公司将以跨行业对标为抓手,继续在服务人员态度、服务设备设施、人文环境体验等期望型、兴奋型需求方面,融入真情服务理念,打响服务品牌,体现人本关怀与文化彰显,为旅客带来卓越服务体验。

7.2　小厕所、大民生——浦东机场洗手间品质提升

洗手间是否清洁舒适是衡量机场服务质量的重要考核指标之一。洗手间的服务如何,既影响旅客出行体验,也影响机场整体服务形象。

为持续提升浦东机场航站楼洗手间服务品质,本案例从理论研究和实际运行层面对其进行了科学、系统和深入的研究,从硬件改造、标准制定、员工培训、机制改革、标杆树立五方面,对航站楼洗手间进行升级。

经过不懈努力,浦东机场洗手间打通了硬件升级、班组建设、管理改革等多个突破口,取得了卓越的成效,通过总结凝练出一整套管理智慧,为后续工作打下坚实的基础①。

7.2.1 课题背景

1. 品质领先,由厕所革命提供最佳航空保障

作为上海的对外窗口,浦东国际机场始终以"美好生活的最佳航空保障"为目标,致力于建设品质领先的国际航空枢纽。在旅客服务方面,浦东机场以"海纳百川、申情相伴"为主题,努力为旅客提供"安全、便捷、人性化"服务,持续提升旅客体验度和服务品质。而航站楼内的洗手间作为浦东机场中最具代表性的旅客高频次接触点,高度代表了浦东机场的整体形象。正所谓"小厕所大民生",通过改善航站楼洗手间的整体质量、提高卫生服务标准、有序推进厕所革命,给全国乃至全世界旅客留下良好的上海风貌、中国印象。

2. 知己知彼,放眼全球研讨洗手间提升空间

知己知彼方能百战不殆。只有明确了浦东机场洗手间设施、服务水平在全球范围内所处的水平,才能引领好浦东机场的厕所革命。课题前期,通过横向、纵向对比多项全球及国内权威测评机构对国内外枢纽机场测评结果,充分调研浦东机场洗手间设施、服务的得分与排名,更好地为后续的改进提供明确的目标。

(1) 国际机场协会服务质量旅客满意度测评

ACI 服务质量测评项目旨在调查旅客对于机场服务的感受,参与该测评的机场遍布全球。该测评通过在登机口向旅客发放问卷调查表,现场采集旅客对机场的直观感受。这些信息作为旅客满意度的第一手资料,从 28 个子维度考察旅客在机场的体验,并由 ACI 总部对这些数据进行统计、分析。

根据 2020 年年度 ACI 总分的评选结果,浦东机场在全球 348 个机场中排名第一,荣获"2020 年年度亚太地区 4 000 万以上级最佳机场"奖项(图 7-6)。但在 ACI 测评中针对洗手间的分项考核指标"洗手间是否方便充足"以及"洗手间是否清洁",浦东机场的年度分项排名分别为第 10 名及第 15 名(表 7-3),与全球最好尚有一定差距[1]。

---

① 本案例引用自:张敏求,朱建军,袁涛,等. 浦东机场:以对标提升枢纽运营服务质量[J]. 中国质量,2022,(4):61-65.

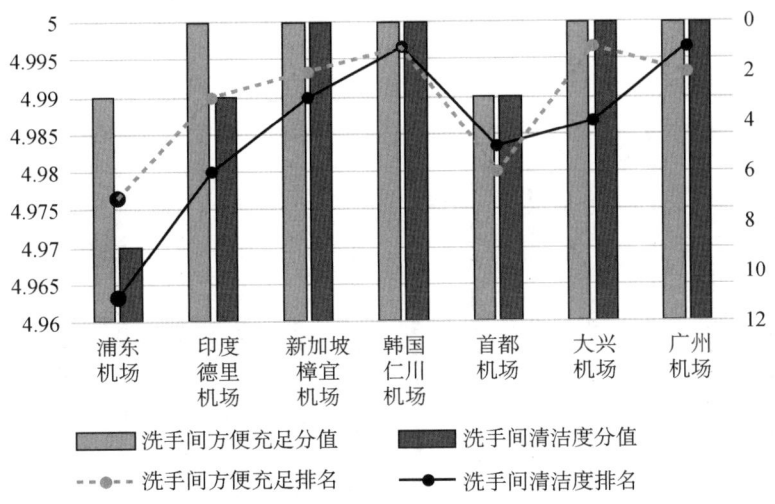

图 7-6　各大机场 2020 年年度 ACI 季度最高值汇总图

表 7-3　浦东机场与行业标杆分值(排名)对比表

指标项	浦东机场各季度分值(排名)分布	行业内最高分(排名)
洗手间是否方便充足	4.96～4.99(第 7 名—第 13 名)	5.00(1)
洗手间是否清洁	4.92～4.98(第 11 名—第 23 名)	5.00(1)

另外,通过比较各大机场 2020 年四个季度的分值及排名最高值可以发现,浦东机场"洗手间是否方便充足"以及"洗手间是否清洁"两项指标均不高。各季度中,"洗手间是否方便充足"得分在 4.96 至 4.99 之间,排名处于世界第 7 名至第 13 名之间,略低于行业最高水平;而"洗手间是否清洁"得分在 4.92 至 4.98 之间,排名处于世界 11 名至 23 名之间[1]。

(2) 民航旅客服务测评(CAPSE)

通过从 CAPSE 及其他网络平台全网采集获取旅客留言,利用数据挖掘算法对各条留言进行服务标签分类、情感分类,并汇总统计结果。这种调查方式规避了以往调查中集中发放问卷、集中收集,对调查结果造成的偏差,也避免了国外调查和分析与中国国情不符合的地方。CAPSE 测评分析对象为近 40 家内地(大陆)千万级机场,包括北京大兴机场、北京首都机场、广州白云机场等各大机场。以 CAPSE 测评去年四个季度平均分析结果为例[2],浦东机场 T1、T2 航站楼内洗手间指标得分均与行业最高水平均存在一定差距,具有一定的赶超空间(图 7-7)。

同时,根据服务与设施明细指标结果显示,旅客对于浦东机场洗手间的意见建议主要集中在"有异味""卫生差""配套用品不全""排队时间长"等方面(表 7-4)。虽然各项明细指标的分值均高于行业平均水平,但也一定程度上体现出浦东机场洗手间现有的不足之处。

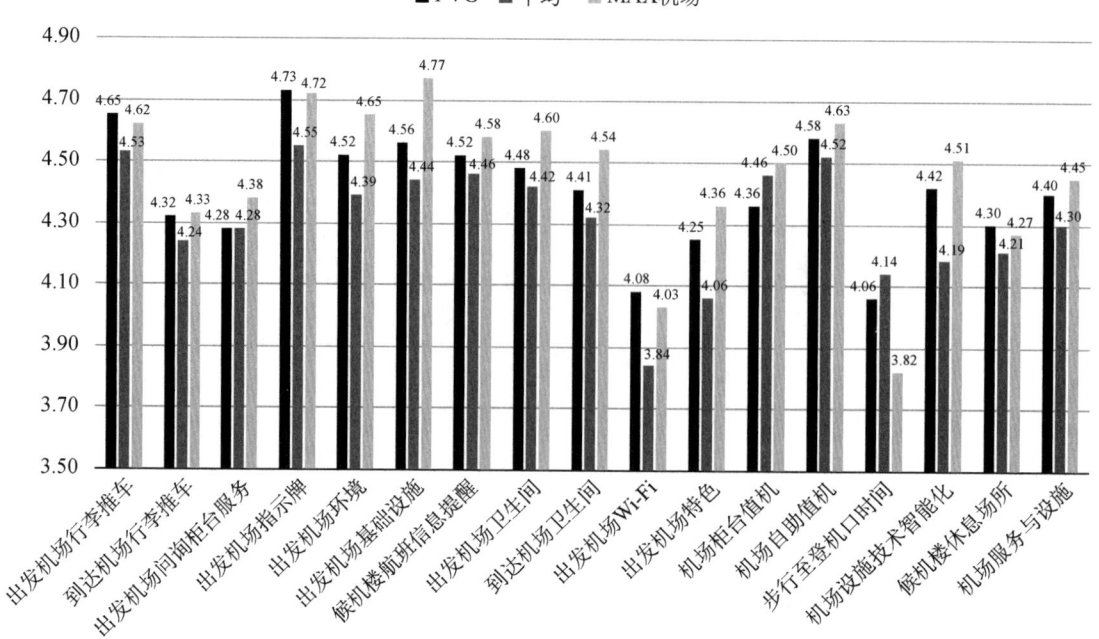

图 7-7　浦东机场洗手间服务与设施分析

表 7-4　浦东机场洗手间服务与设施明细指标

机场服务与设施明细指标	选项	PVG 占比	行业平均
出发机场卫生间	配套用品不全	1.76%	2.11%
	有异味	2.00%	3.02%
	卫生差	1.84%	2.59%
	排队时间长	0.96%	1.57%
	其他	1.04%	1.39%
到达机场卫生间	排队时间长	1.82%	2.21%
	有异味	3.37%	3.32%
	其他	1.64%	1.99%
	配套用品不全	1.21%	2.36%
	卫生差	2.42%	2.71%

注：选项占比＝单个不满意数量/该指标项目的整体数量。例如，浦东机场出发卫生间有1 000人点评，20人选择"有异味"，占比即为2.00%。
来源：CAPSE网站，CAPSE.net

3. 刻不容缓，洗手间改进极具迫切性

经了解，国内外大型机场航站楼在投入运营10至15年后，根据行业惯例，均会对楼内设施设备进行翻新改进,以保证优质的旅客体验度。尤其对于洗手间等旅客高频次使用设施,更是翻新工程的重中之重。例如广州白云机场、深圳宝安国际机场等千万级机场近年均已陆续开启洗手间改进项目,分批次对相关设施进行翻新改造。而浦东机场T1航站楼自投运以来已有20余年、T2也已投运10余年,设施日益陈旧、设备趋于老化,且无论是人性化设计还是保洁标准,其设计理念、现场管理等都已渐渐脱离潮流,与世界顶级机场洗手间也存在一定差距。因此,本课题借此契机,将这份不足转化为提升的动力,对标一流、实施赶超,把"痛点"攻克下来变为"亮点",助力机场服务质量的提升。

7.2.2 理论框架

1. 从旅客心理学出发,全面还原旅客评价体系

根据美国心理学家阿特金森和希夫林(Richard Atkinson & Richard Shiffrin)提出的记忆多重存储模型,人的记忆可以根据记忆内容保持时间的长短划分为感觉记忆(又称瞬时记忆)、短时记忆和长时记忆[3](图7-8)。人通过五感接收到视觉、听觉、触觉等刺激信号后,将这些信号存储为感觉记忆;大脑对感觉记忆进行编码后形成短时记忆,并保持15秒至2分钟。之后,大脑对短时记忆进行再加工、再整理,筛选出有意义、有价值的信息进行存储,进而形成长时记忆,保持时间可长达数天、数月,甚至终生不忘[4](图7-9)。

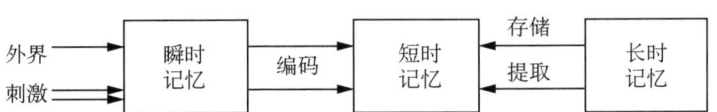

图7-8 记忆的多重存储模型
来源:彭聃龄.普通心理学[M].北京:北京师范大学出版社,2004.

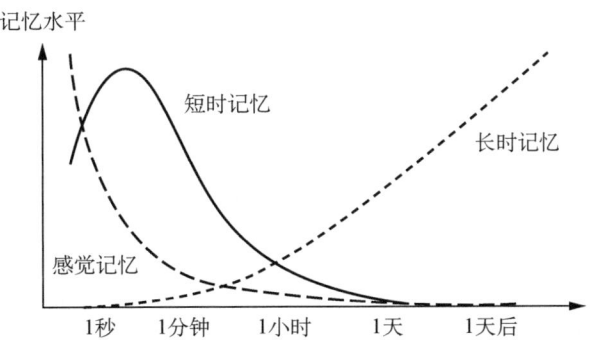

图7-9 旅客感官记忆、短时记忆及长时记忆水平趋势

通过将记忆多重存储模型应用到旅客对机场评价的场景中可以得出:
(1)旅客在使用机场各项服务设施的过程中时,其评价标准是建立在感觉记忆及短

时记忆之上的,即旅客的感官体验是其即时评价结果的重要影响因素。

(2) 旅客离开机场之后,在对机场的事后评价过程中,其评价标准是建立在长时记忆之上的,即旅客对机场设施服务的综合考量是影响其事后评价结果的重要影响因素。

因此,为了尽可能完整地获取旅客对浦东机场洗手间的评价体系,笔者采用了多维度的旅客意见测评方式。一是针对旅客正在使用机场设施、获取各项服务的场景,通过 ACI 服务质量测评、现场旅客满意度测评等方式采集旅客的即时评价。二是针对旅客回顾机场设施、服务体验的场景,通过 CAPSE 民航旅客服务测评、旅客舆情分析等方式采集旅客的综合评价。

通过对记忆多重存储模型的场景化应用,利用不同的测评方法,从多维度的旅客评价获取体系,全方位收集旅客对浦东机场洗手间的各类反馈及评价,为后续洗手间改进提供了明确的指引(表 7-5)。

表 7-5　旅客记忆模式及测评方式关系表

记忆模式	记忆特征	评价最佳采集时间	对应测评方式
感觉记忆短时记忆	视觉、嗅觉、听觉、体感、时间感受度等感知类记忆强烈	当天之内	ACI 服务质量测评、现场旅客满意度测评等
长时记忆	感知类记忆衰退;综合评价性记忆增强	1 天及以后	CAPSE 民航旅客服务测评、旅客舆情分析等

2. SWOT 态势分析法解析课题方向

SWOT 分析是一种基于内外部竞争环境和竞争条件下的态势分析,以矩阵的形式把优势、劣势、机遇和挑战相互匹配并加以分析,从而制定相应的发展战略、计划及对策等[5]。

浦东机场的洗手间管理内、外部环境复杂,洗手间经营态势多变,因此十分适合运用 SWOT 分析法进行全面的剖析[6]。通过提前部署改进方针、制定未来的管理方向,能在未来的洗手间运营过程中充分突出浦东机场的优势、消除劣势,运用各项机遇,有准备地迎接各类挑战(表 7-6)。

表 7-6　浦东机场洗手间 SWOT 分析九宫格

浦东机场洗手间 SWOT 分析	优势(S):多支极具洗手间管理经验的团队支持。各类专业技术部门的支持。作为上海对外窗口,改进成果极具宣传效应	劣势(W):体量大、范围广,管理难度大。洗手间投运时间长,设施设备趋于老化。保洁员工整体素质有待提升

续表

机遇(O)：民航业正大力推进服务工作及厕所革命。浦东机场正大力推进班组建设工作。突发公共卫生事件导致客流下降，为夯实基础管理赢得时间	优势—机遇：紧跟政策"风向标"，充分利用上海对外窗口的优势，打造洗手间新气象，树立浦东机场优质服务的典型，做好宣传工作	劣势—机遇：把握战略机遇，抓住服务改进和班组建设的窗口时期，夯实设施升级和管理优化的基础，为突发公共卫生事件结束后的客流回升做好准备
威胁(T)：国内各大机场逐步实施赶超。卫生安全形势严峻	优势—威胁：充分利用专业团队及技术力量的支持，将来自竞争机场的压力转变为动力，通过学习、借鉴其他机场的优质举措，进一步提升浦东机场的洗手间各项服务及设施	劣势—威胁：提升服务的同时更要稳扎稳打，浦东机场管理体量大、范围广，因此更要坚持做好严防严控、卫生消杀等工作，避免在防疫等基本安全工作方面出现纰漏

基于上述分析，当前是浦东机场洗手间改进的好时机，通过充分把握政策、战略机遇，利用浦东机场的各项资源优势、学习借鉴竞争机场的优质举措，在保持警觉的同时，夯实洗手间设施升级和管理优化的基础，为客流回升做好准备。

7.2.3 实施路径

经过相关理论分析，结合浦东机场实际，笔者带领课题组从硬件改造、标准制定、员工培训、管理机制、标杆树立五方面入手，多管齐下、软硬兼施，形成硬件升级、素质提升、管理增效等多方兼备的改进实施路径(图7-10)。

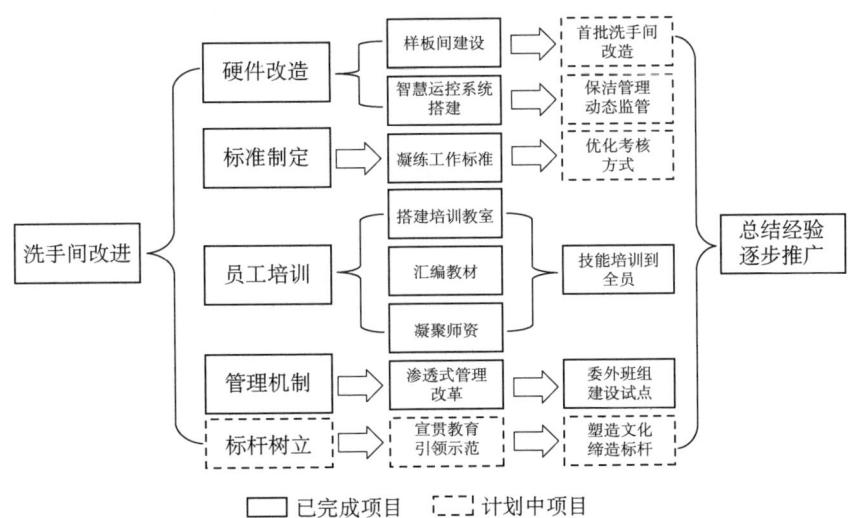

图7-10 浦东机场洗手间改进课题实施路径

7.2.4 体系建设

1. 改造硬件,夯实改进道路的坚实地基

洗手间内设施设备是否便捷舒适,对旅客感知至关重要。而其感知方式,经分析,大致为视觉、嗅觉、听觉、触觉和体感[7]。因此,可以从旅客感受的角度出发,综合列举出各项环境因素,与洗手间设施设备的痛点一一对应,全面还原洗手间所有影响旅客感知的痛点,为后续的硬件设施改进方案提供明确的抓手。图 7-11 展示了硬件改造方案分析路径。

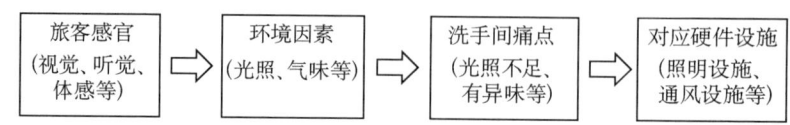

图 7-11 硬件改造方案分析路径

由此,笔者带领课题组选取了航站楼内主流程上旅客使用频次最高的 13 套核心区洗手间进行扩容与改建,通过调整男女卫比例,统一顶、地、墙、灯光、标识、空调通风等设施设备,改善洗手间硬件条件。同时,通过搭建智能运控平台,对洗手间的客流使用情况、温湿度、异味、保洁状态等指标实时监控,建立数字化的新型管理模式,达到洗手间管理可视、可控、可预测,提高保洁效率,提升管理效能。表 7-7 展示了洗手间项目十六大对标点。

表 7-7 洗手间项目十六大对标点

序号	一级指标	次级指标	对标点	指标项	现状	预期
1	洗手间方便充足	厕位比例	女卫厕位数量较少,存在排队情况	厕位数量及厕位比排队时间	T1、T2 主楼平均男女厕位比 1.68:1。高峰时段,女卫平均排队时间 10 分钟,男卫没有排队现象	对主流程 36 套卫生间中的 9 套进行扩容,对其余 27 套进行布局优化调整。改造后,T1 男女厕位比为 1:2.25,女厕位数量增加 65 个,增量 70%;T2 男女厕位比为 1:2.02,女卫厕位数量增加 90 个,增量 68%
2		洗手间面积	手提行李进出隔间不便	面积利用率	隔断空间偏小,大件行李箱只能放在隔间外面	隔间门板采用折叠门,同样空间条件下,折叠门移动半径小,空间利用率提升 10%,增加了行李摆放空间(可同时放置 2 个 28 寸行李箱)
3			缺少大件行李空间			

续表

序号	一级指标	次级指标	对标点	指标项	现状	预期
4	洗手间方便充足	设备	设备设施样式老旧、整体老化、局部破损	设备是否完好齐备	大部分木质装饰面碰擦损坏,有五金件维修更换后的各种洞眼痕迹	装饰材料、地面瓷砖、洗手台选用耐用、抗污和易清洁的材质,采用简约式的设计风格
5			洗手台开裂、渗色、易积水;地面污垢弄不干净		台盆弧度设计缺陷,容易积水;台面裂缝,污渍容易渗色	台面采用优质亚克力人造石一体式台面,吸水率低。视使用状况,每隔5年左右进行一次打磨,可以恢复如新。水槽采用大口径形式,减少台面面积30%以上,更便于保洁,减少台面易积水的状况
6			隔间门启闭噪声大,易损坏		关门时门板碰撞声音大	门板合页带阻尼,机械自动归位,大幅降低碰撞噪声
7			空置隔间难以识别		无人使用门也是关着,无法立即识别	门板改为常开式,正反面采用黑白反差色,有人时门体关闭,显示为白色;无人时门体常开,显示为黑色,有人无人一眼识别
8		设施	女卫未设有化妆区	设施是否满足需求	主楼建成已超20年,女卫当初的空间规划未设有化妆区,空间也比较小,无法满足现代女性出行需求	在样板间的女卫内,设置独立化妆区,方便女性整理妆容,深受好评。将在有条件的女卫内设置独立化妆区
9			未设有儿童设施		主楼当初设计时未配置家庭卫生间和儿童坐便器	将在36套卫生间内,合理设置第三卫生间和儿童洁具设备
10			烘手机或擦手纸机放置位置不尽合理		由于设计时未预留烘手机电路,无法安装烘手设备,故用擦手纸代替。而擦手纸设备,有不少设置在洗手间最里面的位置,不方便旅客使用;水渍滴在台面、地面,也增加了保洁员工的工作量	选用镜柜隐藏式洗手设备,易清洁,造型简约时尚。考虑到镜柜铰链为易损件,为提升耐用性,采用上翻式气动杆启闭

续表

序号	一级指标	次级指标	对标点	指标项	现状	预期
11		体感舒适度	空气循环不通畅,小便池附近异味	恶臭(含氨、硫)气体浓度排风频率	由于设备设施的历史原因,导致目前大部分洗手间的排风或空调无法正常开启使用	1. 排风改造。排风量由原有的平均120 m³/h 提升至6 000 m³/h 以上,提升幅度达50倍。对应的换气次数由原有的平均0~5次提升至15~20次。 2. 在便斗区下方铺设防臭垫。 3. 智能检测系统实时监控。通过硫化氢、二氧化硫等传感器实时把控洗手间内异味程度,及时进行整改措施,控制异味情况
12			温度体感差	温度		
13		洗手间清洁度	照明不均,灯光较冷,隔间内有亮有暗	照度	目前主楼洗手间公共区域照明范围为70~250 lux,隔间内照明范围为30~130 lux,色温偏冷、光照不均,整个洗手间环境感官不太舒适	照明系统重新铺设,均衡分布。公共区域采用间接光源,每个隔间内有独立光源。重新设计照明系统后,平均照度达到200 lux,光源均匀舒适
14		日常管理	马桶盖卫生问题	设备是否清洁	因国内旅客使用习惯问题,马桶圈无法始终处于干净状态。尽管保洁员工会及时清洁,但旅客心里没底,不敢放心使用	在样板间内配置厕板消毒液,尽最大可能满足旅客对清洁的基本需求
15			地面吸味、不易干、拼缝藏垢		地面采用人造石或大理石,石材吸水率高,易吸附污渍和异味。同时,磨损情况严重;拼缝污垢明显	地面采用优质瓷砖,低吸水率、更抗污易干。拼缝采用新型材料环氧树脂勾缝剂,颜色与瓷砖相近,表面光滑、坚固、吸水率低,易于清洁

续表

序号	一级指标	次级指标	对标点	指标项	现状	预期
16	洗手间清洁度	日常管理	保洁管理模式	保洁员作业标准管理效率	打扫频次为核心区域3日完成1次深度清洁全覆盖。作业标准为地面清洁以地刮冲洗为主,剩余设备抹布、高尘清洁为主,且保洁公司为主要管理单位	引进"无触碰式清洁一体机""高温蒸汽清洁机""便携式洗地吸地清洁机"等设备提升清洁效率与清洁质量,提高保洁频次。深度保洁每天1次,使洗手间清洁达标率大于95%

2. 制定标准,将保洁流程管理规范到底

不以规矩,不能成方圆。保洁管理是决定洗手间清洁度的关键因素,因此标准明晰、流程顺畅的工作标准是管理提升最有力的抓手。

在健全各项操作标准的过程中,笔者带领课题组以SMART原则为抓手,以班组建设为试验田,将防疫、保洁、安全、服务等多个条线的标准要求层层解码、逐条凝练,最终将各项标准以具体化(specific)、可量化(measurable)、可操作化(attainable)、关联化(relevant)及可时效化(time-bound)的形式贯彻落实到委外一线员工,提供明确的绩效考核目标和考核标准,形成科学化、规范化的激励机制,引导员工的职业成长(图7-12)。

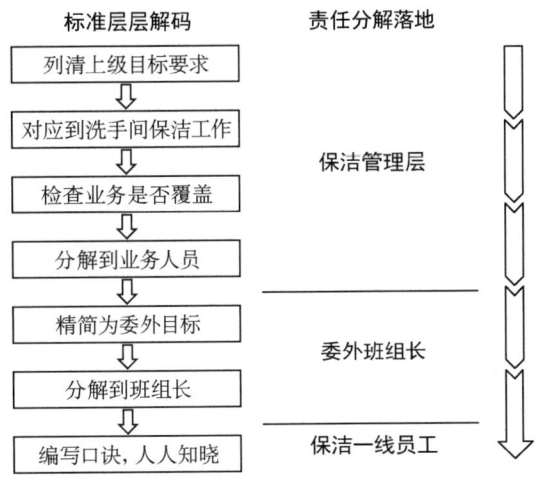

图7-12　标准解码、责任落地路径图

以安全条线为例,课题组对浦东机场安全管理总指标进行逐条分解、一一对应至保洁工作,将21条总指标提炼至6条保洁安全考核指标,使安全考核内容明确,安全绩效可量化(图7-13)。但这6条考核指标对于一线保洁员工而言依然欠缺可操作性,因此课题组全面整理一线人员的各项安全操作要求,同时配合委外员工的素质水平,进一步将安全目标编写成 7 字口诀,并在每日早班会上,由当日班组长带领诵读、铭记,真正做到安全目标下沉到基层一线。

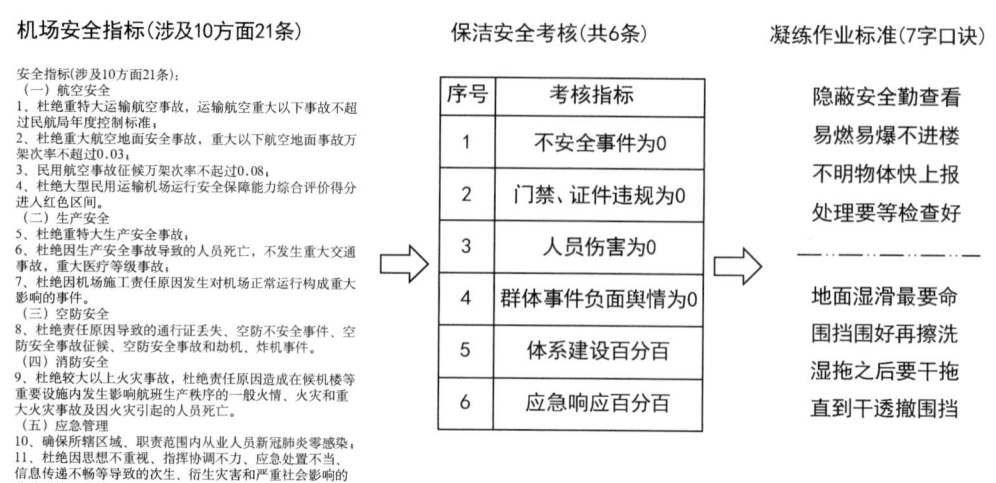

图 7-13　安全指标分解落地实例

完成作业标准层层解码、责任落地后,课题组进一步完善了标准检查制度及激励机制,对标准管理流程进行闭环(图 7-14)。标准落地环节通过将作业标准上墙,使得考核内容得以公示,一是增加员工的工作主动性、提高作业准确度,二是确保考核的公开、公平、公正。标准检查环节通过员工定时自查、班组长现场检查的"双保险",督促保洁责任的贯彻落实。激励机制通过各项规章制度及绩效奖励措施的贯彻落实,充分调动员工的积极性和创造性,并为优秀的保洁人才铺设发展通道,引导其职业成长。

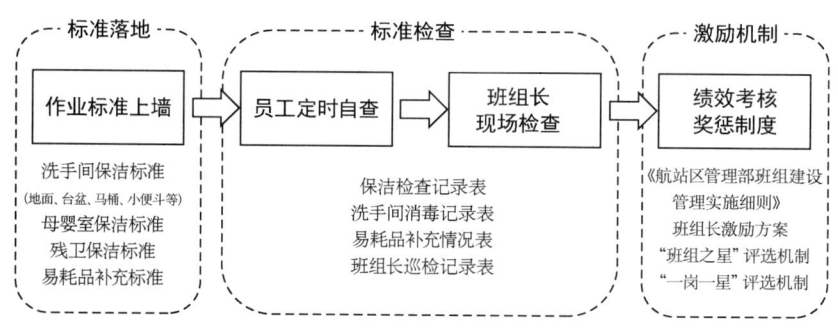

图 7-14　标准检查制度及激励机制示意图

日后,笔者将带领团队进一步完善、推广保洁标准体系,建设"岗位有职责、作业有程序、操作有标准、过程有记录、绩效有考核、成长有保障"的保洁班组,将保洁流程管理规范到底。

3. 培训员工,建设宏大的高素质人才队伍

在洗手间优化改进的这场"厕所革命"中,战斗在最前线的是航站楼现场1 000多名保洁员工,这支保洁队伍每天保证18小时的保洁任务,时刻准备着为7 000万人次的旅客提供整洁、舒心、方便的保洁服务。因此,培养一支高质量、高素质的保洁队伍也是洗手间改进项目的重要课题之一。

为了保证现场的保洁员工能熟练、系统地掌握必需的保洁知识、清洁技术和工作态度,优质的员工培训是至关重要的。课题组经过现场调研,最终在T2航站楼选址搭建保洁实训基地(图7-15),该教室占地面积274 m²,1∶1还原楼内各类设施设备,为保洁培训提供实操平台(图7-16),增加员工现场感受度与参与度。实训基地分为五个场景区,包括序言展板区、洗手间清洁示范区、厅面设施清洁示范区、地面墙面吊顶式景区以及服务礼仪介绍区。

图7-15 保洁实训基地场景分区图

实训基地的正式启用极大促进了员工素质提升,也使保洁培训机制更具系统性、科学性:一是保证了各项保洁培训课程实景化、实操化,高度还原现场保洁的真实环境,有利于受训人员更快、更好地掌握各项技能,使培训效果最大化。同时,实训基地也在不影响楼内洗手间设施正常运转的情况下,为大批量的培训工作提供可能。

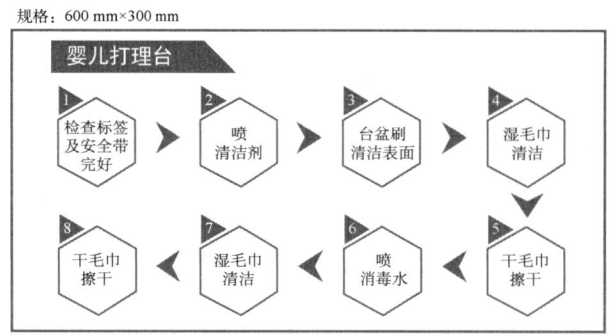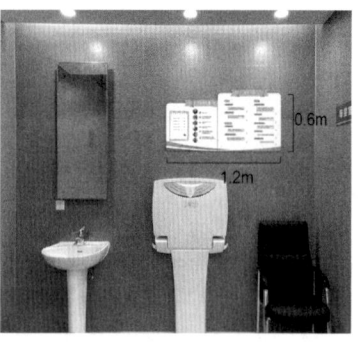

图 7-16　保洁实训基地实操平台

二是通过提炼各项作业标准的关键步骤，以易读、易记、图文并茂的形式张贴在各个作业场景区旁，实时帮助受训人员实时自查、操作规范。

三是全面整理各项作业标准、作业流程，并汇编形成保洁员工仪表仪容教材、工具摆放标准要求、服务礼仪手册等培训教材，使培训成果可复制、可传承。例如，清洁规范中的"五色毛巾清洁法"要求每名保洁员配备黄、绿、红、蓝、白5条毛巾，分别清洁洗手台、隔间门、坐便器等不同部位，卫生又专业。同时，将该清洁法整理成可视化的培训教材，方便保洁员工记忆与运用(图 7-17)。

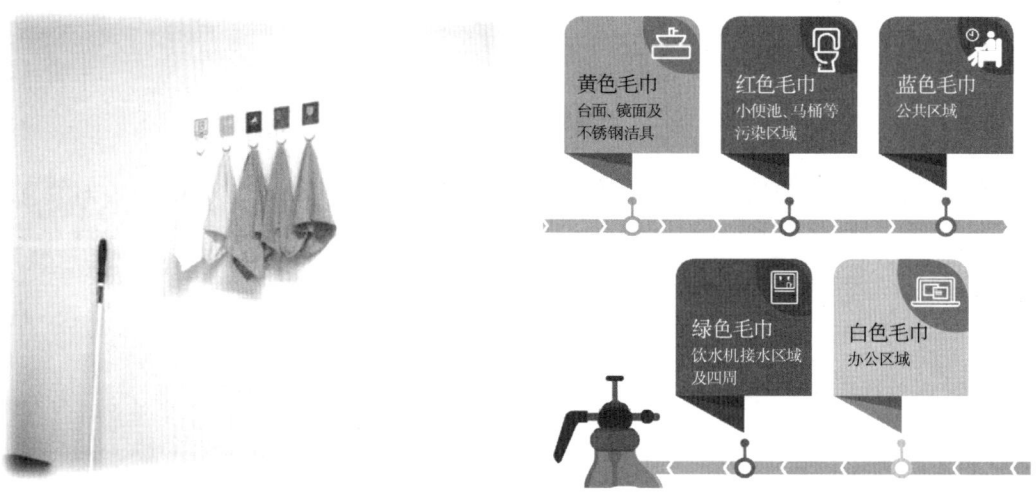

图 7-17　"五色毛巾"清洁规范及教材

四是凝聚师资，传播优质经验，在班组内形成带教体制，使保洁团队后继有人，人才永不凋零。

今后，浦东机场的保洁人才梯队将利用实训基地的各项资源，把优质的保洁技能培训、宣贯到全体保洁人员。

4. 机制改革，用渗透式管理带动班组建设

目前，行业内各大机场洗手间的卫生清洁及运作服务均采用保洁全委托管理模式，但长期以来，这种模式暴露出各类问题：

- 管理层与现场同属保洁公司，趋于利益导向，存在掩饰现场、监管不严等损害机场利益的情况；
- 长期关注结果、忽略清洁流程，清洁标准执行情况差；
- 最小管理单位（班组）缺少体系管理，致使指令难以落实到一线；
- 保洁公司管理层变更频繁，使现场管理稳定性差。

对此，笔者带领课题组引入渗透式管理的思路，选择卫星厅 S2 保洁合同即将到期的契机开展改革试点，将洗手间保洁的管理层与保洁员进行分段管理、分开委托，探索保洁委外管理的新模式（图 7-18）。

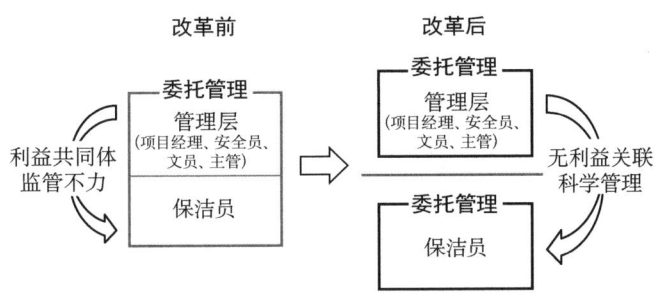

图 7-18 保洁委托管理改革示意图

2021 年 7 月起，物业管理业务人员开始实行 24 小时跟班顶替原委外管理层，全方位渗透一线保洁作业、零距离梳理管理情况，着手实施改进举措（图 7-19）。

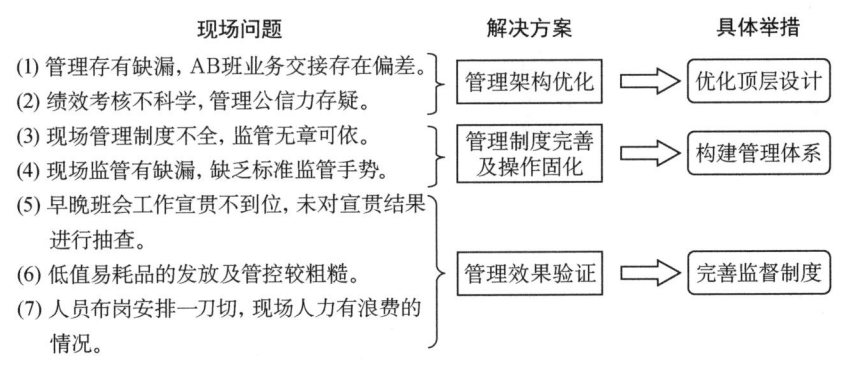

图 7-19 渗透式管理改革路径

根据卫星厅 S2 渗透式管理改革的试点成果，改革后的管理新模式能在维持项目预算不变的情况下，通过固定范式、精简人员、引进新技术，使浦东机场主导保洁业务核心，优

化解决委托管理执行中存在的问题,显著提高管理效能,大幅提升保洁质量。具体优势包括:

- 管理层与保洁员无利益关联,提升现场监管力度;
- 辅以人员管理及技术优势,进一步优化现场的排班布岗情况,提升人员利用;
- 通过延长合约期限等方式固定管理层,形成稳定的管理核心。

5. 树立标杆,充分发挥榜样示范引领作用

榜样催人奋进,典型可敬可学。规范的制度流程和科学的管理体系固然重要,但行业榜样的引领示范作用同样不可或缺。通过调查研究世界各大机场的保洁品牌和服务典型,笔者选定东京羽田机场的"国宝级保洁匠人"——新津春子作为标杆,激励浦东机场的保洁服务人员都向标杆看齐,甚至超越标杆,充分发挥榜样典型的正向引领作用。

榜样不仅要"看",更要"学"。为了塑造新一批保洁匠人,笔者首先对新津春子的性格特质、工作方法、思想理念、自我提升等要素进行分析,提炼匠人储备人才的必备素质,开辟浦东机场的"匠人"培育之路。

通过对新津春子的分析可以发现,使她成为优秀匠人的必备素质包括性格细致严谨、心思细腻、精益求精、认真执着、有创新精神等先天具备的特质,以及经验丰富、服务意识等后期可培养的素质(表7-8)。对于同样具备"新津春子式"先天特点的保洁员,若辅以保洁技能、服务意识等培训课程,也能把他们打造成一支具有浦东机场特色的匠人队伍。

表7-8 匠人必备素质分析表

必备素质	具体表现(以新津春子为例)	先天具备/后期培养
性格细致严谨,心思细腻	随身携带一面小镜子,用它反复确认马桶底座和内侧是否清洁干净	先天具备
	在所有小孩可能碰到的地方,都不使用刺激性清洁剂	
爱思考、会钻研,精益求精	会对80多种清洁剂的使用方法进行配比、总结	先天具备
认真执着	在机场兢兢业业、数十年如一日地奋斗,一直做到日本"国宝级匠人"	先天具备
有创新精神	会自己发明清理水池排水口专用的小刷子,更方便、卫生地清理窄小空间	先天具备
经验丰富	能够快速分析污渍产生原因和成分,一眼就知道哪种清洁剂可以处理得干净却不伤器具表面	后期培养
有服务意识	为了让旅客到机场能像到家一样舒适干净而不断努力	后期培养

因此,后续笔者拟以新津春子的特质要素为标杆,形成浦东机场保洁匠人素质模型,

甄选一批同样细致、执着、好学的"保洁匠人",并充分利用保洁实训基地的优势组织专业集训,对匠人开展系统化的培育。通过培养一系列高质量、高水平的服务典型,打造保洁特色服务品牌,以点带面树立浦东机场最好面貌的服务新形象,同时也展现"海纳百川、追求卓越、开明睿智、大气谦和"的上海城市精神。

7.2.5 课题成效

经过 2021 年的不断思考和不懈努力,课题组软硬兼施、多管齐下,在卫生间品质提升方面获得了卓越的成效,取得了以下成果:

(1) 在扩建办的帮助下,完成主楼主流程 4 套洗手间的硬件改进及扩容翻新工程,有效提升了浦东机场整体形象,得到了公司领导和各方媒体的肯定,并作为洗手间"定妆照"为两楼洗手间的全面改造提供标准。具体点位如下:

- T1 出发层 K 岛岛头
- T2 出发层 M 岛岛头
- T2 出发层 H 岛岛尾
- T2 到达 0 米层 20 号门内

同时,笔者带领课题组完成洗手间智能运控系统的搭建,完成卫星厅 S1 国际 1 间样板间及国内段(共 21 套)智能系统的全覆盖,达成对洗手间内客流使用情况、温湿度、异味、保洁状态等指标的实时监控,建立数字化的新型管理模式,达到洗手间管理可视、可控、可预测。

此外,主楼样板间及 S1 国内段洗手间还将在入口处架设旅客端洗手间使用情况显示屏,实时显示洗手间布局、客流情况、附近洗手间位置、环境监测指标等信息,在客流高峰期主动分流、避免拥挤,同时将洗手间环境指标数字化、透明化,提升旅客体验度。

(2) 以标准制定为指引,从标准层层解码、责任分解落地、完善检查制度、形成激励机制等多个方面形成一套可复制推广的制度体系,为后续推广到全部班组、实现区域内驻场工作人员工作的实况化建设打下基础。通过标准流程分解到位、明确各级管理目标,切实将绩效目标分解到委外一线员工,实现安全教育、风险防控、作风建设落实到班组第一线。一是提炼指标可量化、作业标准口诀化,编写 7 字口诀确保每一个一线人员牢记防疫、安全、保洁、服务工作的各项要求。二是作业标准公示上墙,增加员工的工作主动性、提高作业准确度。三是标准检查流程闭环,通过员工定时自查、班组长现场检查的"双保险",督促保洁责任的贯彻落实。四是确立员工激励机制,通过对标准完成情况进行考核,落实优秀员工奖励制度,充分调动员工的积极性和创造性,并为保洁储备人才铺设发展通道,引导其职业成长。

后续,课题组将进一步完善标准流程体系,在航站楼基层一线进行推广,打造"岗位有职责、作业有程序、操作有标准、过程有记录、绩效有考核、成长有保障"的一流班组。

（3）在 T2 航站楼选址建设保洁实训基地，为保洁培训提供实操平台，多维度拓展培训形式，使培训内容具有多样性及全面性。同时配合关键步骤提炼、培训教材汇编、凝聚师资力量等多种举措，提升保洁知识、清洁技术和工作态度，增加员工现场感受度与参与度。

目前，实训基地已逐步开启师资力量培育及保洁员工全员技能培训，为航站楼优质保洁队伍的建设任务架桥铺路。

（4）深度改革保洁委外管理模式，引入渗透式管理的思路，对管理层与保洁员进行分段管理，全方位渗透一线保洁作业，并成功在 S2 保洁管理完成试点工作。一是优化顶层设计，贯彻落实渗透式管理，将管理中心下沉至一线班组；二是构建管理体系，结合分段管理模式，探索、实践更科学的管理流程；三是完善监督制度，下一步将借助班组管理系统的开发，使班组管理简化、优化、移动化。

（5）结合各项改进举措，整合各类人才、管理、技术资源，契合浦东机场"海纳百川·申情相伴"的服务主题，初创"申情·净星"保洁服务品牌。"净星"意为精心、尽心成为旅客心中的"洁净之星"，旅客的要求就是"净星"品牌永远的追求。未来，"净星"品牌将持续推进洗手间变革、探索创造舒适化、人性化的如厕环境，以旅客心理感受和需求为导向，让五湖四海的来客都感受到浦东机场的"申"情服务。

7.2.6 课题结论

本年度，洗手间改进重点课题组践行机场集团"服务至臻"的企业精神，向成为"美好生活的最佳航空保障"使命奋进，秉承"安全、便捷、人性化"服务理念，持续提升浦东机场洗手间的旅客体验度和服务品质，取得了卓越的成效，也在课题开展的过程中收获了宝贵的经验。

1. 有的放矢，找准服务提升切入点

正所谓"小厕所，大民生"，洗手间的使用是旅客在机场内最高频也最基本的需求，因此航站楼的洗手间是最能反映机场整体服务质量的一面明镜。而浦东机场洗手间更是体量大、范围广，遍布两个航站楼及卫星厅，涉及旅客出发、到达等各个流程，是引领机场服务全面改进极佳的试验田。通过打通硬件升级、班组建设、管理改革等多个突破口，本课题总结凝练出一整套管理智慧，为后续工作铺设正确道路，成为机场内各个服务模块的典范。

2. 持之以恒，奠定长期攻坚总基调

浦东机场作为世界级的航空枢纽，应在各个维度向"世界级"发力奋进。除了世界级的旅客承载能力和运营管理水平,世界级的服务品质同样不可或缺。而浦东机场建设洗手间的标准也自始至终都与国际接轨,向先进水平看齐。因此站位越高、目标越长远,就越要求洗手间改进工作细水长流,循序渐进。正如本年度课题成果所呈现的,洗手间的管理运营极具系统性,硬件设施、管理体系、流程标准、人员服务等环环相扣,缺一不可。因此,洗手间的改进牵一发而动全身,只有从大局着眼、从细节入手,不断完善、持续改革,才能实现"世界级"的目标。后续,洗手间优化工作作为浦东机场服务提升的重要环节任务,将形成基础性、长期性、系统性的工作规划,为打好这场长期攻坚战作出万全的准备。

今后,浦东机场洗手间建设将再接再厉,以"海纳百川·申情相伴"服务品牌理念为指引,综合凝练课题的优秀经验,逐步推广课题成果,为打造品质领先的浦东机场而努力。

7.3 运用交通大数据提升服务质量

7.3.1 推进管理方法的背景

1. 新技术和旅客出行新需求对陆侧交通提出新的要求

大型国际枢纽机场是联结全球的重要门户和交通基础设施,相对于通过航站楼安检以后的"空侧",旅客从机场到/返其家中等出发地或目的地的"陆侧"交通是旅客出行保障的重要环节,也较大影响旅客的出行体验。以浦东机场为例,目前每天浦东机场的旅客和工作人员流量约30万人次,其中超过1/5旅客来自上海周边的长三角地区,另有超过4万辆车进出浦东机场,在空间相对较为紧凑的交通中心区域,确保旅客"进得来、出得去、走得好"是一项严峻的挑战;同时,随着航空旅客对出行交通快捷性、便利性和舒适度等个性化要求的提高,以及由互联网、智能交通技术催生的网约车等新型交通模式的快速发展,现有的交通行业管理政策和机场陆侧交通运行服务面临着新的课题和要求[①]。

2. 数字化时代发展趋势凸显了交通大数据的应用价值

当今,数字化、网络化、智能化已成为时代的鲜明特征。数字化是驱动高质量发展的核心,也是我国民航局推进建设"平安、绿色、智慧、人文"这"四型机场"中"智慧机场"的重要内容。大数据在工业、交通、金融、物流、商贸、电信等行业领域的创新应用,极大地推动了上述行业的转型升级发展,大数据的分析结果为企业服务质量提升、经营管理决策制定提供了有效依据。交通大数据的全时域、全局性特征,可以为机场陆侧交通管理提供较为完整的运行状况展示,有助于机场交通管理的科学决策制定与管理水平提升。

---

① 本案例引用自:张敏求,朱建军,袁涛,等.浦东机场:以对标提升枢纽运营服务质量[J].中国质量,2022,(4):61-65.

3. 机场陆侧交通运营管理应利用交通大数据提升服务水平

大型国际枢纽机场汇集来自全球的人流、物流、资金流、信息流和数据流,本身就是各类交通、商业、人群活动大数据的产生来源,交通大数据具有来源众多、数据量大、持续性生成等特点。一方面,机场交通管理部门需要准确地把握交通大数据的实际情况,便于了解交通运行的态势;另一方面,也亟须有效地运用大数据提升管理服务与运行保障水平。上海国际机场股份有限公司积极推进,系统思考,主动作为,在运用交通大数据提升陆侧交通服务质量和保障水平方面探索出了一条新路,取得了较好的综合业绩,获得了行业和社会公众的高度认可。

7.3.2 管理方法的提出

1. 提升管理效率,保障旅客陆侧交通畅通

自 1999 年建成通航以来,浦东机场发展迅速,从 2003 年航班转场时算起,旅客吞吐量年度复合增长率达 11%,2019 年,浦东机场旅客吞吐量超过 7 615 万人次,位列世界第九,我国内地(大陆)第二,国际(地区)旅客吞吐量位居国内空港口岸第一;货邮吞吐量连续 12 年位居全球第三,始终位列国内第一。

浦东机场规划目标是到 2020 年旅客吞吐量达到 8 000 万人次,其中,规划中轨道交通分担旅客出行的 30%,公共交通占比超过 50%。虽然旅客持续快速增长,浦东机场公共交通出行贡献一直未实现规划目标。根据调查,2019 年浦东机场轨道交通分担旅客出行 22%,以私人小汽车、出租车和近年来快速发展的依托网络平台,辅以线上、线下定制服务的个体化交通占旅客出行的主导地位。这也是浦东机场陆侧交通运行压力逐步增加的重要原因。在此情况下,浦东机场完善陆侧交通运行管理体制机制,积极利用科学手段和方法,提升运行管理绩效,努力实现了陆侧交通运行保障,解决了旅客出行的难点和问题(图 7-20)。

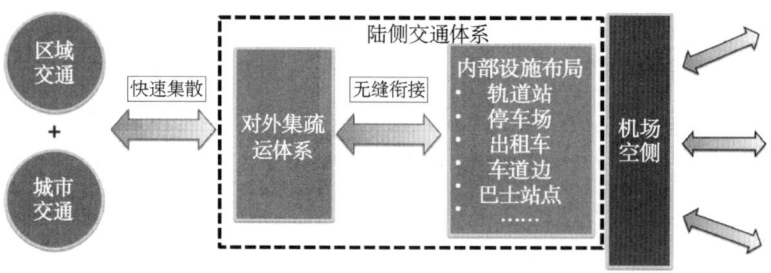

图 7-20 浦东机场陆侧交通体系

2. 运用交通大数据提升服务保障水平

随着近年社会经济发展,航空旅客对出行的要求不仅仅是基本的交通保障,对交通出行服务质量和出行的感受逐步提出更高要求。作为已经运行20余年的大型枢纽机场,浦东机场原有的交通设施硬件逐渐进入老化期,运行维护状况受到较大局限,也在新要求下面临较大的挑战和考验。

自2017年开始,浦东机场主动思考和改革,借助当前大数据、互联网和云技术的快速发展,全面梳理陆侧交通运行体系,对各种交通方式及其运营企业、交通基础设施和装备、交通管理团队和人员的运行现状开展广泛的、有针对性的研究,以陆侧交通大数据为核心,准确把握陆侧交通的人流、车流、设施等实际运行状况和态势,全面系统地思考在新趋势和发展要求下,陆侧交通的数字化和信息化提升规划,并开发了一系列的旅客出行服务相关的硬件和软件系统。根据对大数据的精确分析,完善现有交通基础设施的配置、交通站点的运行管理、各种交通方式的服务管理等,支持并指引陆侧交通日常运行、服务管理与决策[8]。

7.3.3　管理方法的实施过程

在旅客全出行链的各个环节,包括旅客本人、交通运营企业和管理部门等各方面主体,时刻不断地都在产生大量的交通数据,分秒不断地记录下机场旅客交通出行的精确画像。充分利用好交通大数据既是发展趋势,也有利于日常运行管理。对此,交通保障部对机场陆侧交通体系中如何利用交通大数据并支撑运营管理进行系统规划,对各交通运行业务单元展开各项具体分析和应用指导。其主要做法如下。

1. 系统识别,整体规划

浦东机场是一个集航空、地面公交、轨道交通(磁浮、地铁)、出租车、社会小汽车、长途客运和网约车等多交通方式于一体的国际化综合交通枢纽,其业务场景不仅包括旅客和车辆的到达聚集,还包括旅客和车辆的分流以及多交通资源的配置和调度。浦东机场从旅客的出行服务需求出发,逐步构建集智慧监测、智能调度、精准服务、协同运行于一体的陆侧交通运行服务体系,在数据分析的基础上进一步提升现场管理能力、应急处置能力、安全生产保障能力,保证在多种复杂场景下陆侧交通系统的稳定运行,由旅客被动响应的交通保障转向机场主动供给的服务管理。

为此,浦东机场基于交通大数据,以"智慧机场"为目标,规划设计了智慧陆侧交通运行管理系统平台的整体架构,在确定统一的数据格式和数据交换协议标准的前提下,从子系统建设入手,以数据采集、系统基础硬件为支撑,采用人工智能分析手段,构建大数据中间平台,经过三年的建设,逐步更新、迭代,完成了陆侧交通1.0版本至3.0版本各阶段的系统建设工作。到 2019 年,已初步完成以三维可视化系统运行控制为载体和展现手段的 4.0 版基础平台开发,基本建成形成智慧化陆侧交通运行管理平台(其中,部分功能正在深化完善中),其主体架构如图 7-21 所示。

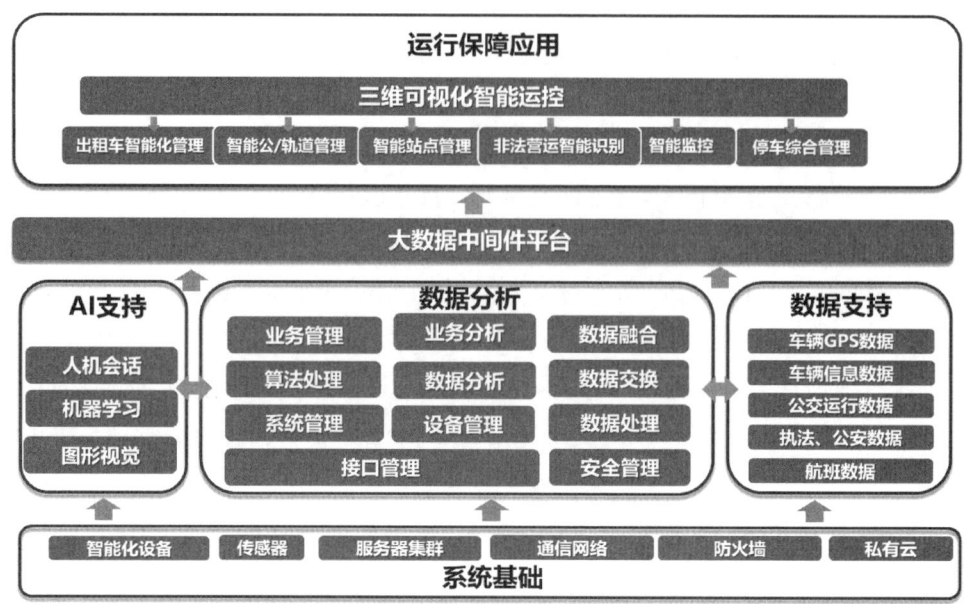

图 7-21　基于交通大数据的智慧化陆侧交通运行管理平台架构

2. 开发管理平台,完成多源数据采集与数据融合

(1) 科学全面采集一手交通出行数据

浦东机场采用智能化设备采集、信息系统交互、现场调查等多种方式全面采集、获取交通出行数据,根据需要,在一定条件下分析使用,以支持交通运行管理,主要包括以下三类:

第一类,对信息系统中信息记录的电子数据,例如旅客乘坐轨道交通的交通卡刷卡数据,包含旅客的进站和出站时间、费用等信息;停车库有车牌号、进出库时间、费用、支付方式等具体信息;旅客航空公司的每一趟航班的旅客数量、起点和终点、航班起飞和降落时间等信息;出租车站点和蓄车场等产生的出租车实际停放、排队、等候,以及站点发车效率等各方面信息。

第二类,对部分无法自动记录的交通出行信息,如旅客的来源地、多交通方式的总费用和总出行时间、旅客个人属性特征以及旅客对出行的决策或停车意愿等主观信息,则采用综合调查的方式,以获得真实的第一手交通数据信息,为日常运行提供参考。

第三类,浦东机场在陆侧交通运行控制系统建设中,开发的如出租车旅客排队数量自动分析采集系统等多个智能化设备监测系统,可实时监测、采集的诸如旅客排队数量情况等交通大数据。

(2) 基于多源数据融合，支持实现交通出行"空侧—陆侧"无缝衔接和双向转换

旅客从出发点至最终目的地的出行链均由多个环节构成，其出行数据由多种交通方式组合而成，旅客的出行数据记录了旅客出行的全过程，形成了旅客的路径画像。对不同交通方式的出行数据融合可以更有效地优化旅客出行路径以及时间衔接。目前，浦东机场已初步实现两方面数据融合运行：

一是"空地一体"数据协同系统，支持出租车智能调配。即，系统根据到达航班批次信息及旅客数量，基于对历史经验数据的分析，估测在某一时间段内到达浦东机场的旅客乘坐出租车的比例及对应的数量需求，按此匹配出租车运力资源，并通过对出租车蓄车场、缓冲区、站点这一出租车运行和管理链路进行全过程动态调度，及时、灵活地调度，安排相应数量的出租车。

二是"多部门、多类型"数据融合，将不同平台系统数据、不同业务部门数据融会贯通，综合汇集于系统之上，全方位掌控综合态势，消除信息孤岛，打通全局融合；支持集成包括车辆管理信息、GPS 数据、倾斜摄影数据、BIM 机场建筑模型数据、统计数据、摄像头采集画面等多类型数据，提升陆侧交通全局分析能力和运行管理水平。

(3) 逐步推进系统平台与子系统开发

如前所述，在对浦东机场陆侧交通智能化运行管理平台建设进行系统规划、定义好运行控制平台和子系统整体架构、数据格式和交互协议的基础上，浦东机场在积极准备系统层面运控平台建设开发的同时，根据现场运行管理需要，先期研究开发了一系列的智能化辅助交通管理子系统，如在行业主管部门、咨询专家团队支持下，针对浦东机场短途出租车的管理问题，建立出租车智能化调配与现场管理等子系统，积极为现场运行管理提供有力的技术支撑，提升了综合管理能力、指挥协调能力、协同管理水平。

① 建设开发"陆侧交通数据实时三维可视化融合运控平台"

该平台是浦东机场陆侧交通运行管理信息化运控平台的核心系统，与其他子系统共同构成机场陆侧交通运行控制的信息化系统。其具备如下主要功能：

第一，实现浦东国际机场相关的陆侧交通管理与保障区域的三维场景可视化及场景漫游，展示陆侧交通相关的交通线路与站点、停车场、巴士站点、地铁和磁浮站点等区域。还可与二维地理信息系统进行数据交互，并实现三维可视化场景和二维地图的数据联动（图 7-22）。

第二，在三维场景上对生产指标进行可视化显示，包括：停车楼库存及拥堵指标、缓冲区的流量和调度指标、蓄车场的库存、流量、效率和调度指标、航班实时信息、巴士长途汽车地铁磁悬浮等流量指标等详细的生产指标，可根据实际需要调用和读取。

第三，在三维可视化上实现陆侧交通数据类型比较丰富的多类型数据融合展示，数据类型包括文字、图形、图像、音频、视频、流量数据、表格、图表和 WEB 页面等；也能够同时分析处理不同来源的大数据，并实现在三维可视化场景上的流畅展示（图 7-23）。

图 7-22　陆侧交通实时三维可视化融合运控平台

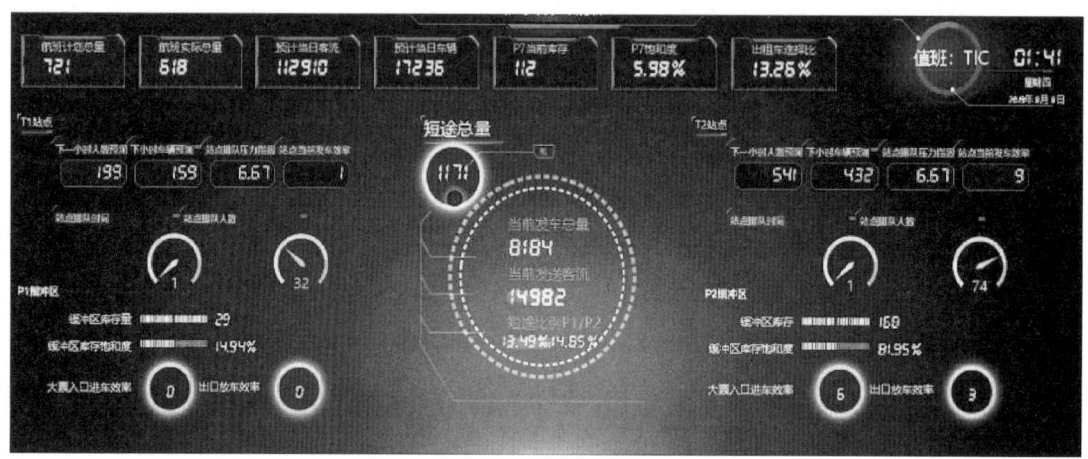

图 7-23　多类型数据融合显示

目前,该平台作为浦东机场陆侧交通智慧化建设中的 4.0 版,已完成系统平台开发建设,以及与各陆侧交通方式的子系统、业务模块数据链接和交互,不仅将各类数据进行了有效整合,还将时间、空间、域等不同维度进行了跨维度整合,实现了不同维度数据的同时分析。系统充分支持日常生产、运行、保障等各类业务场景,不仅实现了监测、巡检,同时支持应急预警处置,也对跨部门协同、复杂情况下的智慧调度有巨大的支持作用。

② 基于"空地数据协同"实现出租车智能调配运行

如前所述,开发的"出租车智能调配系统"实现了航班信息、旅客数量和出租车资源调配的"空地协同",解决了以往出租车供车链中的业务量判别与调度安排仅依靠人工判断的工作模式,整合了航班动态、到港航班数据、蓄车情况、人车比率、出租车历史分担率等数据内容,根据航班运行动态推算出租车站点需要配备的供车数量和频次,实现智能化调配出租车至站点,提高供车效率,使旅客与车辆数量形成较为精准的关联。系统所形成的数据也将接入三维可视化运控平台,进行实时传输,实时指挥,统一管理(图 7-24)。

第 7 章　浦东机场服务质量管理对标案例

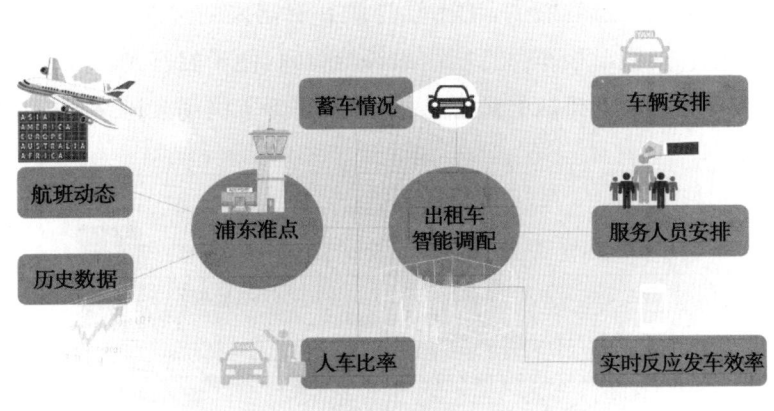

图 7-24　出租车智能调配系统

③ 利用 GPS 数据完善短途出租车业务管理

由于浦东机场离市区较远,为照顾出租车的实际利益,设置了短途(旅客目的地离机场距离较近)出租车业务,承接短途业务的出租车返回后无须再重新排队,可以快速进入航站楼前出租车站点接单,由此也产生了难以识别的部分司机冒称短途业务等一系列服务质量和安全风险问题。为此,浦东机场开发了"GPS 短途智能轨迹识别系统"。系统与上海市主要的五大出租汽车公司自身的 GPS 数据库专线连接,通过自动的轨迹判断管理,实现补偿手段无人工干预,利用出租车的 GPS 轨迹和专用移动应用小程序(App)进行判断,如果司机在规定的方位内行驶,返回机场可以自动化放行,大幅提升运行效率。GPS 系统所形成的数据也将接入三维可视化运控平台,进行实时传输,实时指挥,统一管理。应用实施后,大幅度降低出租车短途业务中的非真实业务比例,大幅度提升旅客的乘坐感受和服务质量(图 7-25)。

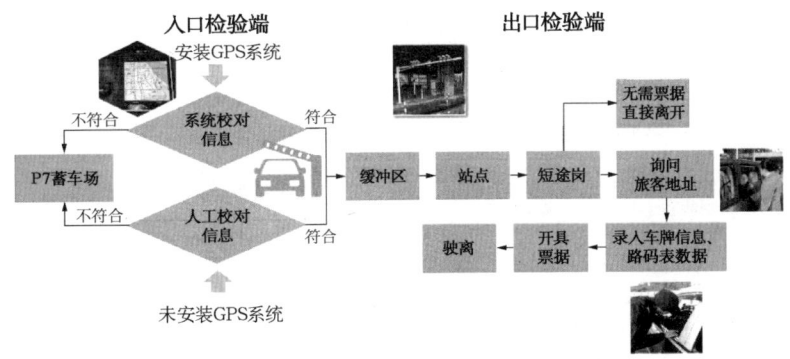

图 7-25　基于 GPS 轨迹的短途出租车识别与管理系统

④ 动态实时显示旅客排队数据分析结果,改善旅客现场候车体验

开发的"站点旅客排队智能统计与提示系统"通过视频采集、识别进入站点的旅客数

据,根据站点排队通道及其疏解能力,动态计算旅客所需要的排队时间,并在排队通道的电子屏上显示,为旅客提供出租车出行所需的等待时间,便于旅客判断和决策选择最优的出行交通方式,还可缓解旅客排队的焦虑感,提升和完善了机场客运站点内旅客的现场服务体验(图7-26)。

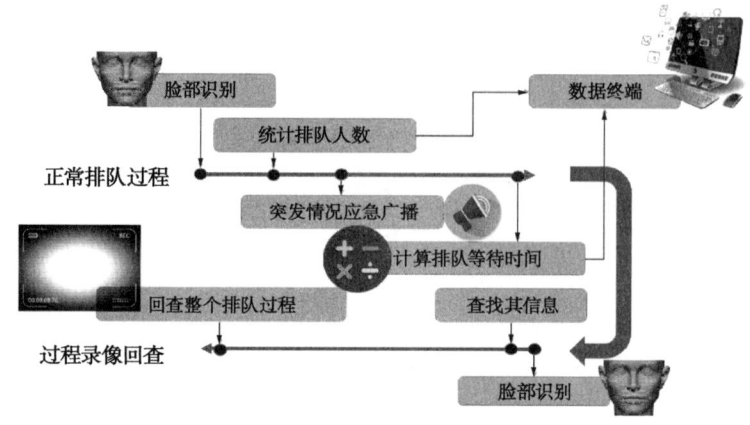

图7-26 站点旅客排队智能统计与提示系统

⑤ 通过数据跨时空、跨域分析,加强交通运行违法监管

已经实施应用的"非法营运智能识别预警与管理系统"基于图像识别技术,通过布控于关键区域的智能图像捕捉设备,对覆盖范围内的所有人员进行面部识别,并与数据库内的非法客运人员脸部数据进行比对,识别出经常出现的"黄牛"并及时警告和提示,一旦发现可疑人员,立即进行全程的视频跟踪与记录,将非法客运人员从站点揽客,带领旅客前往停车库至送上非法客运车辆的全过程予以视频记录取证,并将固化的视频证据移交相关执法单位进行处理,从源头上颠覆性地提高了非法客运证据固化的成功率,同时对非正常排队候客的出租车车辆进行实时监测,彻底杜绝非规范营运行为(图7-27)。系统所形

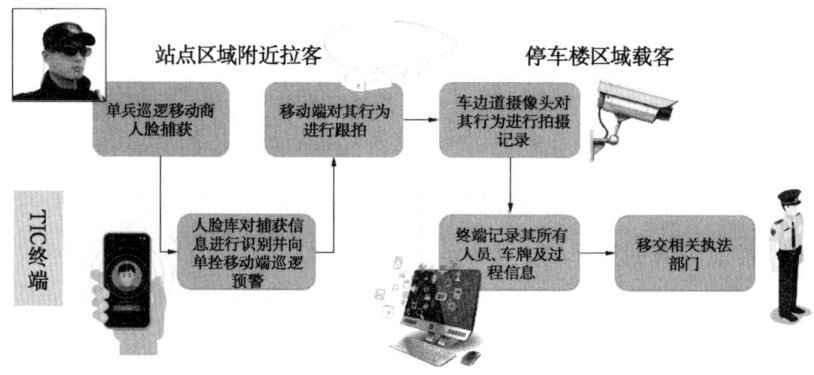

图7-27 非法营运智能识别预警与管理系统

成的数据也接入三维可视化运控平台,进行实时传输,实时指挥,统一管理。曾经,浦东机场夜间"黑车"猖獗、"黄牛"成堆,靠人力难以应对其"打游击式"的存在,成为旅客服务质量和旅客安全保障的隐患,"非法营运识别系统"有效地解决了这一难题。

3. 利用大数据分析支持运行保障和管理决策

大型枢纽机场是客流、信息流高度集中的交通基础设施,挖掘、利用各类交通大数据背后的信息及其特征,诊断陆侧交通运行管理中存在的症结、难点,可以有效地提高运行保障效率,为管理决策提供支持。例如,近年来浦东机场利用停车库运行大数据支持,建立了停车费率动态调节停车库运行管理的工作机制。曾经,浦东机场近端停车库车满为患,为了解决这一难题,浦东机场通过大数据分析发现由于过夜车停车封顶价设置过低,占车辆总数仅5.3%的长时停车车辆占据了73%的车位资源。为此,浦东机场制定了新的停车费率方案,并于2015年获批,调高了长时停车费率,显著缓解了近端停车场的停车资源紧张问题。随后,为了满足不同旅客的停车需求,浦东机场还新建成了远端P4停车库,停车价格更低,以"近端短时、远端长时"的停车服务理念,为旅客提供更好的服务。

4. 管理方法推进的组织保障

(1) 推行陆侧交通运行一体化管理

本管理方法从旅客出行交通大数据入手,改进完善陆侧交通运行管理方式。这种管理模式和方法,克服了传统的以分交通方式管理或区域管理方法中相互信息割裂、交流不畅,进而导致管理效率低下和粗放的问题,但在推进实施过程中,原有的涉及交通运行的跨部门职责分工体系难以适应这一管理方式的变化。

为此,上海国际机场股份有限公司首先调整陆侧交通运行管理体制机制,将原有分属于不同部门的交通管理职责、交通设施资源等予以归并,设立"交通保障部",统筹管理和协调旅客出行的各种交通方式、停车设施等交通保障和服务资源,专门负责陆侧交通运行保障和服务。随后,交通保障部按照旅客出行流线和管理所需,相应设置交通运行控制、交通站点管理、停车管理、出租车蓄车管理和安全质量管理等业务。经过组织架构调整后,浦东机场的交通运行保障和服务拥有了专业的职能部门,可以深入研究和改善陆侧交通运行一体化管理方法的推进工作,并将其细化落实到提升旅客服务水平过程中,取得明显成效。

(2) 同创共建,建立陆侧交通运行协调平台

针对机场运营单位众多、隶属关系分散、服务链管理难度大的情况,浦东机场积极主动运用"平台管理"的思维,发挥"机场管理协调者、机场服务整合者"的作用,建立了陆侧交通运行协调平台,联合交通委、公安等政府部门开展联合检查、专题研讨、专项整治,保障旅客平安。同时,与五大出租车公司、空港巴士、轨道交通等交通运营单位进行日常运

营协作,同创共建,信息共通,资源共享,共同提升服务,在国内机场行业树立了良好的品牌形象。

(3) 构建风险预防和动态监控的全过程质量保证机制

为更好地把控和预防各类运行风险,保证机场安全,提升服务质量,浦东机场形成了基于风险预防和动态监控的全过程质量保证机制。基于机场内的各类智能化监测设备,对旅客安全、旅客服务、出租车管理、消防安全等各方面实现了全方位的整体监控,实现机场风险信息的及时、准确识别,并通过风险管理工作单、风险信息汇总表等形式形成规范化的风险管理,保障机场运行安全。同时,建设的三维可视化运控平台(图7-28),具有风险预警和报警功能,可以及时警示陆侧交通相关区域的运行风险,便于及时启动预案或现场处置,确保了陆侧交通顺畅运行[8]。

图 7-28　陆侧交通实时三维可视化融合运控平台支持快速形成应急预案

7.3.4　管理方法的创新点与深化推进

浦东机场长期以旅客为本,指导陆侧交通运行管理,近年来,在国内机场行业率先借助最新大数据、移动互联网技术,以数据支持运行决策制定,为旅客提供精准服务,开发了一系列智能辅助运行管理软件系统,完善重构了陆侧交通的运行管理体系和决策机制,提高了陆侧交通运行效率,提升了旅客出行服务质量和获得感。

1. 主要创新点

(1) 实现多源数据融合,支持旅客"空侧—陆侧"出行无缝衔接和转换

浦东机场陆侧交通运行管理各子系统,在行业内率先实现了两方面数据的融合运行:一是"空地一体"数据协同,包括航班信息、旅客数量、出租车运力资源、出租车蓄车场/缓冲区、出租车站点运行状态、出租车车辆等数据;二是"多部门、多类型"数据融合,支持集成包括车辆管理信息、GPS 数据、倾斜摄影数据、BIM 机场建筑模型数据、统计数据、摄像头采集画面等多类型数据。航空旅客的出行链均以机场作为终点或起点,其另一端和机场的交通方式组合即为陆侧交通的保障和服务对象。针对出行链中各环节采用不同交通方式组合形成的大量多源异构数据,并对不同交通方式的出行数据融合和处理,实现了优化旅客出行路径以及出行时间。

(2) 增强智能分析功能,提升运行管理决策效率和响应速度

浦东机场借助所开发的软件系统平台,一是实现了各种交通方式的"空地协同",二是融合处理"跨部门、多类型"的数据和信息。系统平台综合汇集了文字、图形、图像、音频、视频、流量数据、表格、图表和 WEB 页面等不同类型的数据信息,将不同平台、不同业务部门的各类数据融会贯通,消除信息孤岛,并在三维可视化场景中根据数据的不同类型进行相应的展示,支持交通保障部对陆侧交通总体情况的分析和统筹,优化现场站点运行调度。

(3) 基于交通大数据实现旅客"一站式出行"服务,提升出行服务能级

一方面,交通大数据所记录的出行时间和空间信息,可以用来较为精准地优化出行链中各环节的衔接和转换,实现旅客出行的无缝衔接,以及最终为旅客提供"一站式出行"服务,极大地提升陆侧交通出行服务水平和能级。浦东机场现已实现的"空地一体"智能化调配出租车服务,相比之前大幅度降低旅客排队等候时间,增强了旅客出行服务的"获得感"(图 7-29)。

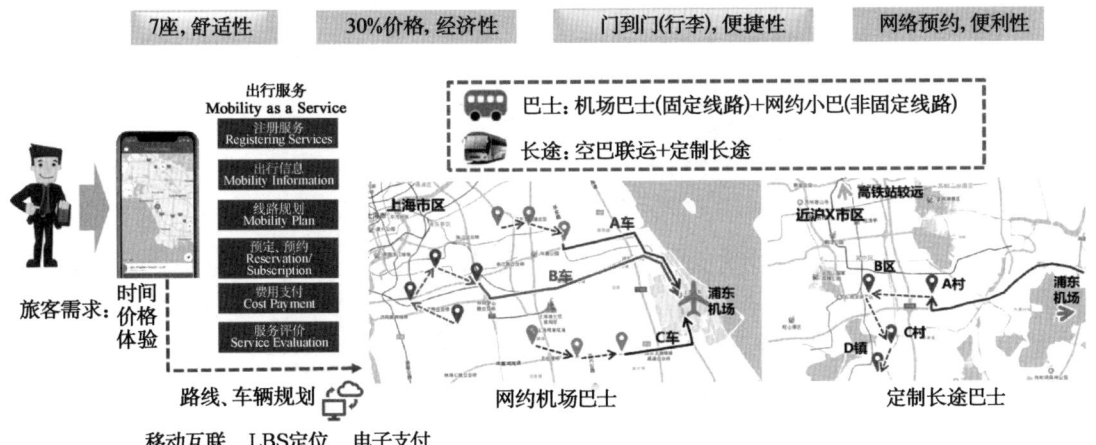

图 7-29 基于大数据和移动互联网的出行规划决策优化

另一方面，当前基于移动互联网技术所产生的定制巴士等新型交通运营模式，可充分利用其灵活、共享、集约的特点和优势，便利旅客做出行规划和决策，也在一定程度上提升集约式交通在浦东机场的分担比例，缓解当前浦东机场个体化交通占比过高的局面，优化浦东机场的交通出行方式结构，降低陆侧交通运行的压力。并最终构建以MaaS(出行即服务)理念为指导的"一站式出行"服务体系[8]。

此外，利用基于交通大数据获得的分析结果，针对旅客出行服务的某个具体环节或特定内容，能够实现精准、精细化服务。例如，浦东机场所建立的"旅客排队智能识别和统计系统"，通过实时、动态统计的旅客排队数量和疏解速度，提示需要等候的上车时间，降低了旅客对排队等候时间不确定性的担忧，提高了旅客的服务体验。

2. 管理方法的深化推进

(1) 跨维度整合提升旅客的服务体验

截至2019年，继几个支持运行的子系统开发完成，并取得较好的应用效果之后，浦东机场完成了基于实时三维可视化的数据智能决策平台开发(图7-30)，陆侧交通信息化建设也由此进入规划中的4.0阶段。浦东机场已基本实现对陆侧交通数据信息的实时、全景展现，能够及时掌握各个环节、各个片区的陆侧交通运行动态，有效地调配资源、精准疏散，提升了运行控制处理与决策水平，也减少人为的决策失误。

下一步，该系统平台将完成所有机场交通保障管辖区域的3D场景建模、时空呈现、地理信息展示，将出租车智能化管理系统、站点管理系统、公交信息系统等全部兼容融合，整合到新系统中；同时，系统与机场视频监控系统对接，在系统中可以实时调阅重点区域的视频影像；将实现高效率的数据可视性，提高运控和管理水平，并最终实现卓越运营。

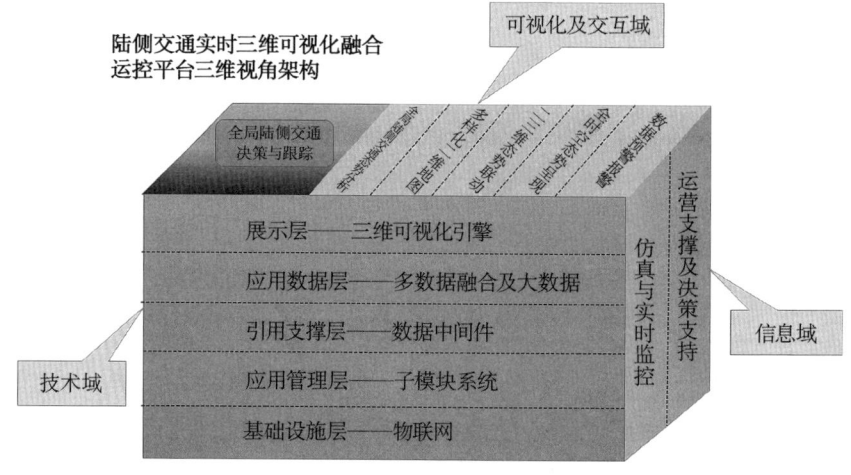

图7-30 浦东机场实时三维可视化的数据智能决策平台系统架构

(2) 构建空港陆侧交通信息体系良性生态圈

未来,浦东机场将进一步完善智能交通服务体系,将地铁、磁浮、公交服务体系全面数据化、智能化纳入机场统一的陆侧交通体系平台(图7-31),并构建完善的信息互通体系,保持与航空公司、出租公司、公交运营公司等陆侧保障平台单位的数据互通服务,构建空港陆侧交通信息体系良性生态圈。

最终,将规划构建旅客出行综合服务平台,为旅客提供一站式出行服务体验,切实把握陆侧交通大数据所展现的全局情况,以数据驱动交通运行管理,为日常运行决策提供基础数据支持,实现陆侧交通的智慧化、数字化运行。

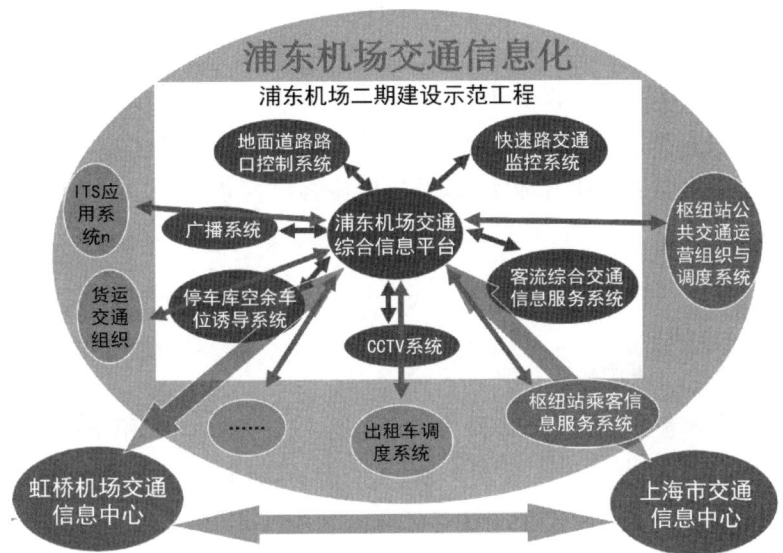

图7-31 浦东机场陆侧交通一体化综合信息平台总体架构

7.3.5 管理方法的实施效果

历经多年的探索和实践,浦东机场逐步建设完善陆侧交通一体化综合信息平台。特别是近两年,以旅客为本,致力于引进最新的大数据、移动互联网技术,辅助支持陆侧交通的运行管理,提升旅客出行服务质量和保障水平,取得了良好的综合成效。

1. 经济效益

作为交通基础设施,其经济效益主要体现在以下两方面。

(1) 直接经济效益

直接经济效益方面,一是降低运行成本,二是提高经营收益。

① 降低运行成本方面。基于停车大数据分析完成的P1、P2停车库价格机制调整,不

仅有效地缓解了停车库的运行压力，还极大地降低了由于停车外溢到场区道路边停放所带来的接驳摆渡、现场管理、运行调度、安全保障等运行成本，仅以和调价之前的2014年春节期间的极度拥堵状况时额外增加的成本相比，以春节为例，每年可节约运保费用60余万元，至2019年累计节省成本超过300万元。此外，大数据辅助陆侧交通运行管理提升了管理效率，减少了人力资源需求。在近年来机场旅客大幅增长的情况下，交通保障部人员未显著增加，年均节约人力成本逾数十万元。

② 提高经营收益方面。以前述P1、P2停车库价格机制调整为例，由于调价之后较大地"挤压"了社会车辆不计成本长时间停放，大幅度提高了该停车库的周转率，使得在调价当年度的2015年，停车收入同比约增长20%（超过2 000万元），近年来继续保持稳步上升。

（2）间接经济效益

间接经济效益方面，例如，提升出租车调配运行效率后，出租车在蓄车场内排队等候时间由约4小时降低到1～2小时，大幅度降低了在等候过程中，因大量车辆保持不熄火的待机状态而产生的燃油费用等成本；以及提升旅客出行效率后，给全社会带来节约交通耗时产生的时间价值等。

2. 管理效益

（1）提高了陆侧交通运行整体效率

在浦东机场旅客和车流量持续增加情况下，具体体现在：①出租车站点高峰时段旅客排队等候时间从原来近40分钟缩短至不超过20分钟，日常运行中通常为8～10分钟，出租车排队时间由原来近4小时缩短为约2～3小时，发车效率最高达到每分钟30辆，旅客好评度高，成为大型枢纽机场出租车站点服务的典范；②P1、P2停车库年度运行周转率提高了10.3%；③出租车用车的日均短途比从原来的40%下降至11%，提升了短途出租车的服务水平；④陆侧交通运行数据轮询时间，由此前最快60分钟，缩短到15分钟；⑤应急处置效率从最快3分钟，到实时预警、最快30秒形成预案。

（2）培养和锻炼了运行管理队伍

新技术的应用，极大地激发了各级管理人员和一线操作人员的积极性和探索热情，掀起了一股钻研大数据、互联网技术以及新型交通模式等新技术、新知识、新技能的热潮，有力地增强了员工的凝聚力，并培养和锻炼了浦东机场交通保障团队的整体业务能力和管理水平。

（3）逐步积累大型国际枢纽机场陆侧交通保障运行的经验

在各级领导指导和支持下，经过浦东机场交通保障部全体员工的努力探索，对标世界一流机场，近年来逐步积累了大型国际枢纽机场陆侧交通运行服务保障的经验，初步建成陆侧交通一体化交通综合信息平台，形成了具有浦东机场特色的管理模式，在智慧陆侧交通新技术应用及其实施绩效方面逐步达到国际先进机场水平。

（4）有效降低了陆侧交通运行过程中的安全隐患和风险

浦东机场是旅客高密度集聚区域，每天近 13 000 辆出租车、超过 3 万辆社会车辆进出机场区域。从春节、国庆节等节假日情况看，运用大数据提高陆侧交通运行效率，有效地降低了人员和车辆集聚的安全隐患和风险，也提升了社会稳定性水平。

3. 社会效益

（1）支撑上海承载的国家战略建设重任，支持实现交通强国战略

当前，上海承载着实现长三角区域一体化、建设有全球影响力的科技创新中心、建设中国（上海）自贸区临港新片区等三个国家战略，作为我国三大门户机场及亚太地区国际航空枢纽，浦东机场通过提升陆侧交通运行管理和服务保障水平，积极承担完善长三角区域综合交通基础设施、为国内外旅客提供高质量服务、促进和支持全球高端人才集聚和交通便利等方面的重任，也努力为提升上海的国际形象、实现交通强国战略和民航强国战略贡献力量。

（2）提升国内外旅客交通服务水平，提升了上海的国际大都市形象

管理方法在历时数年的逐步应用实施过程中，浦东机场开发建设了多个支持和改善旅客交通出行体验、提升机场陆侧交通运行管理水平的数据分析和应用平台，增强了浦东机场在旅客和民航运输业内的好评。同时，截至 2020 年 6 月底，已获得国际级、国家级、省市级等各类奖项十余项。申请中国发明专利《交通枢纽港站中的出租车长短途自动分流的方法及系统》1 项，接待相关管理部门、全国各地机场到浦东机场调研考察陆侧交通运行服务近 30 批次。

浦东机场主动服务社会，承担了政府职能在机场地区的兜底责任，投入了上千万元建设了远端过夜停车场，实施出租车站点自主管理，开通两楼摆渡免费大巴，补贴申通公司每天增开两班磁悬浮列车，在大面积航班延误时，通过购买服务为航空公司提供大巴疏散旅客，彰显了浦东机场良好品牌形象。

（3）为大中型机场陆侧交通运行管理提供参考借鉴

近年来，首都、广州、虹桥等多个机场和大型交通枢纽来浦东机场参观交流，学习借鉴浦东机场陆侧交通运行管理经验，上海市领导也建议在全市交通枢纽推广。此外，浦东机场还通过参与民航机场行业、各级主管部门颁发的一系列经验交流，向业内同行介绍浦东机场陆侧交通运行管理的体会和做法，竭力为机场行业管理水平提升，做好、做强、做实行业管理的标杆贡献自己的力量。

参考文献

[1] ACI.2020 年年度机场服务质量(ASQ)旅客满意度项目测评[R].加拿大：国际机场理事会(Airports Council

International),2020.

[2] CAPSE.2020年年度机场服务测评报告[R/OL].[2023-07-13].https://www.capse.net/analysis/.

[3] ATKINSON R C, SHIFFRIN R M. The control of short-term memory[J]. Scientific American, 1971, 225(2): 82-90.

[4] 彭聃龄.普通心理学[M].北京:北京师范大学出版社,2004.

[5] 特纳.管理者的管理工具(第3版)[M].北京:企业管理出版社,2009.

[6] 彭峰.机场行业SWOT分析[J].中国民用航空,2006(7):50-51.

[7] 张莉,安秀.浅谈可移动式公共卫生间的感官体验设计[J].艺术教育,2011(1):152.

[8] 曹流,高忠,顾非凡,等.浦东机场数据赋能[J].中国质量,2021(6):10-15.